文化とまちづくり叢書

フィリピンのアートと国際文化交流

鈴木勉・著

水曜社

本書に登場する地名

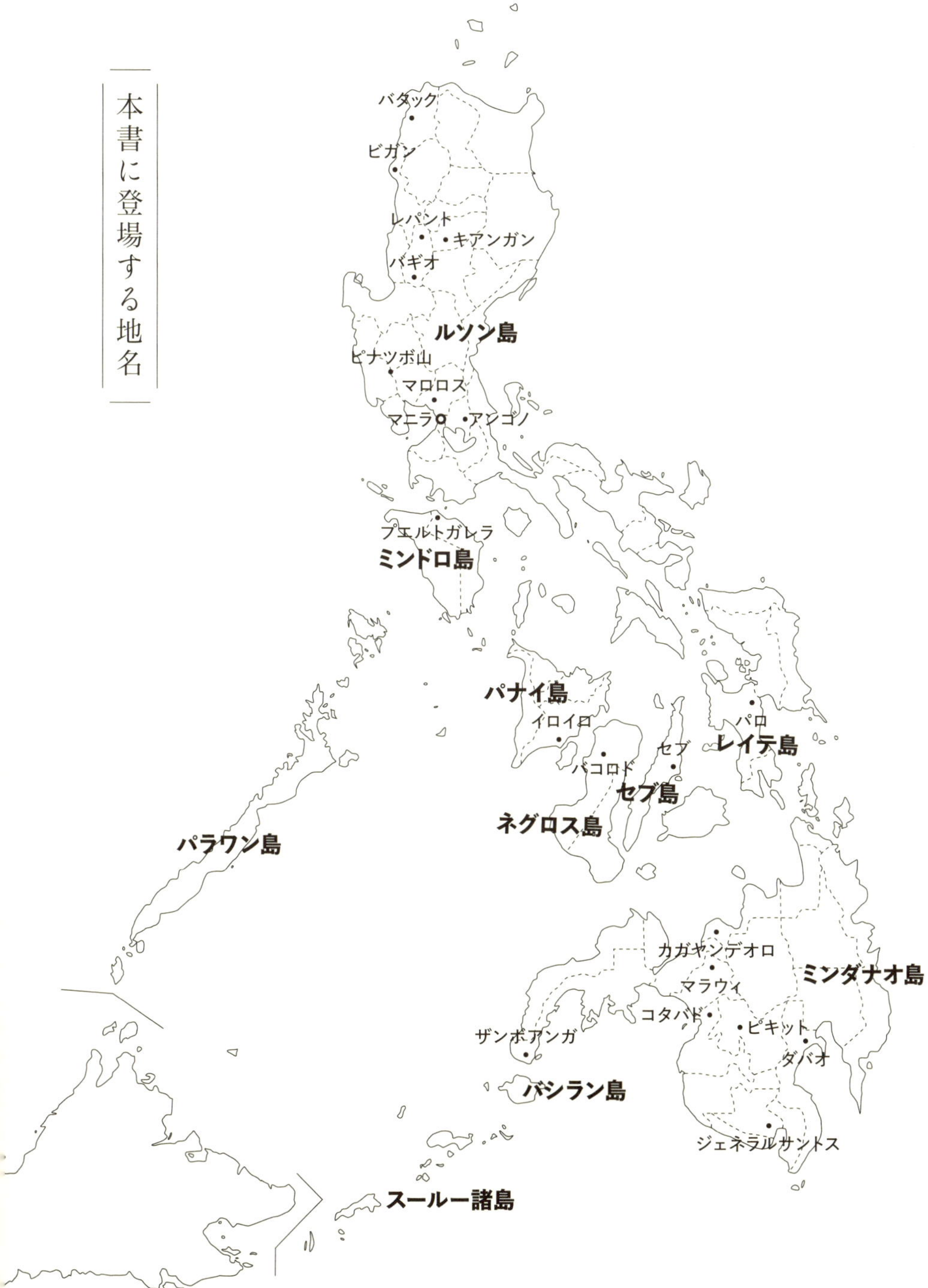

バタック
ビガン
レパント
キアンガン
バギオ
ルソン島
ピナツボ山
マロロス
マニラ
アンゴノ
プエルトガレラ
ミンドロ島
パナイ島
イロイロ
バコロド
セブ
パロ
レイテ島
セブ島
ネグロス島
パラワン島
カガヤンデオロ
ミンダナオ島
マラウィ
コタバト
ピキット
ザンボアンガ
ダバオ
バシラン島
ジェネラルサントス
スールー諸島

デザイン
押手恒（HB STUDIO）

目次

まえがき

私は二〇〇五年の五月からフィリピンで生活をすることとなった。国際交流基金マニラ事務所（二〇〇八年よりマニラ日本文化センターに改称、以下、日本文化センターと表記）の所長として赴任したのだ。国際交流基金は外務省所管の独立行政法人で、日本と諸外国との文化交流を行っている。私がフィリピンを最初に訪れたのは、それからさかのぼること二十六年前の一九七九年、まだ高校生の頃。それ以来、仕事や旅行で何度かこの国を訪れた。

高校時代にこの国を訪れた際の甘美な思い出があるため、私自身はフィリピンに対して良いイメージを抱いていたが、残念ながら一般的にはネガティブな印象を持っている人のほうが多いのは事実だろう。不安定な社会や貧困。政治の腐敗と治安の悪さ。そして九・一一テロ以降は、ミンダナオ島のイスラム原理主義やテロリストがクローズアップされた。いくらフィリピン政府観光局が青い空と青い海を盛んにアピールしても、マイナスのイメージはなかなか払拭されない。

しかし私はそのフィリピンで、まずは精一杯、フィリピン文化というものに触れてみたいと思った。赴任する前にはこういうこともよく聞いた。いわく、「フィリピン人はアメリカ文化一辺倒、日本のことなんかにあまり関心がない。」フィリピンは二〇世紀の前半、約半世紀にわたってアメリカの植民地だった。その間アメリカの文化をふんだんに受け入れ、多くのフィリピン人が海を渡る一方で、独立後も何かにつけてアメリカの庇護を受け、一九九〇年代初頭まではアジアで最大の米軍基地を擁した。より良い生活を求め、アメリカで暮らす親族を頼って移り住む人が今でも絶えない。そうした血のつながりがさらなる親近感を養って、確かにこの国の人々がアメリカに向ける眼差しは、私たち日本や、他のアジアの国々に向けるそれとは異なるところがあるのは確かだ。

しかし私はその親米の国で、アジアの隣人としての正直な思いを知りたいと思った。

さらにフィリピンと日本との間には、歴史的にある種の特殊な関係がある。第二次大戦で日本軍はこの国を占領し、米軍やフィリピン人ゲリラとの激しい戦闘によって多くの犠牲者を出した。また戦後日本が復興を果たすと、今度は経済的な進出が進んで〝エコノミックアニマル〟と呼ばれた。フィリピンからは多くの「ジャパゆき」が日本へ渡り、その逆にフィリピンのアングラ社会を求めて多くの日本人がやって来た。一九八四年に製作された日本映画『海燕ジョーの奇跡』（藤田敏八監督）は、日本で殺人を犯して行き場を失ったヤクザが最終的に流れ着く暗黒世界としてマニラを描き出していた。

そんな歴史を背負ったこの国で、日本との関係について肌で感じ、その本音を知りたいと思った。

ここに記したのは、私がフィリピンに赴任してから約五年にわたってブログとして書きためたものを中心にまとめたものだ。第一部は様々なフィリピン文化に触れた経験をふまえ、フィリピンの今を伝えるために現代文化とアートを中心に紹介した。そして第二部では、国際文化交流という仕事の現場で日々考えたことを、日本とフィリピンの関係にまつわる様々なテーマやエピソードを中心に実践編としてまとめてみた。ただし両者は補完的な内容になっているので、前半で国際交流にも触れているし、後半に第一部で書ききれなかったアート情報を挿入している。各章はそれぞれのテーマに沿っていくつかのエピソードから構成されているので、読者はご関心のある部分から読み進めていただくことも可能である。日々の仕事を通して知りあった人々や出来事について、できる限り自分の気持ちに素直に書きとめようと思った。従ってここで示されている見解は、全く私個人に帰するものであることをあらかじめお断りしておきたい。なお本書に登場する人物については、例外を除いて敬称を省略したのでご了承いただきたい。

第1部　フィリピンアート・ガイド編

第1章　パフォーミングアートの宝庫

ハロハロなフィリピン演劇

フィリピンは知る人ぞ知る、音楽や舞踊、演劇などパフォーミングアートの宝庫だ。二〇〇五年の六月十二日、まだこの国に赴任して間もない頃、独立記念日を祝うイベントを観てまずはその豊かさに圧倒された。会場となったのは〝芸術の殿堂〟と言われているフィリピン文化センター（Cultural Center of the Philippines、以下、CCPと表記）〔図1〕。イベントが始まる前から劇場の入り口は百人を超す民族舞踊やブラスバンドの混成部隊でお祭り騒ぎ。その熱気はそのまま劇場の中に持ち込まれ、この国を代表する交響楽団、バレエ団、伝統舞踊団、世界的にも評価の高い合唱団、そして劇団が、次々に出し物を繰り出した。スタイルも伝統から現代的なものまで幅広く、構成はフィリピンの歴史をなぞるかたちになっていた。

まず初めにフィリピン先住民の一つで、独特のアニミズム文化を持つ北部ルソン島の山地民族イフガオの踊り。続いて、イスラム教の文化に彩られた南部ミンダナオ島に伝わる伝統舞踊。さらに次のセクションでは、十六世紀以降にスペインの植民地となってから盛んになったフォークダンスやキリスト教の聖書を題材とした芝居が演じられた。そして後半は、アメリカ文化の象徴であるミュージカル。『ミス・サイゴン』の主演女優として見事にブロードウェイで成功したフィリピン人歌手のレア・サロンガが、堂々とミュージカル・ナンバーを独唱する。そして全てが渾然一体となってテンポよく進行し、いよいよクライマックスは出演者と観衆が一体となっての国歌斉唱。アニミズム、イスラム教、キリスト教、そしてスペインとアメリカ。なんとも熱気に包まれた〝ハロハロ〟な国家イベントだった。〝ハロハロ〟とはタガログ語で〝ごちゃまぜ〟の意味。しかし、そのハロハロさにこそ、この国のパフォーミングアートの豊かさを証明する鍵がある。

図１｜“芸術の殿堂”フィリピン文化センター

フィリピンについて書かれた中国の記録で最も古いものは、十三世紀初め南宋時代の書物『諸蕃志』だと考えられている。その後十四世紀にイスラム教が伝来したとされるが、その頃はすでに中国との間に貿易を通じて盛んな交流があった。そして私たちもその名をよく知っているマゼランがこの島を〝発見〟したのが一五二一年。彼はその後セブで殺されてしまうが、レガスピという総督が一五七一年にマニラを征服する。以来、三百二十七年間はスペインの植民地として大航海時代の歴史の一端を担う。そしてその間にキリスト教の布教が行われ、一部山岳地帯や南部ミンダナオ島を除いて全土に広まっていった。十九世紀末になって独立機運が高まり、一八九八年には一旦スペインからの独立を果たすが、今度はアメリカがやって来てスペインからこの国を割譲され、その支配下に置いた。第二次世界大戦の際には一九四二年から約三年間日本軍が占領し、戦後、一九四六年になりようやく最終的に独立を果たした。

これがおおまかなフィリピンの歴史だが、この国のハロハロなパフォーミングアートの中にも、こうした歴史の影響が色濃く残されている。特にスペインがもたらしたパフォーミングアートの影響は非常に大きい。イエズス会の宣教師が残した最も古い記録によれば、十六世紀末にはコメディ（演劇）の上演記録があり、一六三〇年には日本人殉教者に対する祝福をテーマにした芝居がマニラで上演されている。その頃のマニラは、既にアジアにおける国際演劇のメッカだったようだ。また後述するフィエスタは全国津々浦々に広がり、老若男女が参加するフィリピン人にとって無くてはならない年中行事になっている。さらにサルスエラというスペイン土着のオペラも早くから移植されて人気を博した。そして一九〇〇年にはフィリピン初のタガログ語によるミュージカルが生まれており、ザルズエラと呼ばれるようになった。

その後アメリカの植民地時代には、ボードビル・ショーという歌、踊り、手品やコントなどがごちゃ混ぜになったエンターテイメントが輸入され、ザルズエラの伝統に現代的な要素が加わり、歌と踊りに磨きがかかった。一九一〇年代には既にエリート教育における英語の地位が確立し、「この時代にアメリカ文化は何の苦痛もなく、簡単に、ほとんどは無意識のうちにフィリピン人の生活に浸透した。」（ドリーン・フェルナンデス著、『Palabas Essays on Philippine Theater History（フィリピン演劇史に関するエッセイ）』）そんな歴史的な経緯があるので、今でもフィリピン人にとってミュージカルはお家芸のようなものだ。冒頭に書いたようにレア・サロンガのようなブロードウェイ・スターも存在する。ちなみに彼女はディズニーのアニメ『アラジン』の主題歌なども歌っていて、我々日本人もどこかでその声を耳にしているはずだ。英語が公用語の国だけあって、ブロードウェイやイギリスのミュージカルが原語そのままで上演できるため、フィリピン人のスタッフとキャストで頻繁に上演されている。そんなミュージカル先進国だけあって、オリジナルのミュージカル作品も数多い。

パフォーミングアートを支える国とエリート

ＣＣＰはマニラ湾に面した広大な土地にあり、コンクリートむき出しの幾何学的で重厚な外観を誇る。マルコス政権時代の一九六九年、当時のファーストレディーであるイメルダ夫人の陣頭指揮で国威発揚のために建設された。六十〜七十年代に活躍したナショナル・アーティスト（日本の人間国宝または文化勲章に相当する）のアンドレ・ロクシンの設計による。政府の予算を惜しみなく投入していた当時は華やかなイベントを繰り返し、実験的なこともたくさん行った。イメルダ夫人はいわばフィリピン史上最大の芸術のパトロンだったといえる。

マルコス政権崩壊後、民主的と言われた大統領のもとでのＣＣＰの運営は、予算不足と人材流失に悩まされた。ＣＣＰが主催するクラシック公演などの主要なイベントに行くと、時々そのイメルダ夫人の姿をみかける。芸術家の中に今でもマルコス時代を懐かしむ人がいるのは皮肉なものだ。

広く東南アジア全体を見渡しても、ＣＣＰほどの国家文化機関は見当たらない。大劇場（千八百二十一名収容）、中劇場（同四百二十一）、小劇場（同二百五十）、半屋外劇場（同八千五百）、映画館、複数の美術ギャラリー、図書館などを擁する複合施設ということのほかに、専属のカンパニーを多く抱える。交響楽団、バレエ団、民族舞踊団、合唱団、そして劇団。ないのはオペラぐらいで、これだけ専属のカンパニーを維持するのは大変なことだと思う。さらに「アウトリーチ」という部門もあり、マニラのみならず地方での芸術振興にも大きな役割を果たしている。東南アジアで最大級の国立文化施設であるインドネシアのタマン・イスマイル・マズルキやタイ文化センターには専属のカンパニーは存在しないし、今や舞台芸術の国際的ハブとして目覚しい発展を遂げたシンガポールは、多くが民間の施設。日本の代表的な文化施設である新国立劇場には、オペラやバレエはあるが民族舞踊団や劇団は存在しない。このＣＣＰの存在は、フィリピン政府の財政事情を考えると、まったく奇跡としか言いようがないほどだ。しかし当然ながら運営は非常に厳しく、毎年多額の赤字に苦しんでいる。

そんな厳しい状況の中でも、アーティストたちは奮闘している。二〇〇五年十一月に専属劇団であるタンハーラン・ピリピーノ劇団の作品、『ノリ・メ・タンヘレ（我に触れるな）』というミュージカルを観る機会があったが、この国の劇団の目指す方向を示す上でとても興味深かった。『ノリ・メ・タンヘレ』は、フィリピンの独立運動に多大な影響を与えた国民的ヒーローであるホセ・リサール（一八六一〜一八九六）［図2］の原作で、ヨーロッパに留学中の一八八七年にドイツで出版された。そ

図2｜ホセ・リサール

図3｜『エル・フィリブステリスモ』主演のオーディ・ヘモラとモニク・ウィルソン（提供：国際交流基金）

の後彼はフィリピンに帰国して、独立運動の指導者の一人として大衆から熱狂的な支持を受けるようになるのだが、そのためにスペイン当局からにらまれて、一八九六年に処刑されてしまう。『ノリ・メ・タンヘレ』のストーリーは、そんなリサール本人の人生をなぞるように展開してゆく。イバラという西欧留学帰りの若者が、スペイン修道会の圧制から序々に植民地政策の不条理に目覚めてゆく過程を、幼馴染のクララとの再会と別れというラブストーリーを横糸にして語られるのだ。おそらくもの心ついたフィリピン人で、ホセ・リサールの名とこの物語のことを知らない人は一人もいないだろう。それだけこの国におけるホセ・リサールの英雄化はすさまじいものがある。

原作の発表から百年以上の時を経て一九九五年にミュージカルとして初演された。ビエンヴェニード・ルンベーラ脚本、ラヤン・カヤブヤブ作曲、ノノン・パディーリャ演出で、日本でもその同じ年に初演している。さらには『ノリ・メ・タンヘレ』の続編で、同じホセ・リサールの原作による『エル・フィリブステリスモ（反逆者たち）』［図3］もミュージカル化され、国際交流基金の主催で二本とも日本で上演された。この原作自体は、アマチュア劇団や映画・テレビで何度も扱われているものだが、タンハーラン劇団としては今回の公演が十年ぶりの新演出となった。二〇〇五年のシーズンから、三十五歳の若手演出家、ハーバード・ゴーを芸術監督に迎えて、新世代のタンハーラン劇団を印象付ける絶好の機会となった。私が見た公演はある高校の貸切公演だったため、劇場内は若者の熱気であふれていたが、その熱気に負けない熱い舞台だった。秀逸だったのが実験的な舞台セット。床全体を木材で組んだスロープ形式、それも波打つ坂道のようにして、そのスロープの各所に役者を配し、舞台全体に波動が伝わるダイナミックな雰囲気となり、結果として非常に重層的な群集劇に仕上がっていた。芸術監督のねらいは、とにかく若い世代に演劇の面白さやリアリティーを伝えることだ。『ノリ・メ・タンヘレ』の上演以前に行われた彼の芸術監督デビュー作は、『R'meo Luvs Dew-Lhiett』だった。シェークスピアの定番ラブストーリー『ロミオとジュリエット』を元にして、ヒップホップ世代のマニラの下町を舞台に、〝ジョログ〟という不良言葉が飛び交うスピーディーなコメディーに作り換え、会場を埋め尽くした若者から拍手喝采を受けていた。三十歳代の若き芸術監督に率いられた劇団、そして会場を埋める若者の熱気。それがこれからのフィリピン演劇の新しい方向性を示しているように見受けられた。

ＣＣＰのもう一つの重要な機能に、エリート芸術家の養成がある。フィリピンでパフォーミングアートが盛んなのは、後で記すようにスペイン植民地時代以来のフィエスタなどの伝統の影響が大きいのだが、他方でその活況を支えている理由の一つに、この国の誇るべきアーティスト養成のための超エリート教育がある。

フィリピン国立芸術高校は、マニラから車で南に一時間半の人里離れた山中、美しいシルエットで有名なマキリン山をちょうど真横に眺める場所に、ＣＣＰの付属機関として一九七七年に創設された。鬱蒼とした広大な山中にリゾート風のコテージがいくつも散在する。やはりＣＣＰと同様、アンドレ・ロクシンの設計による洒落た教室と学生寮が配置されている。イメルダ夫人の〝ペットプロジェクト〟と言われ、その全盛期には同夫人もしばしばここを訪れ、マニラから呼び寄せたアーティストと料理人で盛大なイベントを繰り広げたという伝説の場所である。驚いたのは、ここの学生のエリートぶり。一学年三十数人程度（一年次のみ六十人）だが、全国の小学生より毎年選抜している。フィリピンでは、高校といっても日本の中学一年から高校一年にあたる四年制。この国は世界でも珍しい六（初等）・四（中等）制を採用している。子供たちは小学校六年生の段階で運命のオーディションに臨むことになる。音楽、舞踊、演劇といったパフォーミングアートのみならず、美術、文学専攻もあり、学生三人に対して教師が一人の贅沢ぶり。学費はもとより、全寮制の宿泊費や食費、さらには週末マニラに行く往復交通費など全てが無料。子供たちの親は、将来の指導者となるべきわが子の養育を、〝契約〟によって国に託す。麓の街まで公共交通機関もなく、ゲームもなくテレビも制限された山中での四年間。金の卵たちはひたすら自分の才能と格闘し続ける。卒業生の多くはこの国の学術・芸術各界を牽引している。マルコス政権末期の腐敗ぶりはつとに有名だが、こうした桁はずれのエリート文化尊重の歴史の名残は、皮肉にもいまだこの国の財産の一つとなっている。

パフォーミングアートを支えるコミュニティー

フィリピンの現代舞台芸術史を振り返る時、国家による文化政策の遂行という意味で重要な役割を担ってきたのがCCPであるが、一方でタガログ語演劇による一種の民衆運動で重要な役割を果たしてきたのがフィリピン教育演劇協会（Philippine Educational Theater Association）、通称PETA（以下、ペタと表記）である。

二〇〇六年十一月四日、私は日本の文化庁にあたるフィリピン国家文化芸術委員会から招待されて初めてマラカニアン宮殿を訪れた。国際交流基金では毎年、国際交流において顕著な業績を残した団体・個人に「国際交流基金賞」を贈っているが、二〇〇六年度はそのペタがフィリピンで初めて受賞することとなった。そして受賞を記念して大統領表敬を行うこととなり、そのセレモニーへ同席したのだ。時のフィリピン大統領は第十四代のグローリア・マカパガル・アロヨ。フィリピン大学で経済学博士を取った才女、父親も第九代大統領だった政治一家の出身である。マラカニアン宮殿［図4］といえば、あのマルコス大統領がテレビカメラに向かって最後の演説をした執務室や、イメルダ夫人の贅沢三昧な生活の象徴ともなった数百の靴の展示などが思い出される歴史的な場所である。セレモニー・ホールとしてよく使われるのがマビニの間。その前室には一枚が人の背丈以上もある歴代大統領の肖像画が壁にずらりと並んでいて、奥の間にはこの国の有史以来の英雄の肖像画も数多く展示されている。歴史の舞台となり、今もなおそれを作り出している場所には、やはり独特の磁場がある。

大統領に面会できるとあって、私などはさすがに多少緊張した面持ちでマラカニアン宮殿へ向かったのだが、肝心の主役であるペタの現役メンバーが誰一人として来ないということを当日になって知らされて愕然とした。欠席の理由は政治的な中立を守るためということだそうだが、一般的発想からすれば、中立であるのならむしろ大統領への表敬など問題ないわけで、これは明らかに彼らが現政権を支持していない、つまり政治的に中立ではないという意思表示なのだとすぐに気が付いた。アロヨ大統領については、当時、一族の関与が噂される巨額の賭博疑惑や、さらには大統領選挙にまつわる不正疑惑が次々と明らかになって、国中を二分した非難合戦が行われていた。

結局表敬のほうは現役メンバー不在のまま行われ、ペタの創設者であり、大統領文化顧問として権力の中枢にいて、そもそもこの表敬を仕掛けた張本人であるセシル・ギドーテが自ら表彰台に立つという自作自演のセレモニーとなった。実はこのギドーテは、一九六七年のペタ設立以来、社会運動としてのタガログ語演劇の先頭に立ち、マルコス政権に反旗を翻し、そのために権力からにらまれ、夫の上院議員とともに米国亡命を余儀なくされたという経歴を持つ。しかし時代は変転し、現在は権力のまさに中枢にいて、ペタを引き継いだ現役世代の反骨精神とは真っ向から対立するという、なんとも皮肉なことになっていた。

私がペタに初めて出会ったのは一九八九年のこと。日本のピープルズ・プラン21というNGOの招待で来日公演をした際に、マニラのスラムを舞台にしたガキ大将が主人公のミュージカル『カピタン・ポポ』を観たのが最初だった。完成された演劇というわけではなかった

図4｜マラカニアン宮殿

図5｜ペタ劇場（提供：ペタ）

図6｜ペタのワークショップ（提供：ペタ）

が、何故か印象の強い芝居だったことを覚えている。おそらく日本ではあまり目にすることのないメッセージ性の強い作品でとても新鮮であった。あれから十数年が経過して、二〇〇六年、ペタ［図5、6］は「演劇を通しての民衆啓発やコミュニティー形成への取り組み、および日本をはじめ多くのアジア諸国の芸術・市民団体とのコラボレーションの業績を称えるとともに、アジアの芸術ネットワーク形成への今後の貢献を期待して」という理由で国際交流基金賞を受賞した。大統領表敬を敢えてボイコットするところに、いまもなお頑固に主張する気骨あるペタの伝統が脈々と引き継がれていると納得した。

　そのペタの長年の夢であった自前の劇場が二〇〇六年の十月に完成して、そのお披露目公演が行われた。演目は『Ang Palasyo ni Valentin（バレンタインのダンスホール）』というミュージカル。第二次大戦前のザルズエラ劇場を舞台に、座付きピアニストとスター女優の恋と苦悩を軸にした半世紀にわたる物語だ。インドネシアにもこのペタと同じように、反権力を標榜してスハルト独裁政権時代に果敢に風刺劇を発表し続けていたテアトル・コマという劇団があるが、そのコマのレパートリーの一つにも『オペラ・プリマドンナ』という戦前の劇団を舞台としたミュージカルがあり、なんとも共通する部分があって面白い。オープニング公演に続いたのが、メコン流域諸国の演劇人を集めてワークショップと芝居作りに取り組む「メコン・パフォーミングアート・ラボラトリー」。中国（雲南）、ベトナム、ラオス、カンボジア、タイから総勢三十名。エイズをテーマに各国ごとに芝居を作り一般公開した。こうした企画はペタの真骨頂で、自前の劇場も完成して、いよいよアジアの演劇拠点として次のステップに進むための体制を整えつつある。一九六〇年代後半に誕生した民衆劇団ペタ。当然のことだがリーダーは世代交代する。けれどもその反骨精神や実験精神は受け継がれ、彼らが牽引役になって、フィリピンの舞台芸術はその裾野を広げている。

ペタの国際交流基金賞受賞を祝うマニラでのレセプション会場で、代表のセシル・ガルーチョが言った言葉は忘れられない。彼女は東京での授賞式のハイライトでもある天皇・皇后両陛下への拝謁を行ったが、現天皇の父である先の昭天皇は、百万人のフィリピン人が犠牲となったと言われている第二次世界大戦の時の最高責任者だ。拝謁することに抵抗はなかったかと素直に聞いたところ、彼女は次のように語った。

「あの戦争はあなたたちの世代が起こしたことではない。今回日本の天皇に会えた意味は、それよりも別のところにある。日頃フィリピン人は日本人から見下されていると感じている。今回天皇に拝謁したことで、私たちのイメージを少しでも変えたいし、もっと誇りを持つようにフィリピン人にも伝えたいと思う。」

その言葉は今でも私の喉の奥に、魚の骨のように突き刺さったままだ。

地方で活躍する劇団

この国の演劇を地方から支えている劇団も数多い。フィリピン経済の大動脈マカティ市から車で一時間半。マニラ首都圏の北にブラカンという州があり、そこの州都マロロス市の劇団を訪問した。当日は一日三公演のうち最も早い午前の部。朝から二百五十名収容の小さなスタジオ形式の劇場は、四百人は超えているであろう子供たちでむせ返るほどの熱気に包まれていた。演目はシリアスな家族崩壊の物語と、フィリピンの様々な代表的キャラクター（米国留学帰り、ヒップホップ少年、スターバックスのウェイトレス、山岳民族、イスラム教徒、そしてゲイ少年）を戯画化したコメディー作品の二本立て。食い入るように見つめる子供たちの目と目。役者の一言一言に一喜一憂し、最後は怒涛のような歓声と拍手。休憩をはさんで二時間の公演は、異様なまでに濃密な雰囲気の中あっという間に過ぎ去った。一体この熱は何だろう? 皆演劇に何を期待しているのだろうか?

劇場関係者の話によると、子供たちからもしっかりと入場料を取るという。金額にして七十ペソ(当時の換算レートで約二百円)。映画館でハリウッド映画を見るより若干安い程度だが、子供にしてみれば決して安い金額ではない。しかも近隣の町々からやってくるそうだ。今回の公演は一日三回の入れ替え制で、合計六日間で十八回の公演。毎回大入り満員だという。劇団名はBARASOAIN KALINANGAN FOUNDATION(バラソアイン文化財団)といい、二〇〇五年で設立三十周年を迎えた。当初は様々な困難があったが、現在ではコミュニティー劇団としての実績が買われて、州政府から年間二十万ペソ(約五十万円)の補助金と州の文化センター内の劇場が無料で提供されている。五十万円の年間補助のおかげで十名近いフルタイムのスタッフを雇うことができる。

この劇団が普通の劇団と異なるのは、そのアウトリーチ(社会参加型)プログラムのユニークさにある。今回見た芝居もワークショップの成果発表だった。誰もが百ペソ(約二百五十円)程度払えば参加できるワークショップだが、四ヶ月にわたる訓練の最後にはこうして本公演で結果を出すことが求められる。参加者に貴賤はない。年齢も小学生から老人まで様々。学生から社会人まで幅広く、職業も教師、公務員、農民、トライシクル(三輪オートバイ・タクシー)の運転手もいるそうだ。この劇団ほど成功はしていないが、フィリピン国内各地には様々な地域劇団があるという。かつて私がインドネシアに駐在していた時代、地方都市の演劇状況を調べた際にあまりの劇団の多さに絶句したことがある。経済的には必ずしも恵まれていなくても、演劇はどこにでも存在していた。多くはアマチュア劇団だが、プロフェッショナルであるかどうかは本質的にはあまり重要ではない。何より重要なことは、その演劇が生きているかどうかということだ。生活の中に多くの物語があり、その物語を語り演じたいと思う人々がいて、それを共有したいと思う観客がいること。それがとりもなおさず、この社会に演劇が存在し続ける理由だ。そしてフィリピンにはその理由が確かにあるのだと思った。

コンテンポラリーダンスの挑戦

〝草創期〟という言葉を時々聞くが、フィリピンのコンテンポラリーダンス界ではまさに新しい何かが生まれつつある。二〇〇六年の八月、そんな草創期にあるコンテンポラリーダンスの祭典である「ワイファイ・インデペンデント・コンテンポラリーダンス・フェスティバル」が、文化の殿堂であるCCPで開催された。

クラシックバレエのようにある決められた型を追求する表現に反抗し、そのアンチテーゼとして生まれたコンテンポラリーダンス。現代生活を取り巻く複雑な人間感情を表現する舞踊の新しいスタイルとして、日本では多くのダンサー、振付家、そして観客が育っていて、舞踏という日本の特異な表現形式の存在もあいまって、海外でも評価の高いグループが数多く存在する。しかしフィリピンではまだまだ始まったばかり。「ワイファイ」に先立ち、二〇〇六年の四月に「コンテンポラリーダンス・マップ」というイベントが開催されたが、そこにエントリーしたマニラ首都圏で活動するグループは全部で六つ。おそらくそれにいくつかのグループを加えればこの国の主要なコンテンポラリーダンスの〝業界図〟は完成するだろう。

「マップ」は二〇〇六年の時点で二回目。参加しているのは、マイラ・ベルトラン・ダンス・フォーラム、グリーン・パパイヤ・アート・プロジェクト、カメレオン・ダンス・シアター、エアーダンスなどインデペンデントな個人やグループによるカンパニーだ。クラシックバレエのテクニックを背景にした正統派ダンスから、ドイツのタンツシアターの流れに影響を受けた表現主義的なもの、さらには日本の舞踏の影響や、この国で独特なゲイカルチャーを強烈に感じさせる作品から、演劇的ではあるがいわゆる技術的に巧みな踊りではないダンス作品まで、実に多様な作品が上演された。私はそうした作品を観ながら、コンテンポラリーダンスの日比交流の様々な可能性について思いを廻らし、一人胸を躍らせていた。

二〇〇六年は日本文化センターの事業として、コンテンポラリーダンス分野の日比交流プロジェクトを集中的に企画した。まずは日本からカンパニーを招待してマニラで公演を行い、同時に日本人批評家が日本のコンテンポラリーダンスの講義をする。その後今度はフィリピン人振付家を日本に招待して日本のダンス事情を視察して、マニラで開催される重要な公演をサポートする。そして最後に、フィリピン人の若手振付家が日本、さらには国際的舞台でデビューすることをサポートする。ちょっと欲張りすぎのようだけれど、夢の中の話ではない。しかし、何故そもそもコンテンポラリーダンスに着目するのか？　新しいアートの草創期というものは、いつの時代でも抵抗が多く、続けていくためには相当な心理的・経済的な苦労を強いられるのが普通だ。今回「マップ」で実際に観た公演は、観客数にすればどれも二十人から三十人ほど。お世辞にも多くの人たちから支持されているとは言いがたい。日本でこのジャンルで人気のある、たとえば山海塾や勅使川原三郎などが公演すれば、千人規模の劇場を満員にするのは比較的容易だけれど、ここでは見果てぬ夢の世界。二十人とはあまりに寂しい現実が目の前にある。だがしかし、二十人だからといって簡単に片付けてはいけない。たかが二十人、でも本当にその表現が尖っているとしたら、二十人の理解者がいれば十分。同じようなことは歴史が何度も証明している。新しいアートが作られる現場は実はとても重要なところなのだ。頑なに反コマーシャリズムを追求し、マージナルな場所から発信されるアートほど、メインストリームに挑む大きな力を生み出す源泉になり得るのだと思う。

その年の六月、ある意味芸術表現に真面目すぎるマニラのコンテンポラリーダンス界にとっては大きな刺激となる日本の人気ダンスカンパニー、コンドルズがやって来てＣＣＰの大ホールで公演が行われた。大音量のロック音楽をバックに踊る十人の中年男性ダンサーと若い人たちの歓声。舞台の袖には特設の大型スピーカーが設置された。ＣＣＰでこれほど騒々しくも迫力のある公演は稀にしかないそうだ。そもそもＣＣＰではロックコンサートはやらないし、ここは格調高い芸術の殿堂である。コンドルズは、日本のコンテンポラリーダンス界の中でも異色の存在。ダンスの中にコントを取り入れて若者の人気を獲得し、今では十代の女性を中心にファンクラブまである稀有なダンスカンパニーだ。

図7｜マイラ・ベルトランとポール・モラレス

この国ではおそらく誰一人としてコンドルズを知っている人はいなかっただろう。まさか千八百人収容の大劇場が満席になるとは思いもしなかったが、蓋を開けてみれば事前の反響はすごいもので、いくら無料公演とはいえチケットは事前予約で早々と無くなり、当日はキャンセル待ちの若者で劇場はあふれ、一階ロビーから階段を上り二階ロビーまで連なる長蛇の列となった。約一時間半の公演は、いつもの通り学生服スタイルのメンバーによる躍動感あるダンスを中心に、コントと映像作品を織り交ぜて終始会場を興奮に包み、あっという間に疾走するように終わった。特にコントのコーナーでは、フィリピンの人気キャラクターやタガログ語などを取り入れてアピール。そうした観客とのインタラクションを重視するコンドルズの作風は、この国の多くの人たちに好意的に受けとめられたと思う。

本番前の二日間にわたって行われたワークショップやディスカッションも、双方のアーティストにとってとてもいい経験になった。フィリピンのコンテンポラリーダンス界を牽引する女性振付家・ダンサーであるマイラ・ベルトラン［図7］が運営するダンス・フォーラムというスタジオで行われたディスカッションは、この国のダンス界が抱える問題とそれへのチャレンジ、それにまつわる苦難と自負など、とても率直で生々しい話になった。マイラは当時四十六歳。クラシックバレエの王道を進み、国立バレエ・フィリピンのプリンシパルダンサーとして活躍したが、一九九一年に退団して伝統的な表現と決別。自宅を改造したスタジオをベースに自分のグループをなんとか維持し、自らも踊り続けるのみならず、多くのイベントも仕掛ける誰もが認めるフィリピンのコンテンポラリーダンス界の最大の功労者だ。こんもりとした椰子の生い茂る広い庭の一画、半野外に作られたスタジオに敷かれた黒いリノリウムの床には、そんなマイラと彼女の仲間たちの思いや迷い、そして日々のレッスンの汗が染み付いている。

マイラ・ベルトランがフィリピンのコンテンポラリーダンスの草創期を支えてきた第一の功労者だとすれば、ドナ・ミランダは、これからを担ってゆく新しい世代のリーダーだ。グリーン・パパイヤ・アート・スペースのダンサー兼振付家として昨今の活躍は目覚しい。彼女は前述した国立芸術高校とバレエ・フィリピンでダンスの英才教育を受け、その後フィリピン大学に進むと同時にマイラ・ベルトランに師事し、数々の大舞台で活躍してきた。とても小さくて華奢な体つきだけれども、一端踊りだすとその存在感は圧倒的で、確かな技術とそれを超えるセンスが光る。確実にこの国のコンテンポラリーダンスの地平を切り開いてゆく存在だと思う。二〇〇七年の一月には、日本のコンテンポラリーダンス界でメジャーへの登竜門と言われ、今やアジアの若手振付家の憧れの的である「横浜ソロ×デュオ〈Compétition〉」にフィリピン人として初めて参加し、見事に審査員賞を受賞した。歴史上初めてフィリピン人のコンテンポラリーダンサーが、日本の人たちに認められた瞬間だった。

そしてついに二〇〇九年の一月には新たなヒーローを生み出した。同じ「横浜ソロ×デュオ〈Compé-tition〉」

の晴れの舞台で、フィリピン人振付家が見事グランプリに輝いたのだ。受賞者のローサム・プルデンシャド〔図8〕は当時弱冠二十四才。ビサヤ地方のイロイロで高校時代にヒップホップを始め、本格的にバレエを学んだのが十九才の時。マニラでコンテンポラリーダンスに取り組み始めたのが二十二才。わずか数年の訓練で若手コンテンポラリーダンサーの頂点に踊り出た、絵に描いたようなシンデレラボーイだ。受賞作のタイトルは『Which Way?（どっちの道？）』。田舎からマニラに出てきた若者の夢と挫折、怒りや焦燥といった感情を、無機的な機械音と叙情的な都会風景の映像をバックに、鋭い身体表現でみずみずしくも激しく描き出すことに成功した。たかだか十数年の歴史しかないフィリピンのコンテンポラリーダンス界だけに、今回のグランプリ受賞は関係者に衝撃を与えた。舞踊評論家として著名な石井達郎からはグランプリ受賞作に関して、「深いレベルで批評性のある作品で、日本人にはこういうものが欠如しているので、見習って欲しいくらい」というコメントが寄せられた。ローサムにはこの賞で六ヶ月間のフランス留学の権利が与えられた。イロイロから始まった彼の旅は、マニラ、そして横浜を通過して、いよいよ世界へ向かう。

図8｜ローサム・プルデンシャド

新しい何かが創られようとするとき、そんな貴重な瞬間に立ち会っているのだという実感を得られることが、国際文化交流という仕事をしている醍醐味の一つだ。そして新しい文化創造の現場で、多少なりとも何らかの貢献ができることは、とても誇らしいことだ。それが特に尖った世界の、時に暗闇の中で悪戦苦闘をしているチャレンジャーに出会ったとき、だからこそ誰かのサポートが最も必要とされていると感じられるとき、私たちがここにいる本当の理由がわかることがある。

世界への挑戦と創造性の流出

世界に向かってチャレンジすることが、すなわちフィリピンのコンテンポラリーダンス界の財産に直接つながってゆかないこともある。フィリピン諸島の最南端に位置するジェネラル・サントス市（通称「ジェネサン」）［図9］といえば、南洋マグロの水揚げ基地として日本との関わりも深く、フィリピン人にとってはいまや国民的ヒーローであるボクシング世界チャンピオンのマニー・パッキャオの出身地として有名だが、マニラからは船で三昼夜もかかる遠隔の地。周辺地域一帯を飛行機の上から眺めると、まさに入植の地といった成り立ちの様子がよくわかる。ジェネサンの市街地から北西方向に向かって数十キロにわたってほぼ一直線に幹線道路が平地を走り、その途中に碁盤の目のように整然と区画整理された町が配置され、そこから山に向かってびっしりと隙間なく田んぼや畑が広がっている。ルソン島やビサヤ諸島から初めて移民がやって来たのが一九三九年。六十年代よりその数が急増し、ほぼ何もなかった原野に忽然と新興都市群と開墾地が生まれていった。フィリピン各地から多くの移民の受け皿となったミンダナオを象徴するような風景だ。そんな南の最果てと思われる土地にも、ダンスを通して夢を抱く若者たちがいる。どんな思いで踊っているのだろうか、それを確かめたくて二〇〇八年の九月にジェネサンを訪れた。

テアトロ・アンバハノンは総勢十五人の小さな劇団だ。代表のビン・カリーノはマニラのフィリピン大学で民族舞踊を学び、八年前に地元に戻ってラモン・マグサイサイ・メモリアル・カレッジという私立大学を拠点にこの劇団を旗揚げした。今は大学から提供されている四十平米ほどの狭い板敷きの元教室をスタジオにして、学生と一緒に汗を流す。彼の祖父は中部ビサヤのボホール島からの移民だが、第二次大戦後にこのジェネサンの都市計画を進めた立志伝中の人物だ。何もない辺境の土地に新たな町を立ち上げた祖父の血が流れているのだろう。ビンはこのミンダナオの一地方都市から新しいアートムーブメントを起こそうと考えた。それも誰もが思いつきそうな伝統を売り物にしたそれではなく、自分たちの今を表現するためのコンテンポラリーなものを志した。しかし誰もやらないことをやるということは、無論相当な困難を伴うもの。大学からはスタジオと講師ポストを用意されたが、活動費は自ら稼がなくてはならない。裕福な名士の一族である彼のこと、おそらくかなりの私財を投入しているに違いない。しかも十五人の学生はいずれも貧しい家庭の出身だという。そこで彼は大学側とかけあって彼らに対する奨学金制度を作った。厳しい選考に合格してこの劇団に入って活動を続けている限りは学費が免除になるという。練習を見せてもらったが、好きなダンスをしながらただで大学で勉強もできるとあって、学生たちは真剣そのものだった。

そんな地方の小さな劇団の若手振付家であり、ビンの最初の弟子であるジュリウス・ラガレ［図10］が、二〇〇八年の七月にマニラで行われた第三回ワイファイ・インデペンデント・コンテンポラリーダンス・フェスティバルの新進振付家のためのコンペティションに初参加し、見事グラ

図9｜マグロの町ジェネラルサントス

図10｜ジュリウス・ラガレとテアトロ・アンバハノン

ンプリに輝いた。この国ではどこでも見かけるバスケットボール青年の男同士の恋物語、つまりゲイのラブストーリーを、バレエとストリートダンスのテクニックをダイナミックに駆使して描いた力強い作品。初めてその作品を見た私は、若者の日常をこれほどリアルに切り取った鮮烈なダンスが、つまり極めて現代性を帯びたアートが、紛争に揺れるミンダナオの、それもかなりの僻地といってよい歴史の浅い遠隔の地方都市から生まれること自体にとても驚いた。洗練されてはいるが様式にとらわれすぎで、どれもが同じに見えてしまうマニラの振付家の作品とは明らかに異質な何か。何もかもが集中して恵まれた環境にあるマニラの人たちに負けまいと作品を創る、彼らの心意気が感じられた。

それに先立つ二〇〇七年は、日本のダンス界をリードするジャパン・コンテンポラリーダンス・ネットワーク（JCDN）の企画するマニラ公演が実現し、本格的な日比ダンス交流が始まった年だ。このJCDNは京都を拠点にして一九九八年にできたNPO（非営利団体）だが、日本で活動するコンテンポラリーダンスの作り手やオーガナイザーなどを画期的な方法でネットワーキングしており、国際交流基金が地域に根ざした国際交流活動に実績のある団体に贈る「地球市民賞」を受賞している。「踊りに行くぜ！」という勢いあるタイトルで、普段はコンテンポラリーダンスに接する機会の少ない地方でも公演を行い、確実にオーディエンスを増やしつつあり、いよいよ満を持してアジアに進出した。そしてその縁でジュリウスのグランプリ受賞作品が二〇〇八年十月末の福岡での「踊りに行くぜ！」に招待されることとなった。海外公演が初となる今回の招待は、本人のみならず劇団にとっても青天の霹靂。しかし渡航準備の過程で肝心のジュリウスに問題が発生した。もともと翌年に計画していたアメリカのバレエ団での就職が急遽決まり、十月はじめに渡米することになったため、福岡へは行けなくなってしまったのだ。代役を立てることで日本側は納得したが、この騒動を通して〝頭脳流出〟ならぬ〝創造性の流出〟の問題が見えてきた。

フィリピンは東南アジア諸国の中でも欧米文化を早くから積極的に受け入れてきたため、クラシックバレエがかなり盛んな国だ。そして英語が話せるダンサーは、才能を開花させるほどに必然的に海外への誘惑が大きくなる。普段はぎりぎりの生活を強いられながら練習に励む彼らにとって、海外で得ることのできる高収入は甘いアメであり、と同時に場合によっては、自分の創造性を犠牲にしなくてはならないという落とし穴ともなる。二〇〇五年に香港ディズニーランドがオープンした際、CCPを拠点とする国立バレエ団の中心的ダンサーの十数人が高給で一挙に引き抜かれたケースもある。ダンス以外にも演劇、ミュージカル、オペラなど欧米諸国に移り住んだアーティストは数知れない。海外流出に伴う国内の人材難は、看護師や教師、エンジニアだけの問題ではない。今回のジュリウスのケースについてもマニラのダンス界では、国内のコンペで優勝して折角日本にまで招待されたのに、それを辞退してアメリカに渡ることは無責任だとして批判する人たちもいた。ただジェネサンというミンダナオの一地方都市から見れば、一極集中で出稼ぎ者のあふれかえるマニラに出て働くのも、遥か太平洋を隔てたアメリカへ行くのも、故郷をあとにするという意味ではあまり違いはない。生活保障からほど遠い前者よりも、少なくとも家族の生活を守ることができる後者を選択することに不自然さはない。「アメリカで優れたテクニックをマスターして、彼はまた必ずここに戻って来る。貧しい家庭の出身ながら、この劇団に入ってダンスをマスターし、マニラのコンペで優勝してアメリカに渡ることになった。ジュリウスは我々のヒーローでもある」とビンは語る。〝創造性の流出〟は、マニラから見れば国の損出として嘆かわしい事態だろうが、この辺境の地で、淡い夢を抱く人々の目から見れば、そこにはまた別の意味が立ち現れる。

インデペンデントの祭典

二〇〇七年七月のCCPでは、インデペンデント（独立）系のイベントが続いていた。演劇の「ヴァージン・ラブフェスト」、コンテンポラリーダンスの「ワイファイ・インデペンデント・コンテンポラリーダンス・フェスティバル」、そして映画の「シネマラヤ・フィルム・フェスティバル」。いずれも若手の才能発掘や新作の発表を目的として、メインストリームとは一線を画した内容が売りで、わずかな公的資金援助以外は参加者自らが制作資金を工面して成り立っているイベントだ。チケット代も「ヴァージン」が一公演二百ペソ（当時のレートで約五百円）、「ワイファイ」も同様で、「シネマラヤ」は百ペソ（二百五十円）。学生はさらにその半額で、なるべく多くの若者が来やすいように安く設定されている。いずれのフェスティバルも資金難にあえいでいて、日本文化センターではこのインディペンデント系のイベント全てに助成金を出すなどして協力をした。

「ヴァージン・ラブフェスト」は、フィリピン人脚本家の集まりである「ライターズ・ブロック」主催で、未発表戯曲を初めて舞台化するためのものだ。海外からの戯曲を含めて全十八作品、つまり十八人の脚本家とそれと同数の演出家に、ざっと数えただけでも百人を超える役者、さらにそれ以上のスタッフが参加した。二百五十名が定員のCCPスタジオシアターを二週間にわたって貸し切り、一作品あたりそれぞれ四回の公演でのべ七十二公演もある一大演劇イベントだ。日本からも劇団燐光群の坂手洋二が脚本家として（作品名『三人姉妹』）［図11］、また同じ劇団の吉田智久（その後二〇〇八年に同劇団を退団）は演出家として参加した（作品名『テロリストの洗濯婦』）［図12］。

劇団燐光群は、アジア諸国の演劇人と腰を据えて交流を続けている数少ない貴重な劇団だ。劇作家であり演出家である坂手洋二を中心に、戦争や天皇制、沖縄の基地問題など社会的なテーマを真正面から扱い、そのダ

図11｜『三人姉妹』（提供：ヴァージン・ラブフェスト）

イナミックな硬派ぶりから、私の最も敬愛する劇団の一つである。彼らは早くからフィリピンの演劇に着目し、俳優を招待しては自分たちの公演に起用してきた。燐光群のアジア交流はとても戦略的だ。二〇〇六年からは三年間の計画でセゾン文化財団からフィリピンとの演劇交流のために助成金を得ていた。演劇人にとってアジアとの交流はリスクを伴う試みだと思う。もともと世界の演劇界のメインストリームとはいえない日本だが、さらに日本以外のアジアとなると、インフラも不十分だし、世界的マーケットからはずれているし、例えばあちらから〝招待〟されても、飛行機代など結局は自腹を切ることになるのは必定。国際交流基金でも主催事業などで、多くの演劇人をこれまでアジア諸国に派遣しているが、その後自力で助成金などを獲って地道に交流を続けている人たちはとても少ない。そんな持ち出し必須の交流だからこそ、覚悟と見識が必要になるのだと思う。これから日本の社会は、アジアからもっと多くの隣人を受け入れていくことになるのは間違いない。アジアの様々な人種のるつぼ社会が近づいているのだ。もう既にそうなっているとも言える。重要なことは、なるべく早く私たちがその事実を受け入れ、ややもすると尊大になりがちな日本人の特権意識を捨て去ることだと思う。日本の演劇界からほとんど省みられることのないフィリピンの演劇人との交流を繰り返す燐光群は、ある意味では、そんな近未来の私たちの社会に先乗りして来るべき時に備え、演劇が社会に果たすべき役割を模索しているとも言える。

図12｜『テロリストの洗濯婦』（提供：ヴァージン・ラブフェスト）

　そんな燐光群の中でも前述した若手演出家の吉田は、二〇〇二

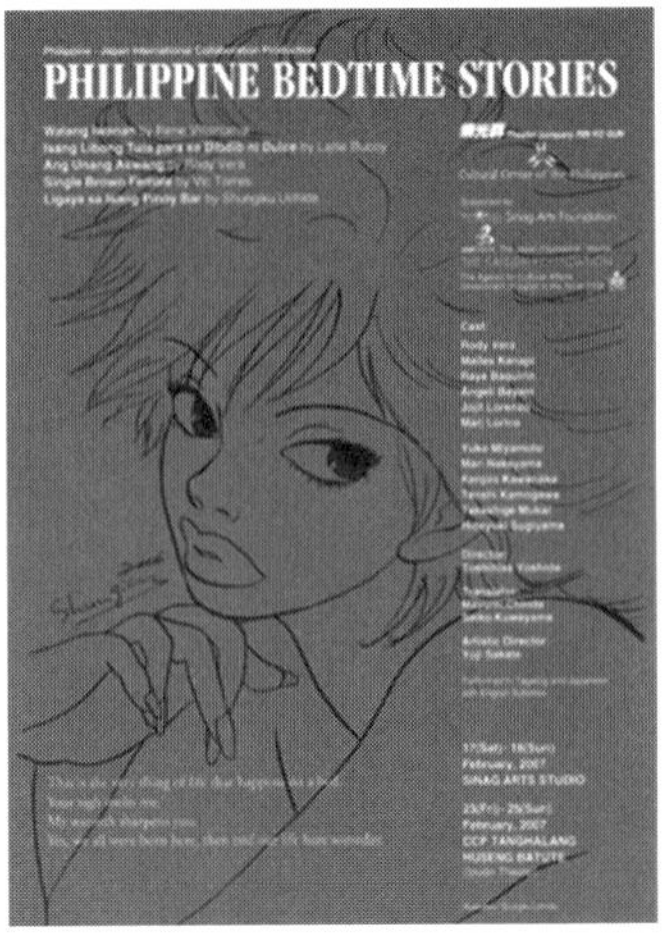

図13｜内田春菊デザイン『フィリピン・ベッドタイム・ストーリーズ』ちらし（提供：燐光群）

年に「文化庁芸術家在外研修制度」を活用して一年間マニラで武者修行を行った後、何度も再訪を繰り返してはワークショップなどを行い、長期間滞在していくつかの共同作業を進めてきた。その吉田が演出して二〇〇七年二月に公演した『フィリピン・ベッドタイム・ストーリーズ』［図13］は日比演劇交流史にすがすがしい新風を吹き込んで大成功だった。ベッドという際どい素材をキーワードに、様々なかたちの愛憎劇を、日比両国の作家、役者、スタッフで長年にわたって作り上げた。まさに血の通った本当の共同制作である。二〇〇四年の初演であるが、今回はさらに装いを新たに、フィリピン人脚本家の四作品に内田春菊の書き下ろし作品を加え、計五作品を日比両国で上演した。お金と引き換えにクライアントの子供を作り提供する衝撃的な〝代理母〟の話や、この国に古くから伝わる吸血女〝アスワン〟のラブストーリー。そしてラストの内田春菊作『フィリピンパブで幸せを』は、フィリピン人エンターテイナーと日本人男性の出会いとスピード結婚を、テンポの速いドタバタ喜劇で描き、満員の会場は大爆笑だった。

「ヴァージン」に出品された個々の作品については完成度にばらつきがあるものの、かなりレベルの高い、内容の豊富なイベントであった。おそらく現代演劇でも、せりふ芝居というジャンルでは、私の知る限りフィリピンは近隣の国々を凌駕していると思う。タイは伝統的に現代演劇の基盤が脆弱であったし、インドネシアではせりふ芝居よりも伝統に根ざした舞踊や肉体的な演劇（フィジカルシアター）に圧倒的な魅力がある。ウォーターフロントに壮麗でモダンな劇場コンプレックスを擁して世界中から公演団を招待し、いまやアジア舞台芸術のハブとなったシンガポールにしても、そこで作られる作品については、生活空間に根ざした物語のバリエーションは意外と少なく、観念的な作品が多いように思われる。

水をはったバスタブの中で展開するこってりとしたゲイのラブストーリー。マニラの下町を舞台にゲイとオカマの同居生活の日常を生き生きと描いた作品。そして吉田の作品は、やはりマニラの中華街の路地裏あたりのチノイ（華人）の生活を、洗濯婦と雇い主の家族を通してコメディータッチで描いた秀作。こうした物語のバリエーションの豊かさがこの国の演劇を確かに支えているのだと思った。そしてそこに盛られたたくさんの毒と、それを解毒させてしまうほどにあふれるユーモアやペーソス。決して声高に何かを主張するわけではないけれど、どの作品にも〝生きたい〟という思いがあふれていて、だからこそまた何度でも劇場に足を運びたくなる。演劇の辺境、マニラのちっぽけなスタジオシアター。照明の回線がねずみにかじられてボロボロの劇場だけれども、そこには独立独歩の精神が充満していて、この国の文化の本当の底力を感じさせる。

フィリピンでオペラ?

世界第三位の経済力（名目国内総生産を基準にした場合）を誇り、日々世界中から輸入される舞台芸術に触れることのできる日本ですら、いまだに上流階級の道楽とも揶揄されることのあるオペラ。そんな先進国のステイタスシンボルともいえるオペラだが、貧困と社会不安にあえぐこのフィリピンにもしっかりと存在する。二〇〇八年一月のＣＣＰは、この国のオペラ関係者やオペラファンの夢を担う待望の公演で幕を開けた。演目はヨハン・シュトラウスの代表的なオペレッタである『こうもり』。客員で訪れていた韓国人指揮者以外は、ソリストなど出演者、演奏家、スタッフ全員がフィリピン人である。ＣＣＰ主催で行われるオペラ公演、つまり本格的な舞台装置があって歌手が衣装を着けて演じるものとしてはほぼ一年ぶりになる。ＣＣＰ以外に本格的なオペラ公演を行えるところはないので、ここでの公演がこの国のオペラ公演の全てと言ってもよい。私が知っている限りでは、公演とまではいかなくても、コンサート形式や衣装を着て多少の演出付きで上演するオムニバス形式の演奏会は年に数回ある。一年に一作品とはいっても、この国を取り巻く様々な厳しい環境の中で、こうやってフルのオペラ公演を行うということは相当な覚悟が必要なはず。このフィリピンで、オペラにこだわる理由は一体何なのだろうか。ちょっと調べてみると、この国のオペラには存在する以上の物語があるのがわかってきた。

グランドオペラは、演劇、オーケストラ演奏、合唱、そして美術が一体となった文字通りの総合芸術だ。私もかつて日本のオペラ『夕鶴』（團伊玖磨作曲）の海外公演を制作したことがあるが、おそらくオペラの醍醐味は、一つの作品を構成するたくさんの要素が、長い準備の過程を経て最終的に重なり合い、共鳴する瞬間にあるのだと思う。本番公演に向けて芝居と歌、オーケストラ演奏、合唱、舞台装置や照明、衣装の製作などがそれぞれ別個に進められるが、それら全てが一つに集まり、いよいよ全貌がわかるのが公演本番の直前だ。つまりそれまでは誰も実際にどんな作品になるか確証がなく、各々のイマジネーションの中での作業が続く。だからこそ、最後に完成したものを目の前にした時は、何とも表現できないくらい感動することがあるのだろう。そんな創造過程のダイナミズムが観客にも伝わって、世界中の多くの人を魅了しているのだと思う。けれども実際問題、それだけ様々なジャンルで多くの人間が働くため、多額の資金を必要とするのは事実だ。先進国なのに国立のオペラハウスの一つもないと揶揄されていた日本だが、一九九七年になってようやく新国立劇場が完成した。年間予算は劇場の運営費・人件費など込みでざっと七十億円で、その内純粋な公演にかかる経費が三十億円。この予算でオペラ、バレエ、現代演劇の公演が行われていて、平成二十三年度のオペラの場合は十作品で五十二回の公演が行われている。欧米先進国に比較して貧弱な予算とはいうが、無論、フィリピンから見れば天文学的な予算が使われている。

パフォーミングアートの素養に恵まれ、十九世紀末より米国の植民地であったフィリピンは、アジアでも最も欧米に近いモダンな文化を謳歌してきただけに、近隣の国に比べてもオペラの歴史は長く、これまでに多くの歌手が世界の舞台で活躍してきたのには驚かされる。一九〇〇年代から一九三〇年代にかけてオペラはマニラでも人気の娯楽で、一九三一年にオープンしたメトロポリタン劇場〔図14〕などが本拠地となった。ちなみにこの劇場は今も当時のまま残されており、マニラ市の肝いりで修復が進んでいる。一九二〇年代にはフィリピン人のソリストが海外のメジャーなオペラで活躍するようになる。特にパイオニアとして歴史に名を残しているのはジョビータ・フエンテスというソプラノ歌手だが（一九七六年にナショナル・アーティストに認定）、一九二五年にイタリアのピアチェンツァ歌劇場で『マダム・バタフライ』の蝶々さん役でデビューして成功を収めた。なんでも小柄な美女だったようで、西欧人からはエキゾチックな蝶々さん役として適役に思われたようだ。同時代、後に日本のオペラの黎明期を築いた藤原歌劇団の創設者である藤原義江は、日本を代表するテノールとして一九二〇年にミラノに渡り武者修行を開始し、一九三一年にはパリのオペラ・コミック座で『ラ・ボエーム』の詩人の役で舞台に立っている。同じ極東の小国から海を渡り、オペラの本場で果敢に挑戦する二人。もしかしたらどこかの劇場で出会っていたかもしれないなどと、ちょっと楽しい想像も可能だ。

図14｜メトロポリタン劇場

その後フィリピンのオペラは戦争中を除いて一九七〇年代までは盛んだったようで、その後に斜陽が始まったと言われている。しかし現在でも海外で活躍している歌手は多く、と言うより、優秀な歌手ほど海外でしか活路を見出せないという悲しい現実はあるが、例えばオトニエル・ゴンザガというテノール歌手は、一九八〇年代にフランクフルト・オペラのソリストとして活躍し、その後は〝三大テノール〟のプラシド・ドミンゴのサブを務めていた実力者で、

『オセロ』のタイトルロールがあたり役である。

周りの東南アジア諸国を見回すと、オペラカンパニーが存在する国などは、かつてはこのフィリピン以外にはなかった。だが昨今はそんな東南アジアのオペラシーンもかなり様変わりしつつあり、一九九〇年にシンガポール・リリック・オペラ、二〇〇一年にはバンコック・オペラ、そして二〇〇三年にはリリック・オペラ・マレーシアが相次いで旗揚げしている。こうした国では経済の成長に平仄を合わせるように中産階級の層が徐々に厚くなり、やがて立派な劇場やコンサートホールが新しくできていった。特にシンガポールでは、二〇〇二年にエスプラナードという複合文化施設が総工費約四百五十億円をかけて完成し、二千人収容の劇場と千五百人収容のコンサートホールがオープン。国際スタンダードを備えた劇場として、海外の一流のアーティストを招待できる体制が整った。最近ではフィリピンのオペラ歌手もよくシンガポールに出稼ぎに行くことが目立つようになっている。自分たちの国の舞台環境から見れば羨ましい限りのぴかぴかのコンサートホールに立って、かつては東南アジア唯一のオペラ先進国であった過去の栄華に思いを馳せながら、一体彼らはどんな思いで歌っているのだろうか。オペラがあるということは、取りも直さず経済的な成功を収めたゆとりの証。経済的にだいぶ遅れを取ってしまったフィリピンに帰れば厳しい現実が待っている。

とはいえ、まだまだあきらめてしまったわけではない。サント・トーマス大学［図15］という一六一一年に設立されたアジア最古の大学内に設けられたコンセルバトワールは、昔も今もオペラ歌手を目指す若きアーティストの登竜門である。現在は十一名の声楽の教授陣のほか、ピアノから楽理、ジャズまで総勢百二十名を超える講師スタッフを擁する東南アジアで最大規模の音楽教育機関である。また今回の『こうもり』でも演奏を務めたサント・トーマス大学交響楽団は、一九二七年に設立された由緒あるオーケストラで、国立フィリピン交響楽団に楽団員を提供する育成部門を担っていて、いわば半国立の大学交響楽団である。『こうもり』はウィーン国立歌劇場が毎年必ず大晦日に豪華キャストで上演するという演目。十九世紀後半のオーストリアの社交界を舞台にした上流階級夫婦の浮気話を核に、騙しあいの可笑しさに満ちた喜劇で、お祭り好きでちょっと浮気性のフィリピン人にはぴったりの演目だが、このオペラの枠ともいえる優雅なウィンナワルツを演奏するにはまだまだオーケストラが力不足ではあったと思う。

それにしてもオペラに対する情熱を失わず、希望を持ち続ける人々がいるのには感心する。国からの資金援助がほとんどない中で、公演のために駆け回ってスポンサーを集め、なんとかオペラを絶やさない努力を続ける姿には頭が下がる。一九六〇年代まではアジアの優等生で、一九八〇年代以降は凋落の一途、とは経済の世界でよく言われることだが、この国のオペラがたどった歴史も経済的停滞と平仄をあわせるかのようであった。けれども現在、国民の三割が貧困であると自己認識している格差社会を抱えるフィリピンであるが、その一方でこうした夢を持ち続ける人たちもいる。文化や芸術も、澄んだ空気や清潔な水など衣食住と同じように、我々が生きていく上で必要なベーシック・ヒューマン・ニーズなのだと思うことがある。ましてやそれが人々の誇りに触れるものであればなおさら、それを捨て去ることはできない。逆説的ではあるが、その意味で時に蕩尽を象徴するオペラこそが、自分たちの誇りを支えるベーシック・ヒューマン・ニーズだと考えている人々もいるのだ。

図15｜サント・トーマス大学

多くの人々が待ち望むように、我々の魂を揺すぶるような真にダイナミックなオペラの復活を願っている。いつの日かCCPの大ホールで、フルスケールの『トゥーランドッド』が上演される時がやって来るのだろうか。『マダム・バタフライ』のタイトルロールを、満場の喝采を浴びて歌い、演じる素晴らしいソプラノ歌手が再び誕生することがあるのだろうか。私がマニラを去った後にもしそんな時がやって来たら、またこのマニラを訪れて、その祝福の舞台をぜひ見届けたいと思っている。

第2章　メインストリームを行く社会派アート

激しいフィリピン美術との出会い

私が初めてフィリピンの美術と出会ったのは今から二十年以上も前、一九八〇年代の終わり頃だ。神田の本屋で見つけた一冊のミニコミ誌に書かれた「The Black Artists of Asia（BAA）」というグループの不思議な響きに惹かれて、フィリピン中部ネグロス島のバコロドという町を訪れ、三人のアーティストに会ったのが最初である。その中で今でも印象に残っているのは、骨太の黒い輪郭線で克明にしっかりと描かれた、大きな目をした素朴な農民の絵。鋤や鍬とともにライフル銃をかついでいて、どことなくユーモラスだが、実は殺気に満ちているという不思議な油絵だった。ネグロス島出身のヌネルシオ・アルバラード〔図16〕という画家の作品だ。

ネグロス島は当時、〝飢餓の島〟として世界中に知られていた。島の多くの農民は一握りの大土地所有者の砂糖プランテーションで生計を立てていたが、砂糖の国際価格の暴落によって末端の契約農民の収入は途絶え、多くは飢餓にあえいでいた。極限状態の農民は地主に対して待遇の改善を訴えてストライキを繰り返し、反発する地主側が銃を発砲して死者も出た。混乱に乗じて反政府ゲリラや共産党の武装組織である新人民軍も多く島内に浸透し、ネグロスは一触即発の危険な状況に置かれていた。アルバラードは危険を承知で島の奥地へ入り込み、おそらく新人民軍の兵士らと寝食をともにして、あの油絵を描いていたのだろう。今でも同じスタイルを頑固に貫きマニラで活躍している。

そして伝統的な素材や日常的なオブジェで作品を創るノルベルト・ロルダン。彼もその後マニラに出て、現

図16｜ヌネルシオ・アルバラードの作品

在はグリーン・パパイヤというオルターナティブスペースを運営しており、若い芸術家たちに貴重な場を提供している。さらに三人目は幻想的な作風で不気味な人物像を描くチャーリー・コー。彼はそのままバコロドにとどまって中部ビザヤ地方のアートの活性化に貢献している。バコロドで初めて出会った時、彼らはいずれも三十代後半の油の乗りきった時代で、ネグロスという〝飢餓の島〟から世界に向かってアートで告発を始めていたのだ。

あれから二十年以上が経過し、フィリピンへ赴任して数日経ったある日、あるギャラリーで類まれな力強い表現力にあふれる画家の作品に遭遇した。二〇〇五年に東京国立近代美術館で開催された

「アジアのキュビズム」展（国際交流基金の共催）のポスターに使われている絵、『キリストの磔刑』［図17］を描いた作家だが、彼の作品を直接見るのはその時が初めてであった。残念なことに、彼は私が赴任した前の年に既にこの世を去っていたのだが、作品から立ち上がる存在感には圧倒された。そのアン・キュウコク（一九三一〜二〇〇五）もまた、アルバラードやＢＡＡのアーティストと同様、抵抗する精神を貫き通した反骨の画家であった。

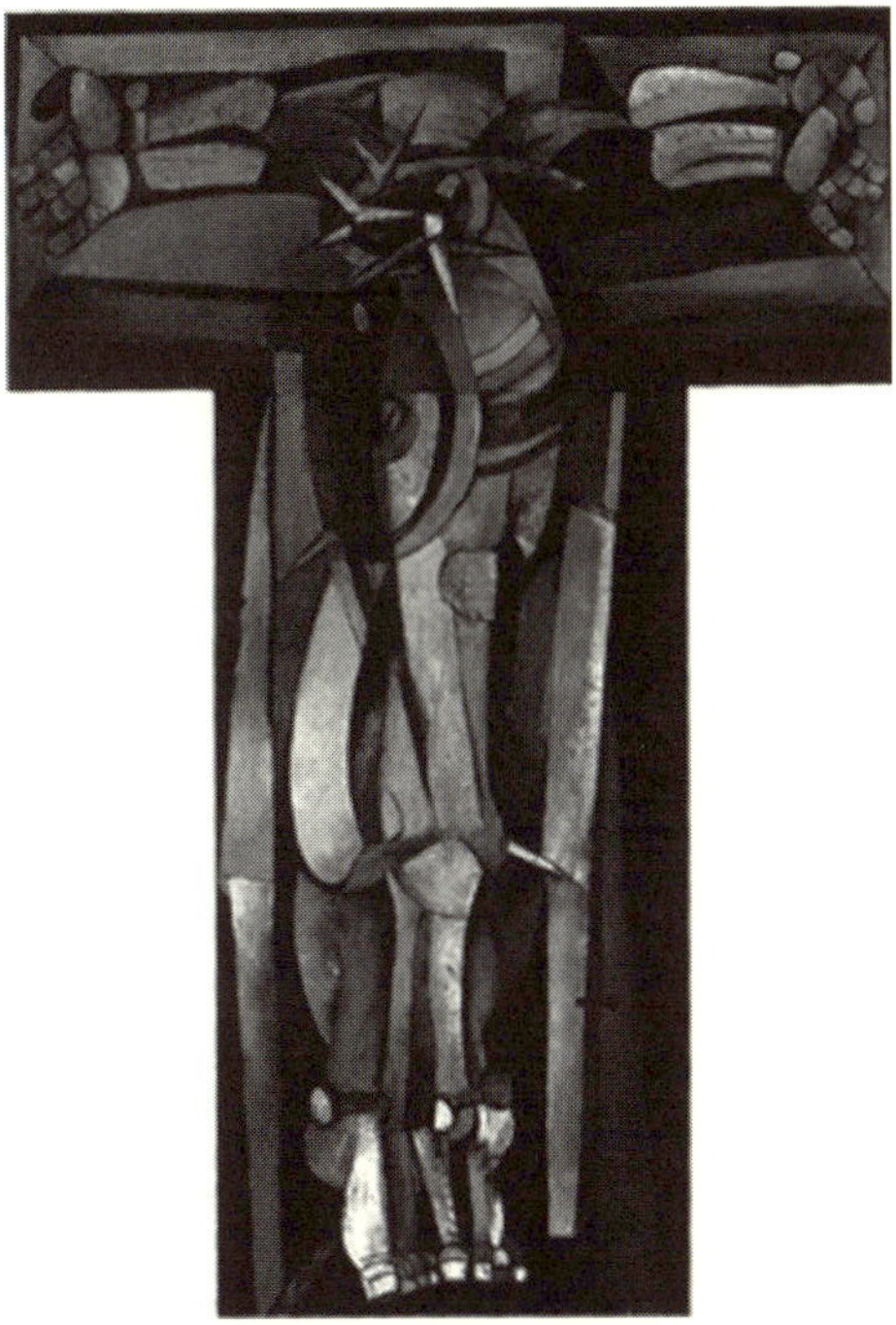

図17｜アン・キュウコク『キリストの磔刑』

それからしばらくしたある日、上述した「アジアのキュビズム」展が、今度はパリで実施される運びとなり、その作品集荷のためキュウコクの国内最大のコレクターであるパウリノ・ケ宅を訪問することとなった。その際に応対してくれたケ夫人に対して、『キリストの磔刑』が展覧会のポスターに採用され、コレクターとしてもさぞ誇り高いだろうと話したところ、彼女は顔色を少し曇らせて、「これほどグロテスクなキリストの磔刑像はフィリピンでも珍しいし、キリスト教保守派からの批判も大きい。日本では問題ないのか？」と逆に質問されてしまった。その時私は、キュウコクが寡黙な芸術家であり、この国のナショナル・アーティストの中でただ一人、その授賞式のスピーチで一言も言葉を発しなかったという逸話を思い出し、きっと彼のアートの根源は、怒りと絶望なのではないかと思い当たった。

キュウコクはフィリピン南部ミンダナオ島の中心都市ダバオで、中国人の両親のもとに生まれた。彼が幼少時代を過ごした一九三〇年代のダバオには多くの日本人が暮らしていたが、彼の父親は筋金入りの反日家で、日本の満州侵略を憂えて、息子に「安救国＝アン・キュウコク」と名前を付けた。その後戦争がフィリピンにまで拡大し、日本軍がダバオ市内を占領する事態となり、彼の家族は家財を捨てて泣く泣く逃れ、近郊の山中に隠れ住んだという。その時キュウコクは十一歳。彼の怒りと絶望は、私たち日本人と無縁ではない。

その後彼はマニラに出て絵画を学び、三十四歳でヨーロッパに渡って特にピカソから強い影響を受けた。『キリストの磔刑』は七〇年代から八〇年代にかけて、マルコス政権の後半から末期によく描かれたモチーフだ。末期のマルコス政権は、汚職にまみれた悪名高い政権として世界的にも有名だが、キュウコクはそんな息の詰まる時代にこのような激しい絵を描いていたのだ。フィリピン大学の美術史家であるアレス・ギレルモは、著書『Image to Meaning —Essays on Philippine Art—（イメージから意味へ、フィリピン・アートに関するエッセイ）』の中で、「キリストの死は無に等しい、なぜなら宗教は何も救いを見出すことができなかったから」という、キュウコクの当時のコメントを証言している。

私はそのコメントを読んで、国も時代も異なるが、一九九〇年代初頭、初めての海外赴任地であるタイのバンコクで、軍事政権末期のやはり重苦しい雰囲気の中、ワサン・シティケットというタイ人の〝抵抗の画家〟が描いた一枚の絵、『仏は誰も救ってくれない』に出会った時のことを思い出した。タイでは王権と仏教に対する冒涜は最大のタブー。それと同様に、キリスト教徒が九十%以上を占めるフィリピンでは、キリストのイメージは最も重要なイコンである。どの時代でもどんな場所でも、多くの人々がすがりつく信仰に反旗を翻すこと、負のイメージを提示することは、とても危険なことだ。しかし彼のキリストは、引き裂かれた彼自身のようにも見える。キュウコクは崇高なものや神聖なものを描こうとしたのではなく、地に落ちたキリストを描こうとしたのではないかと思う。それは怒りと絶望のなせる業だ。

早熟なアカデミズムと社会派アート

アジアの現代美術は、七十年代末より福岡市美術館によって本格的な日本紹介が始まった。国際交流基金も九十年代初頭から様々な展覧会を企画し、アジア美術が国際的に注目される道を切り拓いてきた。いまや多くの作家の作品が香港やシンガポールのオークションに出品され、高値で取引されている。特にフィリピンでは社会的なテーマを扱う〝ソーシャル・リアリズム〟の作家の活躍が目覚しく、先に紹介したアルバラード、ロルダン、コーの三人もメッセージ性のある力強い作品が評価され、これまでに何度か日本でも紹介された。フィリピンではこうした社会派アートがメインストリームを形成している。

図18｜エステバン・ビラヌエバ『バシーの反乱』

フィリピンの美術は意外にも早熟である。スペイン植民地時代にもたらされた近代絵画は、この国の美術史の文脈においては「コロニアル・アート」と総称されるが、十九世紀初頭には既に肖像画家として成功を納めるスペイン人とフィリピン人による混血（メスティーソ）の画家を何人か生み出している。さらに驚くべきことに、同時期にマニラから遠く離れたビガンという北部の地方都市にさえ、独特で素朴な画風で知られるエステバン・ビラヌエバという画家がいたことだ。一八二一年に彼が描いた『バシーの反乱』〔図18〕は、おそらく現存する作者のはっきりとわかる西洋風絵画の中で、アジアで最も古い作品の一つであろう。ちなみにインドネシアには近代絵画の黎明期にラデン・サーレという作家がいたが、その代表的な油絵である『嵐』が描かれたのが一八五一年。その頃の日本といえば、葛飾北斎が没したのが一八四九年。まだ浮世絵の時代。西洋的なリアリズムによる油絵の技法を学び、『鮭』や『花魁』などの作品

図19 ｜ホアン・ルナ『スポリアリウム』

で明治初期の洋画家として知られる高橋由一が生まれたのが一八二八年である。

フィリピンにおけるアカデミズム画壇の歴史は日本より古い。もともとエリート教育の一環として絵画が導入されたが、フィリピン人アーティストの中で優秀な画家が生まれ、その中で何人かは画学生として西洋に渡った。そしてホアン・ルナとフェリックス・ヒダルゴという二人の作家が頭角を現し、一八八四年には二人そろってマドリッドのサロンで金賞と銀賞を受賞するという象徴的なできごとがあった。一八八四年当時の日本といえば、西洋画の基礎を築いたと言われている黒田清輝が十八歳で初めてパリに渡った年である。日本洋画壇のアカデミズムを牽引することになる〝外光派〟が成立するには、さらに十年を要した。その頃フィリピンには、既に西欧の本場サロンで認められる作家が複数いたのである。

金賞を受賞したホアン・ルナの『スポリアリウム（略奪）』［図19］だが、現在はマニラの中心地にあるナショナル・ギャラリーに収蔵されており、二〇〇七年六月に同ギャラリーが改装オープンとなったことで、しばらくぶりに一般に公開されることとなった。私もさっそく見に行ったが、縦四メートル、横七メートルの堂々とした作品で、アジアでも最大級の十九世紀の油絵だ。がっしりとした額縁に鋼鉄製の鎖で壁にしっかりと固定されており、門外不出の第一級の国宝扱いであることがひしひしと伝わってくる。題材はローマ時代の剣闘士から取ったもので、戦いが終わり無残な姿になった敗者が引きずられていく瞬間を、緊張感あふれる筆致で描いている。ローマ帝国の権勢の裏にある暗部に焦点を当てた作品として、スペイン植民地政府の圧制とフィリピンの悲劇を暗に象徴していて、当時のナショナリズムを象徴する作品であるとも言われている。

このようにアカデミズムでも社会的題材が評価されるフィリピンにおいて、社会派アートは、この国の美術史の中で重要な位置を占める。先に紹介したアリス・ギレルモの別の著書『Protest/Revolutionary Art in the Philippines（フィリピンにおける反抗と革命のアート）1970–1990』は、マルコス政権が独裁色を強めて戒厳令を敷いた時代（一九七二年）から、平和的な「黄色い革命」に続いた時代（一九八六年）を中心に、熱い政治の季節と並走した社会派アートをめぐる物語の集大成である。フィリピンにはもちろん芸術のための芸術も多く存在する。西欧の伝統的風景画の伝統を引き継いだロマンティックな写実的絵画も多い。しかし様々な社会問題を抱えるフィリピンでは、社会参画型のアートの伝統が綿綿と引き継がれている。だからといってアートの役割がアドボカシーばかりとは決して思わない。しかしこの国で過酷な現実を目のあたりにするとき、アートの果たすべき役割がはっきりと見える場合がある。逆説的ではあるが、それはある意味アートにとって幸せであるとも言える。

糞を描くアーティスト

海外で文化交流の仕事をしていると、日本で行われる展覧会に出品する作家選びに協力することがある。二〇〇七年の夏、東京国立近代美術館の学芸員から、二〇〇八年八月に開催される展覧会にフィリピンから二名の作家が選ばれたとの連絡があった。ホセ・レガスピとマニュエル・オカンポ［図20］で、展覧会のタイトルは「エモーショナル・ドローイング」。アジアを中心に十数名の作家が参加し、ドローイングという素朴だが生々しい表現を通して作家の内面や描くことの本質に迫ろうという意欲的な企画である。

オカンポは一九六五年生まれの当時四十二歳で、私と同世代のアーティストだ。二十一歳の時にカリフォルニアに移住し、その数年後には既にロサンゼルスの美術界で活躍し始め、一九九二年には世界的にも名の通った国際展であるドイツの「ドクメンタ」の出品作家に選ばれた。アメリカやヨーロッパで早くから認められたが、フィリピンで初めて個展をしたのが二〇〇五年で、そのとき既に四十歳。まずは海外で認められ、その後故郷に錦を飾る、いわゆる〝逆輸入型〟アーティストだ。そのオカンポが自分の絵のモチーフとして執拗に描いているのが、なんと糞、つまり大便である。その他にも便器や骸骨、グロテスクなアニメキャラクターに混じって、キリスト教を象徴する十字架なども多く描かれている。保守的なカトリックの強いこの国では十分スキャンダラスな内容だ。二〇〇五年の展覧会のステイトメントで彼は自らのアートをこう表現する。

「たいがい私のアートは、大食いして酒に浸り、トイレに行ったり来たりの夜が明けて、冷蔵庫の中に残されたものから作る副産物のようなものだ。」

美しい絵画を徹底的に排除し、よりによって糞をモチーフに挑戦的な激しいドローイングを描き続ける。それでいて、というかそれだからこそ、その醜さの裏にあるものに強烈に惹き付けられて、なんともその絵に見

図20｜マニュエル・オカンポ作品

入ってしまうのだ。一皮剥いたらそこにある、目を背けたくなるようなフィリピンの現実。それに気づいていながらも、あたかも何事もないようにしてやり過ごさなくてはならない日常。彼の絵に引き寄せられるのは、おそらく私の心の中にあるそうした空隙に響くものがあるからだと思う。私はどちらかというと過激なアートが好きだ。特に東南アジアの国々にいる時は、いつも尖ったアートに注目している。ラディカルならばそれで良いというわけではもちろんないし、日本で見られる作品に比べて素朴といえば素朴なのだが、その直截さに魅力を感じるのは一体何故だろう。

福岡市美術館（一九九九年より福岡アジア美術館）で一九七九年にアジア美術展をたちあげた後小路雅弘は、その後三十年近くにわたって東南アジア美術の研究をしてきたが、その本質を「自分探し」と指摘する。『東南アジアのモダンアートの基本的な課題は、「自分探し」であったし、おそらくいまもそうである。「わたしたちが本来あるべき姿から隔たってしまっている」という自覚へと向かい、さらにそこから失われた自己の回復へと向かう道程の中に、東南アジアのモダンアートの基本的な姿を見出すことができる。』（『アジアの美術』、美術出版社）

これまでに駐在したタイやインドネシアでも多くの優れたアーティストと出会ったが、中でも特に強く惹かれたのが、今から思えば強烈な自画像を描く作家、タイであればチャーチャイ・プイピア（一九六四年生まれ）であり、インドネシアではアグス・スワゲ（一九五九年生まれ）であったのはおそらく偶然ではないだろう。単純だけれど究極の「自分探し」。同世代のアーティストたちが描く自画像の発見は、私自身の東南アジア発見でもあったのだと思う。フィリピンでは、スペイン、アメリカ、日本と四百年にわたった植民地支配の結果、自分たちのもともとの文化を失ってしまったという喪失感が、人々の心の中、そして社会の隅々を覆っている。自分たちの国の、あるいは民族のアイデンティティの問題は、ジャンルを問わずこの国のアーティストの多くが共有している最も根源的な問題の一つだと思う。

図21｜ロバート・ランゲンゲールの作品

しかし歴史的な意味あいとは別に、私なりに「自分探し」の理由をもう一つ付け加えるならば、ときに目を覆いたくなるような醜悪な現実に対して、「わたしたちが本来あるべき姿」を求めて敢えて目を覆わず、そして発言してゆくという意味の「自分探し」が、そこにはあるのだと思う。深刻な貧富の格差や政治腐敗、終わりの見えない民族紛争や宗教紛争、そして頻発するテロがこの国の現実であり、国家や社会が危機の状況にあるとしたら、アーティストと名乗る以上、たとえ「わたしたちが本来あるべき姿」を実現することは困難だとしても、その現実に対して何らかの表現をすることはむしろごく当たり前の行為なのかもしれない。醜い自己を徹底的に露悪的に表現することで、彼なりの「自分探し」を続けるオカンポが、フィリピンに逆輸入されて多くの人たちから評価されるのは、いまのこの国の状況をよく映し出しているともいえる。

オカンポなどいわゆる商業主義から逸脱した作家たちにとって、アートで生活してゆくということは大変困難なことだと普通は想像するが、今のフィリピンのアート・マーケットは非常に活況を呈していて、社会的テーマを真正面から取り上げた作品を巡る環境も、実はそれほど悪くはないといえる。マニラ首都圏のギャラリーで個展を行い、そこに集まった身内や業界人から評判が広がれば、コレクターや投資家が作品を購入する可能性が高まり、さらに運も味方につけてメジャーなコンペティションで入賞でもすればさらに作品の価格が上がることは間違いない。こうしたルートに乗ってしまえば、一年もすれば立派な売れっ子作家となる。どんな反骨のアーティストでも、多かれ少なかれ今のアートブームの恩恵を受けているのは間違いのないところだ。私が注目しているもう一人の若手作家にロバート・ランゲンゲール［図21］という作家がいる。二〇〇六年に画家デビューを果たし、一年間で三回の個展を開いた。彼こそが、チャーチャイやアグスの系譜に連なる露悪的自画像の作家だと思っているのだが、彼の油絵はキリスト教信者にはお馴染みの聖書の逸話を題材に、そこに自慰にふける醜悪な自画像などを登場させ、徹底的に既存のイメージを破壊する。時にキリスト像そのものにも恐るべき冒涜を加える。そうした彼のグロテスクな自画像やスキャンダラスな絵が、飛ぶように売れてしまうのが今のマニラだ。本人ですら、どうしてそんな絵が売れるのか不思議に思っている。

フィリピンの経済は私が赴任している間、二〇〇八年に経済危機が深まるまで、毎年七~八%の成長を続けていた。しかし一方である民間機関の調査によれば、貧困層はより拡大しているという。三ヶ月の間に一日でも食べ物に困り飢餓感を感じた世帯は全世帯の二十%近い。海外からの投資が増え輸出額も伸び、株価や不動産価格、そしてペソの価値も上昇の一途である。金持ちの資産がふくらみ続けるミニバブル状況の中で、貧富の格差はさらに拡大し、開発の恩恵はあいかわらず勝ち組のみに与えられている。そんな不均衡な世の中をまさに象徴するようなハイソサエティーのためだけの街の開発が、今マニラの中心部で急ピッチに進められている。名づけて「グローバルシティー」[図22]。グローバライゼーションの恩恵を受けた人々の街としては、分かりやす過ぎるほどの象徴的なネーミングだ。十数年前までは米軍基地だったが、フィリピン最大の財閥であるアヤラ財閥が払い下げを受け、野原を一から開発し、超高級マンションにショッピングモール、学校や病院のある金持ち村を建設した。ピカピカのブティックや人気カフェが立ち並び、ファッショナブルな人たちで賑わっている。美しい芝生の中庭にはパブリックアートの彫刻がふんだんに置かれていて、この界隈だけでも新たに商業ギャラリーやコンテンポラリーアートを扱うスペースが一挙に十店舗近くオープンしている。

図22｜グローバルシティー

こうした状況そのものは、アートにとって悪い話ではない。けれどもこの国の別の現実を見るにつけ、そう楽観的に喜べないのが複雑なところだ。そんなきらびやかな街が生まれている一方で、どうしても思い出さずにはいられない最底辺の生活もある。マニラ首都圏最大のゴミの集積地（スモーキーマウンテン）であるパヤタス［図23］に行ったが、そこはまさにオカンポの絵のような醜悪な場所だった。ゴミ山の麓に作られたバラックの家々とドブ川。悲惨な光景と異様な異臭に包まれたところである。ここは〝スカベンジャー〟と言われるゴミ拾いを生業とする人々が不法占拠して作り出した町なのだ。グローバルシティーとパヤタスでは、まさに天国と地獄。後者の世界の住人にとって、この世の中は「SHIT（くそっ）!」でしかないだろう。

　勝者と敗者がはっきりと別れているこの国では、より大きな権力は確実に勝者の手中にある。そんな巨大な力に対して、アートは一体何ができるのだろうか？　社会に根差し、決してあきらめずに発言を続ける真摯な社会派アーティストの系譜に、今の多くの若いアーティストも連なっている。そんな彼らを見ていると、時にどうしようもなく腐敗して、堕落したところもあるこの国でも、だからこそ、土俵際の潔い真っ白さがまぶしくも思えて、心の中で応援したくなる。たとえ先が見えない闘いであっても執拗に糞を描き続ける、そんなアーティストがいることに、なんともやるせない現実の中でも多少の希望が見えてくるときがある。絶望や怒りは決して無力化されてはいけない……フィリピン人アーティストの過激な作品を見ながら、そんなことをいつも思っている。

図23｜パヤタス

闘うパフォーマンス・アーティスト

二〇〇七年四月、パフォーマンスの国際的イベントTAMA07 (Tupada Action & Media Art) が、マニラ市内や地方都市で開催された。「パフォーマンス」とは、簡単に言ってしまえば、要するに体を使ったアート。基本的には誰でも、いつでも、どこでも、それが〝アート〟である、という意思さえあれば発表できる。美術史的には一九五〇年代後半から、ハプニングや反芸術を標榜する「具体」や、「ネオ・ダダ」、「フルクサス」といった前衛的グループによって、その時代の閉塞感を打ち破ろうとして現れたアヴァンギャルドアートの流れの中にある。ただ、今の日本では、〝アヴァンギャルド〟と言っても、美術史の中の言葉でしかないし、政治的や社会的な発言のインパクトの強さを競った時代はもはや過去のことのようだ。

それだけにこのパフォーマンスは日本ではなかなか注目されないが、今回フィリピンにやって来た霜田誠二率いるNIPAF (Nippon International Performance Art Festival)、通称ニパフというグループは、一九九三年の結成以来、日本はもとより世界中でその活動を続けている。世間一般的に脚光を浴びるわけでもなく、ましてや素材が自分の体なので、作品が売れるわけでもなく、普段はフリーターなどをしながらお金をためて、作品発表や海外でのイベント参加の旅費にあてたりして、それでも頑張っている一団だ。もっともそうした状況は日本だけというわけでもなく、ここフィリピンにも多くのパフォーマーがいて皆生活は苦しいけれど、それぞれが自負を持って活動を続けている。今回のフェスティバルもそうしたアーティスト達の手作りの祭典である。

日本ではなかなか脚光を浴びないパフォーマンス・アートだが、ここフィリピンでは、現代美術のコンテクストの中では主流ともいえるジャンルである。画家でも彫刻家でも、ビデオやインスタレーション作家でも、体を使って表現するアーティストは本当にたくさん存在する。カーニバルのようなアクションを好む民族性といってしまえばそれまでだが、おそらく理由はそれだけではないだろう。パフォーマンスの原点は、いかにラディカルであるかということ。そうしたラディカルな表現がどこまで許容されるかという、社会の芸術に対する許容度の検証にもなる。天皇制や性、暴力などの例外を除き、社会的テーマにタブーの少ない日本では、なかなかその原点の持つ意味は理解し難いだろうが、発展途上の国々、そして強権的、独裁的政権の存在する国々では、表現の自由はパフォーマンス・アートの死活問題で、場合によってはアーティスト自らの生死にもつながるリアルな話なのだ。

私もかつてインドネシアのジャカルタに駐在していた時、インドネシアで最もラディカルな女性アーティストであるアラフマヤーニとともに、第一回ジャカルタ国際パフォーマンス・アート・フェスティバルを企画し、ニパフのメンバーも八名ほど参加した。その時のことについては、「こんなに不安定な時代だからこそ、文化や芸術は人々に必要とされる」というタイトルで文章を書いた。インドネシアで三十年以上続いたスハルト独裁政権が崩壊し、いわば権力の空白、混沌とした百家争鳴時代を迎えていた当時の興奮は、今でもはっきりと覚えている。

「世界各国のアーティストが、それぞれに抱える個人的問題、社会的問題、表現の問題に対し、鋭く切り込む作品を発表した。特にインドネシアの作家たちの社会問題に対するアプローチは鮮明だった。資本主義を批判し軍靴をはいてコカコーラとマクドナルドを痛めつける若者。インドネシアの白地図の上に注射器で採った自らの血液を点々とたらし、臭気ある汚土を食らう二人組。（略）いずれも分かりやすいメッセージを含んだ、強く、真摯な表現。スハルト政権時代には決して起こりようもなかった三日間だった。」（『国際交流』89号、国際交流基金刊、二〇〇〇年）

パフォーマンス・アートの影響力は、この国のアートシーンの中ではなかなかのものがある。周辺の東南アジア諸国の経済発展から取り残された感のあるフィリピン。南部にモスレムによる分離独立運動やテロ、さらにいまだに非合法政党である共産党系の民兵と国軍の抗争が絶えないこの国では、常に軍の存在に怯え、いつなんどき強権政治が復活してもおかしくない状況にある。実際、フィリピンのマスコミでしばしば報道されてきた〝超法規的殺人〟と言われている一連の事件では、グローリア・マカパガル・アロヨが二〇〇一年に大統領に就任して以来多くの左翼活動家やジャーナリスト殺害事件が起きており、国際機関や日本のNGO（非政府関係機関）なども巻き込む問題にまで発展していた。そんな状況下、あまたの表現活動の中で、最もラディカルで尖っているであろうと思われるパフォーマンス・アートは、ある意味、社会の危険度あるいは健康度のバロメーターでもあるといえる。

抵抗の精神を受け継ぐコミュニティーアートの前衛たち

リサール州アンゴノはマニラから車で一時間半。西方を広大なラグナ湖に接した半農半漁の町で、今ではマニラ首都圏のベッドタウンとして多くの人口を抱えるが、知る人ぞ知るアートの町だ。太古の人間の芸術の証があり、民衆の反骨精神を象徴するお祭りがあり、近代美術史上の傑人を生み出した。最近ではこの町に生まれマニラで学び、卒業後は都会の喧騒を避けて再びアンゴノに戻ってここを拠点に活動するアーティストが増えている。さらにアンゴノ以外の地域からも仲間が集まり、アートの力で町興しをしていこうというグループが生まれた。その名も「ネオ・アンゴノ・アーティスツ・コレクティブ（以下、ネオ・アンゴノと表記）」［図24］。二〇〇四年に結成され、いまやメンバーは百人にのぼる。二〇〇八年五月、「クリエイティブ・シティー」をテーマにアジア各国から若手リーダーを集めて十日間の訪日研修が企画されたが、以前から気になっていたそのネオ・アンゴノを招待しようと考えて彼らの事務所を初めて訪れた。「クリエイティブ・シティー」とは「文化芸術創造都市」という概念で、都市とアートを結びつけ、アートによって町とコミュニティーを活性化させようという試みのことで、九十年代中頃からヨーロッパで盛んになってきたコンセプトである。

それまでにも何度か彼らの作品と出会ったことがあるが、最も強烈だったのが新聞の一面でも報道され、美術作品というより社会的事件ともなった作品。ネオ・アンゴノがナショナル・プレス・クラブの発注で報道の

自由をテーマに巨大な壁画を制作した。そこには現政権を批判する著名な活動家やシンボル、そしてジャーナリストの暗殺について書かれた新聞記事などが克明に描かれていたのだが、彼らの許可無く公開直前に何者かによって改ざんが加えられた。報道の自由がテーマだったのが、皮肉にもこの国のジャーナリズムの限界と著作権の問題を白日の下に晒すこととなり、公開討論が行われるなど物議をかもした。

いまもその壁画は未公開となっているが、彼らはその事件そのものを作品として展示し、アートと表現の自由をテーマに積極的に社会と関わろうと試みた。アートを通したアドボカシーであり、一般市民を巻き込む「パブリックアート」の原点。まさに彼らはフィリピン社会派アートの伝統を受け継ぐ確信犯である。

訪日研修への参加を打診するため初めてアンゴノを訪問した際に、町に点在するアートの拠点をいくつか訪れた。

まずは紀元前三千年前にさかのぼると推定されている岩窟絵画。最近発見されたために詳しいことはまだわかっていないが、もちろんフィリピンで最古の絵。今ではこの町の誇るべき文化遺産であり、マニラ近郊から

図 24 ｜ネオ・アンゴノ・アーティスツ・コレクティブ『報道の自由』（提供：ネオ・アンゴノ・アーティスツ・コレクティブ）

ひっきりなしに学生や観光客が訪れる。

そしてフィリピン近代美術史上の傑人と言われる画家のカルロス・ボトン・フランシスコ（一九一二〜一九六九）の生家。彼はドラマティックな歴史画や重要な壁画など多くの名作を残したことで、この国の美術史において重要な作家の一人。また美術家としてだけではなく、上記の岩窟絵画を発見したり、後述の「ヒガンテス祭り」を復興したり、この町のアートコミュニティーを牽引した功労者であった。ナショナル・アーティストとして今でもこの町の誰もが故人をしのぶ。彼の生家に通じる街路は彼の作品を複製した壁画で埋め尽くされ、ごく普通の庶民が暮らす通りながら、アートを尊重する雰囲気があって生き生きとしている。また七〇年代から八〇年代にかけて、アンゴノを精力的に描き続けたホセ・ブランコもこの町のアート史を築いた一人。田園風景とそこに生活する人々を叙情的に描いていて、懐かしい田舎の暮らしぶりが伝わってくる。古き良きフィリピン・スピリットが満載された作品群だ。彼には七人の子供がいるが、大きなアトリエを使って家族作業で油絵を仕上げていくうちに、その七人全員が画家となってしまった。ブランコ本人は残念ながら既に亡くなったが、いまはその子供たちがファミリー美術館を運営して、亡き父と子供、そして孫の絵まで含めて数え切れないほどの作品を公開している。

その後七月の訪日研修にはネオ・アンゴノから女性詩人を招待したが、それから半年、今度は逆に日本から舞踊家の西尾ジュンをアンゴノに招待して二週間の滞在プログラムを実施。ネオ・アンゴノにとって年に一度の大きなイベントであるネオ・アンゴノ・アート・フェスティバルに参加した。五回目となるフェスティバルは、全国的にも有名な「ヒガンテス（巨人）祭り」［図25］にあわせて開催された。

このヒガンテス祭りは、アンゴノの人々の誇り、そしてフィリピン人の抵抗の精神を象徴していて非常に興味深い。もともとは聖イシドロという農民の守護神を祝うスペイン起源のお祭りで、紙でできた張りぼての巨大な人形が町を練り歩くというものだ。しかしこのアンゴノでは、十九世紀のスペイン植民地時代にハシエンダ（大規模農園）地主に反抗する農民の運動として始まった。地主への抗議で職を失った農民はヒガンテスを作ってパレードし、地主たちにトマトを投げつけて抵抗したという。フィリピン版非暴力不服従の運動だ。一度はすたれたお祭りだったが、八〇年代にカルロス・ボトンらの手によって信仰の対象を漁師の守護神である聖クレメンテに変えて復活。彼の死後はフィリピン政府が観光振興のために奨励し宣伝した。しかしネオ・アンゴノは、このヒガンテスが持っていた農民の抵抗運動の肖像としての本来の意味を現代社会に蘇らせようと、その精神を受け継ぐ活動を展開するようになった。今では若者を中心に誰もが参加できる民衆参加型の熱狂的な祭典となっているが、パレードする側の人間が、観衆に向かって放水したり泥を塗りつけたりする行為は、かつてトマトを投げつけて抵抗の意思表示をしたこの祭りの痕跡をとどめているのだろう。

ヒガンテスに先立って行われたネオ・アンゴノ・アート・フェスティバルでは、子供たちのための絵画コンクールや子供劇団による公演、詩の朗読会や実験映画の上映、そして前衛バンドによるコンサートなど、数日間にわたって一般住民を巻き込んだ数々のイベントが開催された。日本から参加した西尾ジュンも、大阪の梅

図25｜ヒガンテス祭り

田で「サロン・ド・アマント天人」というアートスペースを運営して地域に根ざしたアートを実践する舞踊家。大きな体育館に集まった数百人の民衆を前に、日本人の古（いにしえ）の体の記憶を呼び覚ますようなミステリアスな踊りを披露した。

町中いたる所、神出鬼没でアートを実践して一般大衆を巻き込むパブリックアートは世界でも多くの例がある。東南アジアで言えば、私が九〇年代初頭に駐在したタイでは、チェンマイ・ソーシャル・インスタレーションが実験的な試みを行っていたし、九〇年代末のインドネシアでは、バンドンやジョグジャカルタなどでスハルト政権末期の混沌とした社会状況の中、緊張と発散のイベントを繰り返していた。この種のアートという運動は、いずれも中央集権を象徴する首都以外の地方都市で盛んである。中央の権威のいわば裂け目に生まれるところに面白さがあるのだろう。

ただしここフィリピンは社会の階層分化の激しい国。社会の格差は教育の格差でもあり、アートへの関心・理解は所属する階層でかなり異なる。

一般的にこの国の大多数の庶民にとって、アートは鑑賞や理解の対象からは遠く、貧困層にとっては飯のタネにならない別の世界の出来事として映るだろう。そうした環境でアートを志すこと、そしてさらにアートとコミュニティーをつなげようとすることは大きなチャレンジである。そんな困難に挑戦するネオ・アンゴノは、アートが刻まれた時の痕跡と十九世紀農民の抵抗のスピリットを引き継ぐ現代のヒガンテスなのだと思う。

第3章　フィリピン映画の過去・現在・未来

デジタルシネマの祭典シネマラヤの興隆

私の日本文化センター所長としての仕事は二〇一〇年九月に終り、その後東京に戻っていたのだが、その翌年の七月、およそ十ヶ月ぶりにマニラを再訪した。第七回「シネマラヤ・フィリピン・インデペンデント・フィルムフェスティバル（以下、シネマラヤと表記）」［図26］を取材するためだ。このシネマラヤは、フィリピンの映画界、そして映画製作を目指す若者達の熱い期待を担い、二〇〇五年七月、フィリピンでは初めてデジタルシネマ（Dシネ）に焦点をあてた大規模映画祭としてCCPで産声を上げた。

図26｜シネマラヤ会場

フィリピンでは時あたかも〝インデペンデント〟アートムーブメントの興隆期で、既に紹介したコンテンポラリーダンスや演劇、そしてビジュアルアートやパフォーマンス、そして音楽におけるバンドブームなどと潮流を重ね合わせ、Dシネも急速に注目されるようになった。そうした絶好の機会に恵まれて、シネマラヤは大方の予想を良い意味で裏切り毎年開催されることとなり、年を追い、回を重ねるごとに数多くの若者の参加をえてますます増殖するようになった。それは〝シネマラヤ現象〟と言ってもいいかもしれない。そこで提示される世界や感性は、いまのフィリピン人の等身大の姿を明確に映し出していて観ていてとても清々しい。尽きせぬ物語と新しい才能との出会いの場を提供しているとも言える。私はマニラ赴任直後にこのシネマラヤの創設に遭遇し、その後五年余の駐在員時代は毎年かかさず通いシネマラヤで生み出される作品の数々を観て、フィリピン人映画監督などスタッフや俳優と交流することができた。それは私のシネマラヤ体験とも言える。この章ではこのシネマラヤの変遷を軸に、フィリピン映画とその物語の世界をたどってゆきたい。

フィリピン映画の凋落と新たな挑戦

大型ショッピングモールにシネマ・コンプレックス。アジアの大都会では既にありふれた光景となったが、ここマニラ首都圏一帯にも三十を超える大型ショッピングモールが存在する。一つのモールに、多いところでは十館以上のミニ・シアターが入っている。主要なシネコンで目立つのは、やはりアメリカ産の映画ばかり。もともとは多様化したミドル・クラスのニーズに応えるためにできたシネコンであろうが、現状はハリウッド製のアクション、SF、恋愛コメディーやB級ホラー映画などでほぼ独占状態。ヨーロッパ、香港、韓国、そして稀には日本映画がそれに混じって公開される。ちなみにフィリピンで庶民に知名度のある日本映画は、もはや黒澤映画ではなく、『リング』（中田秀夫監督）であり、『呪怨』（清水崇監督）などのホラー映画だ。

フィリピンの国産映画も非常に苦戦を強いられている。フィリピン・フィルム・アカデミーの発表によれば、二〇〇四年に製作された三十五ミリ映画はたった五十四本だった。一九九六年〜一九九九年の平均が百六十四本、二〇〇〇年〜二〇〇三年の平均が八十二本だから、急激に落ち込んでいるのは明らかである。もともとアメリカ植民地時代からハリウッド仕込みのスタジオ・システムを導入して、六〇年代から七〇年代にかけては長編劇場用映画だけで年間二百本を超え、〝黄金時代〟を築いたほどの映画王国だった。銀幕のスターが大統領となったアメリカと同様に、アクション・スターからエストラーダという大統領も生まれている。スター・シネマ、リーガル・フィルム、CMフィルムスという三大メジャー映画会社が、国産映画の製作・配給、外国

図27｜『マキシモは花ざかり』（提供：シネマラヤ財団）

映画の輸入・配給の多くを支配していたが、最近ではインデペンデント系の新興会社も数は少ないが存在する。

そんな凋落傾向にあるフィリピン映画界の期待を一身に集めて鳴り物入りで創設されたのがシネマラヤだ。シネマラヤの基本は、長編と短編の二つの部門からなるコンペティション形式の映画祭である。記念すべき第一回では、長編部門では百八十九本のエントリーから最終的に九本が選ばれ、それぞれに五十万ペソ（当時のレートで約百二十万円）の製作費が与えられて本選に挑んだ。短編は百本を超えるエントリーの中から六本が選ばれた。二十代から三十代の監督を中心に新作が長短計十五本。これからのフィリピンを担う若い世代の映画に寄せる思い、フィリピン社会への眼差しが俯瞰できる非常に興味深いラインナップだった。十五本の新作が描く世界は、ゲイ、レスビアン、売春、犯罪、暴力、貧困とシリアスなものが多いが、心温まる家族愛もある。スタイルはオーソドックスなヒューマン・ドラマから、日本の影響が濃いホラーものや、ミュージカル、アクション・コメディーに実験映画、そしてドキュメンタリー調と、〝インデペンデント〟というだけあって商業上映を目的とする〝メジャー〟では決して実現できない多様なものになった。

第一回作品の中で特に印象に残った作品が何本かある。まずは日系フィリピン人のミチコ・ヤマモト脚本による『マキシモは花ざかり』［図27］。スラムで暮らすゲイの少年の淡くほろ苦い初恋の話。この国ではゲイであることをカミングアウトしても日本ほど差別されることはない。どこにでもゲイは存在していて、コミュニティーの一要員として居場所が存在する。この作品に登場するマキシモ君も十歳に満たないお洒落なゲイ少年だが、スリで生計を立てる一家にはなくてはならない世話役だ。そんな彼がハンサムな若い警察官に恋をした。彼との出会いがマキシモの未来を変えるかにも思われたが、泥棒一家は警察とは対立関係にある。やがて自分の父親が、恋した警官の上司に自分の目の前で殺され、彼は自分自身の立場に気づく・・そして自ら彼の元を離れてゆく、というストーリー。基本的には貧困と不条理という厳しい現実が横たわっているのは確かだが、ヤマモトの視点はマキシモの世界にとても自然に密着していて叙情性にあふれている。雑然さと混濁に包まれたスラムの環境と、清純さと洒落たセンスに包まれたマキシモとの対比がなんとも鮮烈な映画である。

この映画はその後、数々の映画祭で上映された。国際映画祭での受賞だけでも、モントリオール世界映画祭のGolden Zenith for Best First Fiction Feature Film（二〇〇五年）、ロッテルダム国際映画祭批評家賞（二〇〇六年）、ベルリン国際映画祭・テディアワード（ゲイ、レスビアン部門）作品賞（同年）。そして世界中のインディー映画人憧れの的、サンダンス映画祭（同年）にも公式招待され、さらに結局エントリーは実現しなかったが、二〇〇七年の米国アカデミー賞外国映画部門にフィリピン代表として推薦を受けた。

短編では『ババエ（女性）』（シグリッド・アンドレア・ベルナルド監督）が圧倒的に良かった。これもスラムが舞台となっている。二人の幼馴染の女の子が一緒に暮らしながら成長してゆく過程でやがて愛しあうようになり、レイプで身ごもった一方の子供を二人で育ててゆくというお話だが、二十分足らずの時間の中で完成度の高い作品を作りあげた。いわゆるレスビアンの話といってしまえばそれまでだが、二人が愛情を育んでゆく姿がペーソスとユーモアに包まれて描かれている。貧困、ゲイ、レズ、犯罪などなど、フィリピン社会の底辺ではありふれすぎた素材でしかない。ただそれを描くだけならマンネリとしか言えないが、そう感じさせないところにフィリピン映画界の未来がある。いやというほどそうした不条理と日々格闘し、その上で生きることを肯定し、その醜い現実から一編の真実を掬い取る方法を獲得した人たちのみに与えられた力が、これらの作品の質を高めているのであろう。

コンペ出品作以外にも、インデペンデント映画の代表作が特集上映された。その中で際立っていたのは、二〇〇三年カンヌ国際映画祭の短編部門でパルム・ドールを受賞した『アニーノ（影）』（レイモンド・レッド監督）や、二〇〇五年の第七回プラハ国際人権映画祭で最優秀監督賞を受賞した『ブンソー（末っ子）』（ディッツィー・カロリーノ監督）。後者はセブの監獄を舞台に、劣悪な環境下で暮らす少年犯のドキュメンタリー映画だ。二〇〇三年の製作だが、この映画で主人公を演じた二人の少年は、ドラッグ中毒と交通事故で既にこの世にはいない。

映画上映のほかにも、インデペンデント映画をテーマに二日間のシンポジウムが開かれた。メジャー映画の黄金期を築いた先人に対する敬意は忘れないが、この国の映画界は、メジャーの世界から逸脱した多くのインデペンデント系の作家を輩出してきており、そのことに対する自負心には大きなものがある。そして現在まさにそのメジャーが瀕死状態に陥っている中、インデペンデントという言葉に託す思いはさらに強くなっていると感じた。しかもデジタル映像の技術的進歩が、こうした思いを後押ししている。「三十五ミリがだめなら、デジタルがあるじゃないか。」デジタル映像がセルロイドの三十五ミリに追いつく日もそう遠くはないだろう。映画を撮る者にしてみれば、メジャーもインデペンデントも、セルロイドもデジタルも本質的には関係ないのかもしれない。ただ映画が撮りたいだけだ。映画研究家のニック・デ・オカンポが言っていたように、映画は常にテクノロジーとともに歩んできた。今後デジタル・フォーマットにどんな運命が待っているか誰にもわからないが、このまま衰退するよりも挑戦することが重要と言う。そんな熱い議論を聞いていたら、革新的なものの多くが周辺から生まれてくるように、どん詰まりに行きかけたこの国の映画界の中から、近い将来、世界をあっと驚かせる傑作が生み出されるような予感さえ感じさせた。

豊かな物語の宝庫

二〇〇七年の第三回シネマラヤは特に印象深い。三年目にして初めて日本文化センターとしてこのフェスティバルに直接関わったからだ。私たちが協力したシンポジウムには、日本で最大級のDシネの祭典であるSKIPシティ国際Dシネマ・フェスティバルより、プログラム・ディレクターの木村美砂を招待して参加した。当時SKIPシティのフェスティバルも二〇〇三年に創設されたばかりであった。木村の話によれば、二〇〇七年のコンペ応募作品は全世界から長編、短編合わせて七百六十一本であったが、その内フィリピンからの応募作品が数十本もあったという。十二本選ばれる最終選考作品の中にも、『ブラックアウト』（マーク・バウチスタ監督）というフィリピン映画が残った。

シネマラヤの会場は毎年CCPだが、第三回では実に百二十本のDシネが一挙に上映され、三年間経過してますますDシネの勢いが高まっていると実感した。その百二十本のほとんどが二〜三年の間に製作されたものばかりで、とにかく内容が濃いのには驚かされた。シネマラヤ開催期間中は常に若者でごった返し、多くの映画関係者の笑顔が見られた。コンペティション部門以外にも、このイベントに照準を合わせて〝ワールドプレミア〟と称して発表される作品も多く、舞台挨拶に訪れた製作者や役者、マスコミ関係者などで賑わっていた。あふれるほどの世界中の映画を毎日多くの上映館で観ることができる日本の私たちが、しかもフィリピン映画なんてほとんどその視野に入っていない私たちがこの状況に遭遇したら、きっと誰でも驚かずにはいられないと思う。どうしてそれほどまでに盛り上がったのか。フィリピンでDシネの地殻変動でも起こっているのだろうか。おそらくその答えとして言えることは、とても単純なことだが、私たち日本人にとっては忘れかけてしまった感覚ではないか思う。それは、映画に対する〝渇き〟である。

メジャー製作会社による劇場用三十五ミリ映画の衰退状況については前述した通りだが、状況はどんどんと悪化している。有名歌手の知名度に頼ったラブロマンスや、中途半端なホラー映画がほとんどで、製作本数も二〇〇六年は四十九本だった。それでもそんな映画に観客は集まるのだから、商業映画としては細々と生きながらえていると言ったほうがいいかもしれない。その他はほぼアメリカ映画の独占状態。基本的には暗澹とした映画界の中で、こうしてDシネがブームになるということは、一筋の光が差すということに等しい。製作者、役者、そして観客が、Dシネの可能性に賭けている。この国の映画を取り巻く環境が大きく変わろうとしている。そうした転換期に立ち会うことができたのは幸運であった。

図28｜『TRIBU』（提供：シネマラヤ財団）

もちろん百二十本全部観ることは不可能だが、印象に残った作品をいくつか観ることができた。長編コンペ作品では、期間雇用（通称"ENDO"）で家族を支える青年と、長期航路客船での就職を夢見る女の子のラブストーリーを描いた『ENDO』（ジェイド・フランシス・カストロ監督）、トンドというスラムを舞台に、実在する少年ギャングの抗争を描いた『TRIBU（部族）』［図28］（ジム・リビラン監督）、フィリピン最北端の島バタネスを舞台にした兄妹の物語『KADIN（山羊）』（アドルフォ・アリックス・ジュニア監督）、一九八六年の黄色い革命前夜を背景に超エリートが集まるフィリピン・サイエンス高校を舞台にしたフィリピン版中学生日記の『PISAY（フィリピン・サイエンス高校の略称）』（アウラエウス・ソリート監督）など、いずれも強く印象に残る秀作だった。

コンペ作品以外にも、豊富な物語に支えられた秀作が数多くそろっていた。マニラのスラムが舞台となった作品では、棺桶屋の夫婦と彼らが暮らす路地裏のスクウォッター（不法占拠者）

たちの逞しさと悲哀を描いた作品や、違法賭博を取り仕切る女同元をめぐる物語。少数民族の世界を描いたものでは、世界遺産であるライステラスで有名なバナウエを舞台にしたイフガオ青年の夢と恋と現実を描いた作品や、約二万年前にマレー半島を経由してフィリピンに渡来してきたと言われるネグリート系先住民族であるアエタ族をテーマに、そのアエタの少女が小学校を卒業して大人たちにアルファベットを教える物語が興味深かった。環境をテーマにした作品で、ルソン島南部の実在の町ドンソルを舞台にホエールウォッチングのガイドとマニラから来た女性とのラブストーリーである『DONSOL』（アドルフォ・アリックス・ジュニア監督）は、その後日本でも公開された。そしてこれぞフィリピンというべきか、ゲイ相手のマッサージ青年の日常を描いた作品などなど、実に多様なバリエーションのある物語に彩られていた。

コンペティションの長編部門では、『TRIBU（部族）』が作品賞を受賞した。全編トンドでロケを行った作品だが、役者の多くはそこに住む素人の中からオーディションで選ばれた。トンドはかつてアジア最大のスラムと言われ、ごみの山〝スモーキーマウンテン〟で有名になった場所だ。一九八〇年代には「スモーキーマウンテン」という子供のグループ歌手が、日本でレコードが売れてＮＨＫの紅白にも出場した。そんなトンドの今を舞台に、実在の少年ギャングを起用してその抗争を描いた。映画の中では壮絶なけんかで双方血だらけの犠牲者が出て悲惨な最期となるのだが、実際にはこの映画の製作を通じて、ギャング間の抗争が無くなったという。ＣＣＰで行われた表彰式では彼らギャングの代表が主演男優賞に選ばれて、会場の盛り上がりは最高潮に達した。フィリピンならではの社会派映画がまた新たに誕生し、多くの人たちに受け入れられた瞬間だった。

このシネマラヤは、サブタイトルに〝フィリピン・インデペンデント・フィルム・フェスティバル〟とあるように、オルターナティブ・シネマの祭典でもある。そして、フィリピン映画の歴史の中では、オルターナティブ・シネマの占める位置は特別だ。巷の映画館をハリウッド映画に占拠され、商業主義に迎合したフィリピン映画にほぼ絶望しかかっている映画人や観客にとって、まさにこのフェスティバルは日ごろの〝渇き〟を癒し、未来への希望を語る熱い十日間であった。惜しむらくは、こうして世界に向けてメッセージを発信しようとしている映画人がここにも大勢いることを、日本人の我々や他の国の人たちがほとんど知らないことだろう。これほどまでに作品が内容的に充実しているのは、この国には語るべきストーリーが無尽蔵にあるからだと思う。そしてストーリーがかくも豊富なのは、ある意味それだけ社会が豊か、描くに足る生命力に満ちた生活がそこにある、ということだろう。物質的な豊かさゆえに描くべきテーマを失いつつあるか、ややもすれば窮屈で生命力に乏しいテーマに凝り固まってしまう私たち日本人からすれば、フィリピンのDシネは伸び伸びとした豊かな物語にあふれていて、なんとも羨ましく思えた。

図29｜『BRUTUS』（提供：シネマラヤ財団）

続く第四回のシネマラヤでは、前年をさらに四十五本上回る百六十五本のDシネが一挙に上映され、記憶に残る作品が何本かあった。なかでも長編コンペに出品された『BRUTUS』［図29］（タラ・アイレンベルガー監督）という作品が秀逸だった。ルソン島の南西に位置するミンドロ島を舞台にしたマンギャン族という先住民の子供のカップルの物語である。

物語はそのマンギャン族の女の子の家族をおそった悲劇から始まる。伝統的焼畑で生計を維持していたところに都会から来た移住者に土地を奪われて家を焼かれ、父親は失意のうちにマラリヤで命を落とす。この物語の主人公である女の子の兄は、違法伐採による木材を筏で川下の町まで運ぶ運び人（BRUTUS〈ブルートゥス〉と呼ばれる）となったが行方不明。その兄を求めて、同じくブルートゥスとなり幼なじみの男の子との二人連れの川旅が始まる。二人は旅の途中でお尋ね者の共産ゲリラのリーダーや、彼を追って密林を捜索する政府軍兵士などと出会うことになる。やがて両者の戦いに巻き込まれるが、最終的には共産ゲリラが捕まって二人は政府軍兵士に保護される。女の子がそのゲリラに心を惹かれたことで男の子の間に微妙な隙間が生じたが、様々な冒険の果てに故郷の家にたどりついた二人は、再び仲直りする……というストーリー。この作品で審査員賞、助演男優賞、音楽賞、撮影賞を受賞した。

マンギャン族の伝統文化の問題と環境破壊が縦軸のテーマだが、そこにこの国がいまだ苦しみ続けている共産ゲリラと政府軍との争いが横軸で挿入されている。なかなか重厚な社会的テーマをいくつも織り込んで物語の破綻もなく、それでいてみずみずしく描かれているのは、幼いカップルが筏で川を下るに従って物語が展開するという冒険譚のような虚構の世界だからか。

『BRUTUS』の女性監督は二〇〇四年にマンギャン族のドキュメンタリーフィルムを手がけた後、移民から土地を奪われ森林伐採で森が失われる現状に対して、何とかしなくてはいけないと今回の映画制作を思い立ったという。平和を愛するマンギャンの人々の世界を描く現代の御伽噺の中に、たとえ空想的と言われても心優しき共産ゲリラや人情味あふれる政府軍兵士を登場させたこともまた、争いは無意味だという彼女なりのメッセージなのだと思う。共産ゲリラとの戦いが始まってほぼ三十年。それはちょうど彼女の人生とも重なる。厭戦には十分な時間だ。全ての希望が打ち砕かれてもなお、新たな空想や理想を抱くのは若者の特権だろう。

フィリピン・インデペンデント・シネマの歴史

シネマラヤで一挙に開花した感のあるフィリピンのインデペンデント・シネマであるが、その創り手たちを長年にわたってずっと支えてきた場所がある。フィリピン大学フィルム・インスティテュートだ［図30］。一九七六年にフィルムセンターとして出発して以来、これまでに多くの映画人が集い、二〇〇五年にはマスコミ学部映画視聴覚学科と合併して名実ともに映画人育成の拠点となっている。日本でいう東大のような最高学府にしっかりとした映画専攻課程と研究機関があるのだ。その点では日本より恵まれているといってよい。よってこの国の映画人には知的エリートが多い。そして八百席の映画館とギャラリーがあり、毎年実施している国際交流基金主催の人気イベント、日本映画祭の実施会場ともなっている。

　ここフィリピンでは、映画の上映に際して映画テレビ検閲委員会の検閲が義務付けられているが、このフィリピン大学は例外。ここは検閲なしでいかなる映画の上映も可能という治外法権が与えられている。ちなみにこのフィリピン大学以外にも、主なところでデ・ラサール大学やサント・トマス大学といった名門私立大学のマスコミ学科でも映画を学ぶことができる。また映画関係者の福利厚生団体であるモウェル・ファンド・フィルム・インスティテュートというNGOでは、研究、アーカイブ事業、映画博物館の運営とワークショップを実施していて、ここからも多くの映画人が輩出されている。前述した日系フィリピン人の人気脚本家であるミチコ・ヤマモトは、サント・トマス大学の卒業でモウェル・ファンドが実施した脚本ワークショップの修了生だ。多くの映画人の卵は大学を卒業した後、テレビドラマやニュース、CMやミュージックビデオなどの仕事をしながら、それぞれに映画の夢を追い続けている。

図30｜フィリピン大学フィルム・インスティテュート

　CCPが編纂した『Encyclopedia Philippine Art Volume VIII Philippine Film（フィリピン・アート百科辞典・第八巻・フィリピン映画）』の中で、「オルターナティブ・シネマ」に一章が与えられている。マニラで最初の映画館は一八九七年にオープンしており、アメリカ文化の流入で早くから映画が栄えたといえる。ドキュメンタリーや短編映画など商業映画とは異なるオルターナティブ・シネマもその頃同時に生まれているが、特に現在のフィルムメーカーに影響を与えているのは、一九五〇年代半ば以降の動きだろう。マニラで初の国際映画祭が開催されたのが一九五六年。六〇年代になると数々の海外映画祭に出品されるようになった。

七〇年代にフィリピン映画は黄金期を迎え、歴史に残る多くの秀作が生み出された。戒厳令下（一九七二年〜一九八一年）のマルコス政権の全盛期とも重なるのだが、不思議なことに、この過酷な時代に敢えて挑戦するように、社会的テーマを取り上げた硬派作品や芸術性の高い作品が数多く作られたのだ。なかでもリノ・ブロッカ（一九三九年〜一九九一年）は、二十年間に六十七本もの作品を生み出して、その後の映画人たちに大きな影響を与えた。地方からマニラにやってきた青年が貧困の中で男娼となり破局を迎える『マニラ・光る爪』（一九七五年）や、母親の内縁の夫にレイプされるが最後は彼を殺して復讐をとげるスラムの娘を描いた『インシャン』（一九七六年、カンヌ監督週間にて上映）など。いずれも社会の底辺を題材に、胸に突き刺さるようなリアリズムで醜悪の中にペーソスを描き、一度観たら忘れられない作品である。いまでも彼は若い映画人たちにとってのヒーローであり、その作品は繰り返し上映されて大きな影響を与え続け、そうしてこの国の社会派映画人の命脈が続いている。

そして八〇年代前半はインデペンデント映画が盛り上がり、キドラット・タヒミックや、彼より一世代若いレイモンド・レッドらが活躍し、〝第二黄金期〟と言われた。タヒミックを一躍世界的な映画監督にした代表作『悪夢の香り』（一九七七年、ベルリン国際映画祭批評家賞を受賞）は、実験的な自伝的ファンタジー・コメディー作品だが、これもリノ・ブロッカの名作同様に繰り返し上映され続けている。タヒミックは現在でも健在だが既にオルターナティブ映画のクレージーな天才として伝説的存在となっている。しかし八〇年代後半以降は、もちろん単発で生まれる秀作はあっても、新しい波といったものが訪れないまま、インデペンデントな映画人にとってみればなかば絶望的な二十年の時が経過してしまった。そしてようやく二〇〇〇年代の後半になり、Dシネブームとともにフィリピンの映画界に再び大きな波が訪れた。その新たな波を生み出している若いフィルムメーカーたちには、ブロッカたちが残した豊かな社会派の伝統や、タヒミックやレッドが示した実験的才能に富んだインデペンデントの血統が受け継がれている。

日本で実施されてきたフィリピン映画の特集上映は、八〇年代前半の作品群の紹介を最後になかなか後が続かない状況となっている。国際交流基金でも、かつて「フィリピン映画祭」（一九九一年）や「リノ・ブロッカ映画祭」［図31］（一九九七年）を開催するなど、日本でフィリピン映画を積極的に紹介していた。異なる文化間の相互理解を目指す文化交流にとって、日本における外国文化紹介は、海外における日本文化紹介と平行して車の両輪のごとくに重要な仕事である。一方的に日本文化を魅せつけているだけでは相手国側から本当の信頼は得られない。映画の分野では、一九八二年にアジア映画紹介のさきがけとなった南アジア映画祭を開催。その後も東南アジアや中央アジア、二〇〇〇年以降は中近東やアラブ諸国等の映画を発掘しては紹介してきた。残念ながら昨今では、外国映画の上映機会が増えたという理由で、国際交流基金が独自に上映する機会がほぼなくなってしまった。そのため商業上映に乗りにくい東南アジア映画は、まとまって紹介される機会が失われた。現在では日本で行われる様々な映画祭への単独作品の出品上映が中心。歴史が古いものでアジア・フォーカス福岡映画祭や山形国際ドキュメンタリー映画祭。新しいものでは東京フィルメックスなど。その他比較的小規模な映画祭を含めて、年間数本が数回上映される程度であろう。

そうした状況の中、新しい動きもある。二〇一〇年のシネマラヤのコンペティション部門の審査員に、東京国際映画祭〝アジアの風〟部門ディレクターの石坂健治が招待された。石坂は、国際交流基金で上述の映画紹介

図31｜リノ・ブロッカ（提供：フィリピン文化センター）

事業を長年にわたり手がけてきたアジア映画研究者である。二〇〇九年は東京国際映画祭のコンペティション部門に初めてフィリピン映画がノミネートされたが、彼がその作品を招待した。今後は東京国際映画祭とシネマラヤの連携が強まることが期待される。［※1］新たな段階を迎えているフィリピン映画。その豊かな才能の宝庫と若者たちの映画によせる熱い思いを、少しでも日本の同世代の人々に伝えていって欲しいと願っている。

※1 二〇一一年秋に開催された第二十四回東京国際映画祭で、「アジアの風～フィリピン最前線～シネマラヤの熱い風」が特集され、四本のシネマラヤ上映作品が紹介された。

新しいヒーローの誕生

二〇〇九年五月、第六十二回を迎えたカンヌ国際映画祭。日本人ではただ一人、かつて大島渚のみ受賞したことのある栄誉ある監督賞を、フィリピン人が受賞するというビッグ・ニュースが届いた。そのラッキーボーイの名はブリリャンテ・メンドーサ［図32］で、作品名は『キナタイ（屠殺）』。請負殺人をテーマに、遺体切断といった猟奇的なシーンが話題となったサイコスリラー風の作品だ。あまりの残酷なシーンに審査員の評価も賛否両論に分かれたが、類まれな独創性が認められての受賞となった。彼の自宅兼スタジオは、マンダルーヨン市の何の変哲もない住宅街の一画にある。事務所には、これまでに獲得した国内外の数々の映画賞のプラークが飾られていた。

メンドーサの監督デビューは『キナタイ』からさかのぼること四年前。『マサヒスタ』というゲイ専門のマッサージパーラーを舞台にしたきわどいデジタル作品で、制作費はたったの二百万円だった。サント・トーマス大学の美術学科を卒業して広告業界で地歩を築いた彼は、当初、映画制作はその一作のみの予定だった。しかし同作品がいくつかの海外の映画祭で評価され、その後の彼の人生は大きく変わった。二作目は『マノロ』。アエタというネグリート系の先住民族の子供が文字を覚えて教師になるという物語。『フォスターチャイルド』

は数々の国際映画祭で受賞。地方の場末の成人映画館の日常をリアルに描いた『セルビス』は、二〇〇八年のカンヌ監督週間で上映された。『キナタイ』を含みこれまでに八本の劇映画を制作。カンヌの監督賞で、ルネ・クレマンやマーティン・スコセッシ、ウォン・カーウァイなど世界的名監督と並び称されることになった。

今回の出来事は彼の個人的名誉を超えて、フィリピン映画の新しい波の到来を世界に告げる象徴的な事件である。多くの日本人はフィリピン映画のことを全く知らないであろうし、世界も同じ。彼のカンヌ受賞で、フィリピン映画と世界との距離は多少なりとも縮まることになるだろう。そして観衆の多くは、多くのことを語ってくれる物語の宝庫であるフィリピン映画に驚くに違いない。二〇〇八年、メンドーサが福岡アジア映画祭に招待されて日本を訪れた際、日本人の観客は彼の作品にとても好意的だったようだ。

「ぼくの映画は貧困や犯罪など、物語自体がネガティブだったり、全く救いのないように見える。でもそんな救いのない物語の中でも、そこで暮らす登場人物には生きようという意思が感じられる。自殺の多い社会に暮らす日本人から見ると、とても新鮮なんじゃないかな。」

図32｜ブリリャンテ・メンドーサ監督

メンドーサのカンヌ受賞に至る道のりは、フィリピンのインデペンデント映画の興隆と重なる。彼が撮影を始めた二〇〇五年は、まさにシネマラヤが産声を上げた年。以来、フィリピン映画界の新たな大きな波の先頭ランナーとして突っ走り、おそらく幸運にも恵まれて時代の寵児に躍り出たのだろう。メンドーサ以外にも異色の才能と言える監督は他にもいる。イタリアのベネチア国際映画祭では、新人監督発掘が目的の「オリゾンテ部門」で、二〇〇八年と二〇〇九年の二年続けてフィリピン人が最優秀賞を受賞した。ラヴ・ディアスの『メランコリア』とペペ・ディオクノの『エンクエントロ（衝突）』［図33］という作品だ。『エンクエントロ（衝突）』は、

図33｜『エンクエントロ（衝突）』《提供：シネマラヤ財団》

前ダバオ市長が結成した〝ダバオ・デス・スクアッド〟という自警団によるマフィアの粛清殺害がモチーフの社会派人権映画である。

ダバオはミンダナオで最大の都市だが、政府軍とイスラム分離独立派の内戦状態の続くミンダナオ島では比較的安全な都市。外務省の海外安全情報でも、危険度の最も低い「十分注意」のランク。しかしその治安は、皮肉にも知る人ぞ知る、ダバオ市長が結成した私兵による公然の秘密たる暴力によって成り立っている。ドゥテルテ市長はDavao Death Squad（DDS）という自警団を持っていて、あるテレビ番組で「処刑団」（自警団）による犯罪容疑者の殺人を認めると共に「犯罪者を恐怖で震え上がらせている」と自慢したという。最早秘密でもないようだ。実際ダバオではマフィアや不良の多くが何者かによって粛清殺害される事件が頻発していて、一九九八年以来八百人を超える犠牲者がいて、このDDSの仕業といわれている。

映画はダバオを彷彿とさせる架空の町の海辺の貧しいスラムに暮らす兄弟の物語で、マニラへの出稼ぎのために金策に走る兄と、マフィアに巻き込まれる弟の話を核に、最後はバイクに乗った不審者に突然銃撃されて終わる。スラムでのシーン撮影には、超長回しのドキュメンタリー風タッチが臨場感を盛り上げる。いくら架空の町が舞台と言っても、誰が観てもダバオで実際に起こっている事件を思い起こさせる内容で、地方の大物政治家に挑戦状を送りつけるような危険な映画なのだが、驚くべきはペペ・ディオクノという監督。彼は当時、まだ二十一才のフィリピン大学映画専攻の学部学生だった。しかし彼はその血筋から、普通の若者とは異なる宿命を背負っている。ペペは、ディオクノ家という著名な政治一家の一員。特に祖父は著名な法律家で人権活動家の故ホセ・ディオクノ。司法長官や上院議員を務め、戒厳令時代には反マルコスでも中心的役割を果たし、暗殺されたベニグノ・アキノ・ジュニアやサロンガ元上院議長などと並び称された。エドサ革命後は人権委員会の議長となった、まさにフィリピン人権史のヒーローのような存在なのだ。いくら血筋とはいえ、若干二十一歳にして早々と人権活動家の宣言をしているようで、なんともまぶしいやら、いずれにしても大型新人の登場ということだろう。

既にマスメディアではメンドーサやペペを筆頭に世界で活躍し始めたフィリピン映画の現在をとらえて、〝第三の黄金期〟と呼び始めている。そして彼らの背後には、デジタルシネマで息を吹き返した多くの若きフィルムメーカーが夢や野望を抱いて、虎視眈々と控えている。しかし足元の状況を見る限りでは、当然そうした夢のような話ばかりではない。メンドーサはフランス人のプロデューサーと契約し、カンヌ受賞で海外での配給は飛躍的に拡大しそうだが、今後の課題は、海外よりもむしろ国内の観客を育てることだと言う。シネマラヤの十日間はCCPを埋め尽くす熱狂的な観衆も、熱が冷めてしまえばインデペンデント映画には冷淡で、その上映に多くの人達が集まることはない。いくら芸術的な作品を作って海外の映画祭に招待されても、肝心の自分たちの国で、その作品が一体どれだけの人の目に触れるのだろうか。海外でレッドカーペットの上を歩くことが映画製作の目的では決してないであろう。

『キナタイ』にはかなり激しい残酷なシーンが含まれるため、検閲の厳しいフィリピンでは多くの重要なシーンがカットされてしまうのは必定。そのため、メンドーサは最初から劇場公開をあきらめていた。公開は検閲の入らないフィリピン大学などの学校のみ。なるべく多くの若者に見せ、フィリピン映画の将来を担う観客を育てたいと抱負を語っていた。再び大きな波が訪れているフィリピン映画は、確かに世界に向かって発信を始めている。しかし、今後はここフィリピンで、ハリウッド製のアクション映画やホラー映画に映画館を占拠されないためにも、メンドーサたちの今後の健闘に期待したい。

現代版映画の王国

シネマラヤは二〇〇五年に産声をあげたわけだが、準備が始まったのはその一年前。当時CCPの館長をしていたネストール・ハルディンと彼の仲間三人で立ち上げたプロジェクトだ。ドリーム・サテライト・テレビというケーブルテレビ局を所有するアントニオ・コファンコが千百万ペソ（当時のレートで約二千五百万円）を寄付し、その他にCCPから三百五十万ペソ（同約九百万円）などを加えて合計一千五百万ペソ（同約六千万円）の予算でスタートした。この予算構造は毎年変わっていない。その予算の中から長編だと一作あたり五十万ペソが製作費として支援される。フィリピンで長編のDシネを製作すると平均で二百万ペソかかると言われているが、製作者はこの資金を基礎に自分でファンドレイジングをして作品を仕上げなくてはならない。なかなか厳しい道のりだが、二〇一一年も十三本の新作長編が生まれた。シネマラヤ創設以来、短編も合わせると実に百五十人以上の映画監督がデビューを果たしている。

第七回も長短合わせて百六十二本の作品が上映され、長編を何本か観たが、『ニーニョ』という作品が印象的であった。監督のロイ・アルセナスは、ニューヨークのブロードウェイやオフ・ブロードウェイを中心に活躍してきたステージデザイナー。〝新人〟といっても五十歳を過ぎて初の映画製作でデビューを果たした。タイトルの『ニーニョ』は、フィリピン人の厚い信仰を集める幼子イエス・キリスト「サント・ニーニョ」のこと。老衰で倒れて植物人間となった父親の元に米国で暮らす一人娘が舞い戻って来るが、父親の面倒を見続けながらも医療費や生活費の捻出に苦しんできた叔母と、家族の記憶が刻まれた屋敷の売却を巡って確執が生まれる。さらにはその娘と叔母の息子とが近親相姦の関係にあったり、娘の長男はゲイで叔母の長女はレスビアンと、なんともフィリピンらしいというか、はちゃめちゃな家族なのだが、そんな家族の肖像を哀しくも美しく描き出した。

五十歳を過ぎてデビューを果たす監督もいる一方で、まだ十代半ばの将来の映画監督の卵が作品を発表できるのもシネマラヤのユニークさだ。第七回ではフィリピン大学など三つの大学の学生が作った合計三十三本の短編が参加していた。観客も全体の六割が学生で、学割の使える入場券はたったの七十五ペソ（約百五十円）と、とにかく安い。そのため二千五百万ペソの予算に対して、チケット売上の合計は三百万ペソで、もとから採算を度外視したイベントであることは明らかだ。ＣＣＰ前館長のハルディンはシネマラヤ財団の理事長として陣頭指揮を執るが、「毎年二千五百万ペソの予算集めは本当に大変なこと。でも多くの人たちが待ち望んでいるイベントだ。特に学生にとっては年に一回の映画三昧の日々。作品を観て、監督や製作者、キャストと話ができ、仲間同士で議論するまたとない機会。作品上映の合間に会場の中や外で湧き上がる無数の声を聞いていると、すべての努力が報われる思いだ。」と笑顔で話した。映画の中に夢を見る多くの若者がいて、その夢を実現する人たちがいて、映画を愛する人たちのボランティア精神がそれを支えている。そんなシネマラヤを見ていると、ここには既に現代フィリピン版「映画の王国」が現出しているように思えてきて、私は何度でもまた足を運びたいと思うのだ。

第4章　文学・ナショナリズム・デモクラシー

憂国の作家

二〇〇七年十二月、フィリピン・ペンクラブ五十周年の記念シンポジウムが国立博物館で開催され、フィリピンの代表的作家が全国から世代を超えて集まり、歴史的なイベントとなった。フィリピン文学の歴史から現在までを学び、多くの主だった作家と知り合うまたとない機会だ。日本文化センターでも日本から若手女性作家の中上紀を招待して、二日間のディスカッションに参加した。このペンクラブを創設以来五十年間にわたって牽引し続け、今回もオーガナイザーとして貢献したのが、フィリピンの国民的小説家F・ショニール・ホセ［図34］である。

ナショナル・アーティストでもあるホセは、八十歳を超えてもなお現役作家として健在で、二〇〇七年にも新作の長編小説を出版した。一八八〇年代のスペイン植民地時代末期から一九七二年のマルコスによる戒厳令布告前夜まで、約百年にわたるフィリピン史を背景にした大河小説五部作が有名である。特にその五部作の中で、時代的には四番目にあたる『仮面の群れ』は、第二次大戦後、ルソン島の片田舎からマニラに上京し苦学して上流階級の仲間に加わった主人公が、社会に対する理想と腐敗にまみれた偽善との間で葛藤し、最後には自らの命を絶つというストーリーで、彼の代表作として二十八カ国もの外国語に翻訳されている。

その続編にあたる『民衆』は、『仮面の群れ』の中で自殺した主人公の私生児を中心にした物語だが、やはり父親と同様に苦学して頭角を現して上流階級からの誘惑を受けるが、父親とは別の道を歩む決心をして、六〇年代末に盛り上がった民衆運動にその身を投じてゆくというストーリー。当時の民衆運動とマルコス政権の弾圧事件を題材に生々しく描いた勇気ある小説として有名だ。「訳者あとがき」にある通り、ホセは一九七六年にこの本を書き終えた後、しばらくはマニラで出版することは不可能で、英語で書かれた原作をわざわざオランダ語に訳して出版したのが一九八二年。十九世紀末の体制批判の小説である『ノリ・メ・タンヘレ（我に触れるな）』の初版が、ドイツでスペイン語版として出版されたことを思い出させるエピソードである。結局ホセが当局に逮捕されるという事態には至らなかったが、常に監視や盗聴を受け続けていたという。彼が今なお大事にしている万年筆は、当時当局からいやがらせを受けて、ペン先が潰れかけて捻じ曲がったままだ。インドネシアにはスハルト政権に立ち向って権力を告発する作品を発表し、〝インドネシアのソルジェニーツィン〟と言われたプラムディアという作家がいるが、植民地体験を経た東南アジアの国々には、ずしりとした反骨精神に裏打ちされた誇り高い作家たちがいる。

ホセは小説家であると同時に、フィリピンの文学界にとって無くてはならないプロデューサー的な存在でもある。マニラ中心部のエルミタ地区に、いまもなおラ・ソリダリダッド［図35］という有名な本屋を経営している。店の名前は十九世紀末にスペインで発行されてフィリピン独立運動のオピニオンペーパーとなった『ラ・ソリダリダッド』という新聞の名前に由来する。この国で最も充実した硬派の本屋だ。さらにその本

図34｜F・ショニール・ホセ

図35｜ラ・ソリダリダッド書店

屋はペンクラブの事務局も兼ねていて、毎月最終土曜日には文学者の集まりや詩のリーディングがあって重要なサロンとなっている。今は休刊中だが『Solidarity』という月刊の文学・評論誌を三十五年にわたって出版し続け、アジアの代表的作家、インドネシアのモフタル・ルビスやタイのスラック・シバラクサなども紹介してきた。今の中堅作家に彼ほどの奉仕精神と行動力を備えた者はおらず、残念ながらアジアの作家のネットワークは二十年前と比べて進歩しているとは言い難い。いわゆる植民地根性に対して辛らつに批判する正統派ナショナリストで、欧米や日本といった海外の資本と結託してフィリピンの富を独占する上流階級についても、〝大泥棒〟と言ってはばからない。

そのホセだが、前述した大河小説五部作を書き終わった後、八〇年代以降に発表した作品では、その全ての長編小説と多くの短編小説やエッセイの中で日本を描いている。日本軍がマニラを占領した当時、彼はまだ十八歳の多感な青年だった。戦後たびたび日本を訪れるようになり、現在では日本に多くの友人を持ち、大の親日家、知日家であるが、小説の中では執拗に戦時中の日本人の残虐性について描写して断罪している。しかしそれと同時に、戦争の傷跡から立ち直った日本人の勤勉さや実直さへの敬意も忘れない。

長編小説の中でも一九八八年に出版した『Ermita』は、そうした彼の日本観を理解するうえで重要な作品だ。戦時中、日本兵によるレイプで身ごもった母親を持つ私生児のエルミタは、十八歳になって独立して高級コールガールとなってゆく。やがてある上院議員の愛人となり日本を訪れ、既に戦後復興を果たした豊かな日本を目の当たりにする。美しい景色や楽しげな光景に出会うたび、彼女は自らを同化させせようと努力をした。しかしそこは母をレイプした父の故郷であり、やはり彼女にはどうしても日本人になることはできなかった。物語の後半、影の主人公と思われるエルミタの友人であり、元フィリピン人兵士として日本軍と戦った経験のある男が拳銃自殺をはかるのだが、最後の章は彼が残した遺書で終わる。そこにはこの小説の最も重要なモチーフの多くが語られている。

「ああ、日本人！　私は常に君の父親の国の人々を賞賛してきた。激しく、不屈に戦った相手にもかかわらず。しかも彼らを心から憎んでいるのに。一九四五年のあの時、広島や長崎だけではなく、日本中全てに原爆が落とされれば良かったとさえ思っているのに。」

しかし彼の小説の本当のテーマは、次の一言、フィリピン人自身に向けられたメッセージの中にこそある。

「かつて我々フィリピン人は買春のために日本へ出かけた。しかし今は我々が何千というフィリピン女性を娼婦や家政婦として日本へ送りつけている。そしてもう何度も繰り返して飽き飽きした疑問が残される。我々は一体どうなってしまったのか？」

日本をテーマとした彼の作品には、日本に対する愛憎の葛藤、ひるがえって自分の祖国への愛憎、そしてその後進性や植民地根性に対する告発といったものが一貫して描かれている。

フィリピン・ペンクラブ五十年と次世代の作家へのメッセージ

ペンクラブ五十周年記念シンポジウムのテーマは、「文学、国家、そしてグローバライゼーション」。スペイン、アメリカ、日本と、約四百年にわたって外国からの支配を受け入れてきたフィリピンの人々にとって、ナショナリズムや愛国心は心の琴線に触れる重要なテーマである。そもそもフィリピンで最も人気のある国民的ヒーローであるホセ・リサールも作家であり、スペイン植民地体制の時代を批判的に描いた彼の代表作である『ノリ・メ・タンヘレ』と『エル・フィリブリテリスモ（反逆者たち）』は、いわばナショナリズムのバイブルである。

今回のシンポジウムに集った作家たちの中で最高齢はホセの八十三歳（当時）だが、彼以外にも五十年前のペンクラブ創設時からのメンバーの何人かが参加した。その世代にとっての外国支配といえば、一九四二年から四五年の間にこの国を統治し、はかりしれない犠牲をもたらした大日本帝国である。その意味で、創設メンバーの一人であり著名な劇作家でもあるアメリア・ラペーニャ・ボニファシオが、「ペンクラブの思い出」と題したスピーチを山下将軍の処刑の話から切り出し、「私は戦争の生き残りとして（作家としての）人生をスタートした」と語ったのは象徴的だった。

しかし彼ら創設メンバーに続く世代、現在六十代から五十代の作家たちにとってのナショナリズム、愛国心とは、かたちとしては独立を果たしたものの、実際には旧態依然の植民地的な遺構をひきずって苦悩する祖国に対する憂いである。特にマルコス政権時代、戒厳令前後の言論の冬の時代に活動していた中堅作家たちは、今この国の言論界の中枢を担っているが、その迫害の時代にいかに権力に対峙して抵抗を貫いたか、または権力に擦り寄ったかで、今に至って本当の尊敬を勝ち得ているかどうかがわかるのだ。タガログ語とならんでこの国の二大言語の一つであるセブアノ語の詩人として著名なミンダナオ生まれのドン・パグサラは、マルコス政権に幽閉された時のことを詩に描き、牢獄からわが子を思う哀歌を切々と歌った。また同じくミンダナオ生まれの作家であるホセ・ラカバも、やはりマルコス政権時に捕らえられて拷問を受けた経験を詩にして朗読した。いずれの作家も今は多くの人々から尊敬を集めていて、この国の言論界の抵抗の歴史を象徴する影のヒーローであるとも言える。逆に、マルコス時代にそのスポークスマンを務め、当時若干二十九歳で情報省長官に抜擢されたある作家も長々と演説をぶっていたが、私の友人は冷ややかに見つめて苦笑いをしていた。

今回のシンポジウム［図36］に唯一海外から参加した日本の中上紀は、芥川賞作家である故中上健次の長女で、アジアをテーマにした小説やエッセイが真骨頂で、北タイを舞台にした叙情的でミステリアスな小説『彼女のプレンカ』で、一九九九年のすばる文学賞を受賞している。今回縁あってマニラに招待することとなったが、彼女は彼女なりにこの国に来る理由があって、今回の招待についても快く引き受けてくれたという。一九八二年、まだ彼女が十二歳のとき父親に連れられてこのフィリピンを訪れた。彼女にとっては初めての日本以外のアジア体験だった。そして当時中上健次がここを訪れた理由の一つは、フィリピンの友人に会うためであったという。しかしその友人、アントニオ・マリア・ニエバはマルコス政権を批判したために投獄されていて、結局会うことができなかったそうだ。あとで調べてわかったことだが、ニエバはこの国のナショナル・プレス・クラブの創設者で反骨のジャーナリストとして著名だが、既に亡くなっている。その後中上も一九九二年に四十六歳の若さで亡くなっていて、二人で語り合ったというアジアの作家による雑誌の出版は夢のままで終わってしまった。

図36｜フィリピン・ペンクラブ50周年記念シンポジウムと中上紀

　中上健次の生れ故郷は、紀伊半島の神宮市。人間の煩悩や罪深さを濃密に描いた『岬』や『枯木灘』は、いまも私たちに強烈な個性で訴えてくる。その小説の舞台となった熊野の南を流れる黒潮は、あの柳田國男が『海上の道』で描いた、南の島へつながる海流だ。フィリピンは、その黒潮の起点である。もしかしたら中上は、遠い記憶としての南の島々とのつながりを、その体のどこかに持っていたのかもしれない。それでアジアの作家との交流を夢に描いたのだろうか。そしてその娘の紀は今、彼女の言葉で表現すれば〝海の距離感の視点〟を持って、そんな父親のやり残したことに挑戦しようとしているようにも見える。そもそも作家になった動機も、父親の死であったという。失ったからこそ必要に迫られた自分のルーツ探し。自身自身のルーツをたどり、父親を追って、このフィリピンを再訪したともいえる。

　今回日本から作家を招待するにあたってホセが望んだことはたった二つ。英語ができることと、若いということ。紀は三十代の若手作家だが、八十三歳のホセにとっては私すら孫の世代だ。そしてシンポジウムには、彼にとって孫や曾孫の世代にあたる若い作家たちも大勢集まった。四十半ばで中国系の英語小説家として第一線で活躍するチャールソン・オンや、三十半ばで実力派若手タガログ語作家のニコラス・ピチャイなど次の時代を担う人々だ。会議も終盤に近づいた昼食の席で、ホセがスピーチを行った。

「熱意にあふれ希望に満ちた若者よ、どうかこの老人が何度も何度も言ってきたことを繰り返させてくれ。半世紀も前、我々はこの国の汚職や下劣な政治に堕落することはなかった。我々は東南アジアの優等生だった。しかしその後一体何が起こったのか？ 我々はみな知っている。植民地主義がいまだ終わっていないことを。それどころかこの国には内なる植民地主義が破滅的にはびこっている。植民地主義とは搾取である。見せかけがどうであろうと、キリスト教や民主主義や文明を装っていたとしても、忘れてはならない。植民地主義は悪徳だ。いま広がっている世代間のギャップを埋めなくてはならない。旧世代の作家たちは、親切ぶった態度や自らの業績をみせびらかすことなく、若い世代の作家たちに接し、若い作家たちは、先輩を知り鬼才から学び、先人の築いた瓦礫の山を再評価しなくてはならない。そして作家たちによる世代を超えた堅固なコミュニティーを作って、未来をつくる目標を分かち合っていってほしい。」

「告別の辞」と題したスピーチは、半世紀以上にわたってフィリピンの歴史を、民族の記憶をつむいできたホセの遺言のようにも聞こえた。そんな彼の最後の思いを聞きながら、フィリピン・ペンクラブ五十周年という歴史的イベントの一人の目撃者として、次の世代への橋渡しのために少しでも何かできないだろうかと思いを巡らせていた。

『我が心のアメリカ』とアメリカ崇拝からの決別

フィリピンでは文学に限らず、ナショナリズムをテーマとした芸術作品が数多く作られている。二〇〇五年七月、この国とアメリカとの関係について知る上で大変興味深いミュージカルを観た。フィリピン大学劇団による『セントルイスは民主主義者フィリピン人がお好き』というミュージカルだ。

フィリピン大学（University of the Philippines、以下、UPと表記）［図37］は、二〇〇八年に創立百周年を迎えたこの国きっての秀才が集まる最大の国立大学である。もともとアメリカ植民地時代に、前スペイン時代の古い弊害を打破して民主化を目指す拠点として作られた。いわば〝前衛〟を標榜する大学と言ってよい。全国に散らばる八つのキャンパスの中で最も広大な敷地を誇るマニラ首都圏ケソン市にあるディリマン校は、五十ヘクタール、十五学部七万人が学び、敷地内にはショッピングセンターから病院、ホテルまである一つの村のようだ。大統領をはじめこの国のエリートを輩出する一方で、常に反権力の牙城ともなってきた。現在非合法政党となっているフィリピン共産党や、ミンダナオの独立運動とゲリラ戦を指導してきたモロ民族解放戦線の創設者も、このディリマン校の出身である。そのUPディリマン校を率いる学長は当時四十歳半ばの若き数学者セルジオ・カオで、大学の改革に手腕をふるっていた。権威と反骨のせめぎ合い。UPという場所はまさにこの国のナショナリズムを考えるうえで重要な場所だと思う。

図37｜“オブレイション（捧げ物）”と呼ばれフィリピン大学を象徴するブロンズ像

『セントルイスは民主主義者フィリピン人がお好き』だが、作品的には正統派ミュージカルの系譜に属し、美しく耳に馴染み易いミュージカル・ナンバーには感心させられたが、なお尽きない興味を覚えたのがそのテーマにある。一九〇四年、フィリピンがアメリカの植民地となってまだ間もないその時期に、アメリカによるルイジアナ買収百周年を祝う万国博覧会がセントルイスで開かれた。千二百七十二エーカーという万博史上最大級の敷地に、千五百七十六もの建物群が建設され、二十一キロにおよぶ鉄道が敷設された。訪れた人々の数はのべ二千万人。フィリピンは当時米国の属領として二十ヘクタールの土地が割り当てられ、フィリピンを代表する建築として百以上の建物、ニッパ椰子の家からゴシック様式の教会まで建てられたのだが、そこに〝陳列〟するために、フィリピンから実に千二百人の先住民が米国に派遣されたのだ。このことは当時よりフィリピン人の民族主義者から激烈な批判を受け、つい最近まで歴史的な汚辱として記録され、記憶されてきた事件だ。

しかしフロイ・キントスによる脚本とアレキサンダー・コルテスの演出によるミュージカル作品は、そうしたステレオタイプ化した視点を避け、当時バゴボ族の首領として海を渡った実在の人物ダトー・ブーランに焦点を当て、米国での成功にかける野望、最愛の妻との別れと新たな恋、夢と現実とのギャップ、凋落、そして祖国への変わらぬ思いと誇りを描き、幾多の言説にまみれた歴史的事件に新たな解釈を提示した。三百人程度の小さな劇場ではあったが、超満員に膨れ上がった観客が全員、長いスタンディング・オベーションを送り続けるなか、どうしてこれほどまでにみんなが熱狂的になるのだろうか、私はその理由を考えていた。

フィリピン人がアメリカに寄せる複雑な思いを生き生きと描いた小説で日本語に訳されたものがある。『我が心のアメリカ』（カルロス・ブロサン著、井田節子訳、井村文化事業社、一九八四年）という本で、一九三〇年代にアメリカに移住し、かの地の人種差別と闘い人権運動と創作活動に打ち込んだ作者自身の経験に基づく物語だ。その中で主人公は徹底的な人種差別に苦しみながらも〝自由の国〟アメリカで理想を求めることをあきらめない。「この信念は敗北と成功から生まれ育ってきたものであった。それは悪戦苦闘の毎日、この広い土地に落ち着く場所を求め、豊かな土をあちこちで掘り、貨物列車に乗って北へ南へと飛び歩き、汚い賭博場で食物を恵んでもらい、読書をして英雄の思想の世界に目を開いた、あの日々の中から形づくられたものであった。それはまた、アメリカにいる友達や兄弟、それにフィリピンにいる家族の、犠牲と孤独から生まれたものであった。それはアメリカを知ろうという願いから、生れ育って来たものであった。我々の抱負から生まれ出た「善なるアメリカ」に対する信念は、何がどうあろうとも、もはやゆらぐことはないだろう。」

実際アメリカの植民地になってから多くのフィリピン人が移住を果たし、在米のフィリピン人人口は約四百万人と推定されている。現在も海の向こうの親類縁者を頼ってぞくぞくとフィリピン人が訪米するか、移住をしている。この移住問題、言い換えれば頭脳流出（ブレイン・ドレイン）問題は、視点を変えればこの国のもう一つの深刻な社会問題だ。マニラに赴任して以来、私の周辺でも何人かのアーティストや学者が米国、カナダ、オーストラリアなどへ移住してしまった。医師や看護師にいたってはもっと深刻だ。フィリピンでトップレベルの国立病院で医者をしていた人が、アメリカで看護師になり、十倍以上の給料を稼いでいるのが現実。また教師の流出もこの国の教育制度を根幹から揺るがしている。二〇〇六年から日本文化センターでは、フィリピンで最大級の民間財団であるメトロバンク財団が毎年実施している全国教員コンテストの審査にオブザーバーとして参加したが（優秀者の中から国際交流基金の「中高教員訪日研修」参加者を選抜する）、最終面接に残った候補者一人ひとりに向かって、審査委員長がまず開口一番、「この国に残って教師を続けてくれていてありがとう！」と言っていたのには驚いた。とにかく総人口の一割、労働人口の二割にあたる八百万人が海外で労働に従事し、海外フィリピン人からの仕送りがＧＮＰの一割を占め、この国の経済を支えているのである。フィリピンはグローバライゼーションの〝最先端〟ともいえるし、〝草刈場〟ともいえるのだ。そして当然アメリカこそが、そんな出稼ぎ大国フィリピンから見た〝約束の土地〟であるのだ。『我が心のアメリカ』では、人種差別で散々な目に会わされてもなおかつ善なるアメリカを信奉し、そうした苦難の日々さえノスタルジックに回想する作者自身の心の葛藤がよく表されている。

しかしフィリピンは九〇年代の初め、殖民地支配の面影を引きずったアメリカとの特殊な関係にけじめをつける歴史的な岐路に立たされた。太平洋戦争後、それまでアメリカに対してアジアで最大規模の米軍基地を提供し続けてきたが、一九九一年にクラーク空軍基地を、そして一九九二年にはスービック海軍基地を相次いで奪還したのだ。無論基地返還に対する反対派も多くいたが、多くの国民に支持されて、ときのラモス政権によって思い切った政策転換が行われた。それ以来、アメリカ崇拝一辺倒といわれた文化的嗜好にも徐々に変化が現れて、自分たちの国の伝統文化に対する感心も高まっていった。ちなみに現在二つの基地の跡地は、自由貿易港や経済特区として、この国の経済を支える大動脈として新たな役割りを担うようになっている。

今フィリピン人がアメリカを見つめる眼差しは、『我が心のアメリカ』でも描かれた憧れの移住の地か、はたまた憎悪すべき帝国主義の元宗主国かという単純な二律背反的なものではなく、その両方が複雑にからみあったモザイクのようなものなのかもしれない。研究者の間でも、これまでの様々な歴史的言説をもう一度再検討して書き換えてゆこうという動きがある。著名な歴史家であるアンベス・オカンポ国家文化芸術委員会議長（当時）は言う。

「三百年以上に及ぶスペイン支配の桎梏、米国による植民地支配、日本軍による残虐行為。歴史には数々の事実と虚構が含まれている。我々はもう一度クールな眼で、歴史を見つめ直す必要がある。長い間わたしたちの思考を縛り付けていた〝植民地言説〟から逃れる努力はまだ始まったばかりである。」

私はその日、まさにそのアンベスらとともに『セントルイスは民主主義者フィリピン人がお好き』を観ていた。そして、なんとも表現できない高揚感を共有した。おそらく観客はこの作品の中で自らのアメリカに対する複雑な胸の内を重ね合わせていたに違いない。そしてその入り組んだ感情を支える心の拠り所は、むろん祖国フィリピンに対する思いなのだ。このミュージカルは確かに今のフィリピンの多くの人々の迷いや苦悩、そして誇りや希望を代弁しているように思えた。熱狂的な観客に囲まれていた私は、ある意味で部外者だが、幸運な目撃者だったと言える。

反骨精神の故郷

富が集まるところに貧が生まれて格差が顕在化する。富が集まるところではまた知が生まれ、やがて社会を変えてゆこうという志を育む。世界遺産にも登録されているスペイン時代の古きノスタルジックな街並みの残るビガン［図38］は、そんなことを考えさせる場所だった。この町を訪れた理由は、まず第一にある絵画が見たかったことだ。第二章でも紹介した『バシーの反乱』とタイトルの付けられた十四枚連作の油絵。エステバン・ビリャヌエバというビガンの商人でかつ画家の作品で、現在はブルゴス・ミュージウムに所蔵されている。一八二一年の制作で、フィリピン大学ヴァルガス美術館館長のパトリック・フローレス教授によれば、作者のはっきりとわかる西洋風歴史画の中で、アジアで最も古い作品であるという。

図38｜ビガン・世界遺産の街並み

ビガンを中心とした北ルソン西部の海岸地帯は、スペイン植民地の礎を築いたレガスピの孫であるサルセドによる平定の後は、サトウキビやタバコのプランテーションと専売が進んだ。〝バシー〟とは地元のサトウキビ産のワインのことで、この連作絵画は、このバシーをめぐり一八〇七年に実際に起こった農民一揆を描いたものだ。スペイン植民地政府は十八世紀末からバシーの流通を抑え地元民の取引を禁止した。その専売反対に端を発した農民たちの一揆を、発端から平定そして処刑までの物語の形式で描いている。もともとこの作者は、おそらくはスペイン政府からの依頼で反乱農民への見せしめの意味で描いたと言われているが、約二百年を経た今、皮肉にもフィリピン人によるスペイン植民地政府に対する抵抗運動の初期の歴史的事実を証明する貴重な資料として記録にとどめることとなった。

このビガンを中心としたイロコス地方は、この「バシーの反乱」以前も以降も、激しい抵抗の歴史に彩られている。学歴社会のフィリピンで、博士号を持っていてあたりまえの学術界の中で、それも最高学府の国立フィリピン大学で、博士号を持たない学者として舌鋒鋭くあらゆる植民地言説に常に反骨精神を燃やすアーノルド・アズリンという学者もまた、このビガンの出身だ。ちなみに国際交流基金ではアジア域内の第一級の知識人を日本に集めて一定期間生活を共にするアジア・リーダーシップ・フェローという事業を一九九六年に開始したが、彼は初代のフィリピン代表である。その彼は「After Cristobal Colon: The Dialectic of Colonization /Decolonization in Ilocos（コロンブス以降：イロコスの植民地化／脱植民地化の弁証法）」（『Reinventing the Filipino Sense of Being and Becoming』所収、フィリピン大学出版局、一九九五年）という論文の中で、ビガンの街並みを古き良きスペイン時代の麗しい継承ととらえることは、サルセド将軍以来の征服とその暴力による血塗られた住民の受難の歴史を振り返る時、決して許される言説ではないと主張する。それはフィリピンの歴史を歪めるものだ。スペインを美化するどころか、ビガンの街は反骨精神を胚胎していたという。

「外見的にスペイン風の誘惑や鎧や様式で飾られていたにもかかわらず、ビガンの街は結果として社会・政治的な変動とヨーロッパを覆うイデオロギーの流れに沿って動くさざ波を吸収していた。」

農民の反乱は早くも一五八九年に起こる。その後記録で明らかな大規模な反乱だけでも一六六九年、一七六二年、そして「バシーの反乱」の一八〇七年。「バシーの反乱」以降も反骨の、あるいは革命的な、またあるいは社会改革を希求する多くの傑出した人物を生み出してきた。改革派神父として一八七二年に処刑され、この国の独立運動を早めたと言われているブルゴス神父。独立運動カティプナンのリーダーとして活躍し、その後教会の民主化を求めて独立派教会を創設するアグリパイ。芸術の世界では、『スポリアリウム（虐殺）』の成功によって西洋画壇で評価される一方、独立運動にも大きな影響を与えたホアン・ルナ。第二次大戦後、初のフィリピン議会選挙で下院議員となったフロロ・クリソロゴは労働運動を支援し続け、現在この国の労働者を支えるソーシャル・セイフティー・ネットである社会保障基金の創設に尽力した。それから忘れてはいけないのが、八十歳を過ぎてなお意気軒昂で植民地根性を激しく糾弾し続けている社会派作家、シオニール・ホセの故郷もこのイロコスだ。

そしておそらく極めつけは何と言ってもフィリピン史上最強の弁護士と言われ、三十二歳の若さで憲政史上最年少の下院議員となり、四十八歳で大統領になったフェルディナンド・マルコスだろう。彼もおそらく若い頃は理想に燃え志高く、大胆な社会改革を夢見ていたのかもしれない。彼の遺体はこのイロコス地方のバタックという生れ故郷の町の生家〔図39〕に防腐処理をされて今も横たわっている。その遺体が安置された部屋の前には「全ての人類の父」と題して次の言葉が掲げられている。

図39｜マルコスの生家

「かくも多くの我々人間は腐敗や貪欲、そして暴力の中に生きている。しかし忘れてはいけないのは、この国は、いやいかなる国でも、自己主義的な目的ではなく、人々共通の善を求めて兄弟として生きることを学ぶことなしに永続と繁栄はありえない。（中略）我々の自己欲と腐敗、そして無責任な態度を永遠に退け、我々の生命を創る強靭さを我々に与えたまえ。」

貪欲と物質主義の限りを蕩尽した大統領。イロコスの片田舎には、その見果てぬ夢と宴の後の残骸が呆然と残されている。反骨精神を胚胎する故郷として多くの気骨ある革命家、社会運動家、思想家、芸術家を生み出した土地は、また人間という存在の弱さを教えてくれる場所でもある。

デモクラシーの祭典とリセッションの時代

〝アジアのノーベル賞〟とまでいわれるマグサイサイ賞。〔図40〕一九五八年に創設されて二〇〇八年でちょうど五十周年。これまでにアジア各国の社会発展に寄与してきた二百五十組を超える人たちに贈られてきた。確かにこれだけ長い間続いているアジア人に対する懸賞事業は、日本を含めて他に類例はないだろう。それだけに独特の響きがある賞だが、その五十周年の節目の年に日本人としては二十三人目の受賞者として、明石書店社長の石井昭男が選ばれた。賞は六分野に分かれているが、石井は報道・文学・創造的コミュニケーションの分野での受賞だ。

それにしてもこのマグサイサイ賞は、独自の評価基準と進取の精神に富んでいて爽快だ。華々しいジャーナリズムや芸術の分野で数多い大衆受けしそうな候補者を退け、出版という地味な分野、それも人権問題というこれまた硬派な分野で着実な実績を上げてきた石井が評価されるということが素晴らしい。これまでの日本人受賞者の中でも、黒澤明や緒方貞子など華麗な経歴の持ち主もいるが、むしろ真骨頂は、無農薬の自然農法をアジアで広めた福岡正信や、アフガニスタンで医療支援を続けるペシャワール会の中村哲など、地味ながらアジアで着実な活動をしている人々を発掘して懸賞することだと思う。

このマグサイサイ賞はマグサイサイ大統領の急死を受けて、五十年前にロックフェラー兄弟財団からの資金援助を受けて始まった。最大のスポンサーが米国の財団であるため、アメリカ流デモクラシーの普及という考えがその底流にはあるのは当然。もともと十九世紀末から米国の植民地としてデモクラシーが移植され、実際六〇年代まではアジアにおけるその先頭ランナーでもあったので、この賞をフィリピンという国に設けることにはそれなりのリアリティーがあったのだろう。しかしこの五十年、特に民主化運動が最高潮に達した一九八六年の「黄色い革命」後の二十年間で、この国のデモクラシーを取り巻く状況は一変したのだと思う。

表彰式に先立って行われた五十周年を記念する国際シンポジウムは、その意味で色々と考えさせられる祭典だった。キーノート・スピーカーはアキノ元大統領。この国の民主主義勢力の象徴としてしばしば担がれるイコンである。そして同じ壇上にはラモン・マグサイサイ賞財団理事会の議長であり、フィリピン随一のアヤラ財閥を率いるジェイム・ゾーベル・デ・アヤラ二世らが並んだ。データの上ではまだ好調を維持しているこの国の経済を牽引し、従って結果的に体制を支えている大財閥の総帥と、かたや反政府勢力の急先鋒という奇妙な組み合わせに、マグサイサイ賞五十周年とはいえ、ちょっと醒めた思いでそのセレモニーを眺めていた。このシンポジウムの主要テーマは貧困の克服だったが、体制派にしろ、反体制派にしろ、この国のエスタブリッシュメントがますますひどくなる一方の絶対的貧困に対して有効な手を打てていないのは、厳しい現実が示すところだ。

そして肝心のデモクラシーにしても、昨今のフィリピンはリセッション（後退）の時代と言われている。理由はさまざまだ。二〇〇四年に行われてアロヨ政権を信認した大統領選挙にまつわる選挙違反への疑いが、そもそもこの国の政権の正当性に対して圧倒的な不信感を植え付けた。さらには中国企業との超大型契約にまつわる汚職問題。そして最も深刻なのが“Extrajudicial Killing（超法規的殺人）”という恐ろしい言葉で言われている一連の事件。多くのジャーナリストや反政府活動家が暗殺されたり、拉致・誘拐されているが、新聞紙上などでもたびたび公然と国軍の関与が指摘されている。立場の異なるグループによって犠牲者の数に違いがあるが、例えば人権委員会の報告では、二〇〇一年にアロヨ政権が成立して以来、二〇〇七年五月までに四百三人が犠牲となったという。またカトリック評議会のカウントでは、七百七十八人が犠牲になり百八十六人が行方不明であるとしている。

図 40 ｜マグサイサイ賞

そうした具合で状況としては暗いことが多いのだが、全く絶望的でもない。前にも出てきたが国際交流基金が企画する「アジア・リーダーシップ・フェロー・プログラム」という特別な日本招待プログラムで、二〇〇八年にフィリピンから選ばれたのが、この国の民主化運動のトップランナーとも言えるホセ・ルイス・マーティン・ガスコン、通称チトだ。

一九六四年生まれで、まさに私と同世代。国立フィリピン大学の学生自治会のリーダーとして名を馳せて、一九八六年マルコス大統領を追いやった「黄色い革命」の闘士。それが縁で当時のアキノ大統領に抜擢されて「八六年共和国憲法」の最年少起草委員となった。その後政権に入って若くして教育省次官となり、アロヨ政権になってからは最大野党である自由党の法律顧問として反政府運動のいわばブレイン的存在である。二〇〇六年、アキノ政権から一遍に十人の閣僚が辞任して「ハイアット10」というグループを作ったが、そのスポークスマンとして宣言文などを起草した。とにかくバリバリの〝活動家〟をイメージしていたが、とってもソフトで学者肌。確かに〝活動家〟ではあるが、政権に入っていたこともあり、その意味で非常にバランス感覚の優れた人だ。こういう人がいずれ社会福祉や法律、人権担当の大臣になったりするのが東南アジア。将来がとても楽しみだ。

チトとの話は広範囲に及んだ。特にいまどきの若者の政治への無関心ぶりについてはかなり絶望していたが、「黄色い革命」を担った〝エドサ1世代〟はまだまだ健在。「今マニラの街角でデモ行進を引っ張る人たちの平均年齢は相当高いね」と言って笑う。六〇年安保が過ぎ去り、高度経済成長真っただ中の六三年に生まれた私としては、なんとも眩しく見える一瞬である。そもそも大学時代に民主化運動の道に進んだのは何故？　との問いに対して、「あの頃はマルコス政権の最悪の時期。他に一体どんな選択があったの？」と答える。そのいかにも柔らかな笑顔と口ぶりからは、彼の歩んできたおそらく困難に満ちた人生は容易に想像できない。使命感と覚悟を背負った同世代人。こうした人材がいるからこそなんともやりきれないことの多いこの国でも、暗闇に多少の光明が見える時がある。

第5章　フィエスタ・キリスト教・フェミニズム・ゲイカルチャー

フィエスタの国

二〇〇六年一月、日本を代表する和太鼓グループである倭（ヤマト）の公演を行うため、私たちはフィリピンで有数のリゾート地であるセブ島を訪れた。その時、町は異様な雰囲気に包まれていた。それもそのはず、ちょうどフィリピンを代表するフィエスタ（祭り）である「シヌログ」［図41］の前日で、フィリピン全土、そして海外から集まった観光客で町は熱気であふれかえっていたのだ。

図41｜セブのシヌログ

フィエスタはフィリピン文化にとってはなくてはならないもの。全国津々浦々どんなところにもあり、欠かせない年中行事で、その盛り上がり方は日本の祭り以上であろう。ナショナル・アーティストでエッセイストであるアレハンドロ・ローゼスの著書『フィエスタ』は、生き生きとした写真とともにフィリピン人のフィエスタ文化を様々な角度から紹介していて、フィリピン文化の枠を理解するのにとても良い教材だ。その中でも触れられているが、スペイン人の到来以前にも土着の祭祀や儀式といったお祭りはあったが、フィリピンのフィエスタ文化がいまのように華やかになったのは、スペインとキリスト教の影響が大きい。

「シヌログ」は、サント・ニーニョ（聖なる子供＝幼子イエス）を祝福するために毎年行われているフィエスタである。セブはマゼラン遠征隊に同行して

図42｜サント・ニーニョ

いた修道士によって、一五二一年フィリピンで初めてキリスト教が布教された土地として、この国の人口の八十五%を占めると言われているカトリック教徒にとっては特別な場所だ。その際にフィリピン人に与えられたと言われるサント・ニーニョの聖像は、現在でもセブのアウグスティヌス教会に祭られている。ちなみに「シヌログ」以外にも一月下旬の日曜日には全国でこのサント・ニーニョ〔図42〕をお祝いするフィエスタが行われていて、マニラ首都圏でもトンドのそれが有名である。

　ところでこのフィエスタに合わせて、各地で上演されてきた演劇がある。コメディア（地方によっては〝モロモロ〟などとも呼ばれる）といわれる歌舞劇で、これもスペインからもたらされた。文献によれば一五九八年にセブで書かれた脚本が最古であり、現在まで続いているので、なんと四百年を越える歴史である。もともとは民衆に対するキリスト教布教を目的に行われた演劇で、テーマは主としてキリスト教徒がイスラム教徒を戦いで破る話か、イエス・キリストや聖人の生涯についての物語だった。二〇〇八年三月にUPで行われたコメディアと能を比較するセミナーでは、四百年の歴史を有するコメディアと六百年の能とが、それぞれのコミュニティーの中で果たしてきた役割といったものが焦点となった。コメディアは一年に一度フィエスタの時にのみ演じられるもので、いまだにコミュニティー演劇として生き続けている。コメディアを主宰する中心的な家族が存在し、脚本や演技のスタイルは代々その家系に伝えられてはいるが、他のメンバーはその都度同じ町内の近所の人たちから募り、制作のための資金集めも自ら行う。武士という特権階級のほぼ独占物で、プロの能楽師によって演じられることの多かった能と比較して、このコメディアがフィリピンのコミュニティーの維持・発展に果たしてきた役割は大きかったものと思われる。多くのフィリピン人がパフォーミングアートに秀でているのは、コメディアのようにコミュニティーの中で生き続けている演劇が存在していることに鍵がありそうだ。

フィリピンでは様々なフィエスタに出会ったが、ネグロス島のバコロドで見た「マスカラ」[図43]というフィエスタも素晴らしかった。「マス」は英語でたくさん、「カラ」はスペイン語で顔の意味。個性的なマスクにカラフルな衣装をまとったいくつもの集団が、軽快な音楽にあわせて激しく踊りながらストリートをパレードする。それを熱狂的な地元市民はもとより、フィリピン全国、そして海外から集まった多くの観衆が取り巻く。二〇〇八年十一月、燦々と照りつける太陽の暑気と人々の熱気に溢れたそんなストリートダンスの祭典に、コンペティション部門の審査員として招待された。

図43｜バコロドのマスカラ

バコロドは中部ビサヤ諸島の中央に位置するネグロス島の西の中心都市。ネグロスといえば〝砂糖の島〟と呼ばれるほどで、町をちょっと離れればそこには広大な砂糖きびのフィールドが広がる。第二章でも書いた通り、かつてネグロス島は〝飢餓の島〟として世界中から注目を集めた。このマスカラ・フェスティバルは一九七九年に始まったとされるが、そうした危機の最中でも途絶えることなく、疲弊した人々の心を鼓舞する意味も加わって回を重ねてきた。〝飢餓の島〟で苦悩してきた民衆が、年にたった一度だけ熱狂できるお祭りとして大切に育ててきたのだろう。そんな人々の心意気の感じられる祭典だった。

三日間にわたるストリートダンスのコンペティション。初日は小学校と高校の部で十七チーム。二日目がバランガイ（フィリピンにおける最小の行政単位）の部で二十二チームと、夜行われたエレクトリック・パレードならぬ〝エレクトリック・マスカラ〟の部で八チーム。そして最終の三日目はオープンの部で十五チームが参加した。三十五人から六十五人でチームを組み、市内パレードでのストリートダンスとメイン会場での六分間の振付作品を披露し、ダンス、衣装、マスクの良し悪しなどで競う。絶望的な暑さの中、私は二日目と三日目の審査を担当し、のべ十三時間、四十五チームの踊りを見たことになる。基本的にはバランガイごとに参加するフェスティバルだが、これがお互いの競争心をかきたててコンペの結果発表の際には異様な盛り上がりを見せる。どのチームも趣向を凝らしたマスクと衣装で見ていて飽きないが、特に印象に残ったのがオープン部門で優勝したバランガイ・マンダラガンのチーム。派手なマスクに息のぴったりと合ったダンス。何より踊ることの喜びを全身全霊で表現していることが伝わって来て、審査していた自分も熱くなった。彼らのダンスを見ていると、人は何故踊るのか、踊らずにはいられないのか、踊りに秘められた根源的な意味がわかるような気がする。ある種の祈りや陶酔、そして蕩尽といったものが祭りを発生させる源だとすれば、〝飢餓の島〟で苦悩する民衆をして年に一回熱狂に駆り立て、エネルギーを蕩尽させるこのイベントは、まさに祭りの本質を垣間見させてくれる。

キリスト教と聖なる像

日本人にとって仏像は、宗教における崇拝対象であると同時に、芸術鑑賞の対象でもある。はるか昔の匠の手によって作りだされた傑作は、時に単なる鑑賞を超えて、崇高な気持ちにまで至らせてくれる時がある。前述したサント・ニーニョは、間違いなくこの国の人々に最も親しまれているモチーフだが、そのサント・ニーニョをはじめ、古くから多くのキリスト教の聖像が作られてきたが、中にはカトリック信者でない私までも、厳かな気持ちにさせてくれるものもある。特にフィリピンでは伝統的に優れた象牙彫刻による聖像が大量に作られ、今も教会や博物館に大切に収蔵されている。

二〇〇四年にアヤラ美術館［図44］より出版された『力・信仰・イメージ：十六世紀から十九世紀のフィリピンの象牙アート』には、そうした聖像の写真がふんだんに掲載されていて、大航海時代のダイナミックな交流の様子がよくわかる。このアヤラ美術館は、フィリピン有数の民間財団であるアヤラ財団が経営する民間で最大の美術館であり、首都圏マカティ市の中心を占めるきらびやかなショッピングモール街の一角にあって国際的スタンダードを備えた展示スペースを擁し、この国の美術界をリードしている。二〇〇八年五月には新たに常設展示室を改修オープンして、十六世紀植民地時代以前にさかのぼる千点を超える金の装飾品のコレクションを一挙に公開した。かつて金の産地として名を馳せたフィリピンだが、ミンダナオやパラワン島など、今は発展に取り残された地域で発見された金の装飾品からは、インド文化や近隣諸国の影響が見て取れるが、その精巧な技術には全く圧倒される。

図44｜アヤラ美術館（提供：アヤラ美術館）

フィリピンと象牙彫刻との関係は十六世紀後半に始まったと言われているが、それは大航海時代のロマン溢れる物語を胚胎している。中国の史書によれば、宋の時代に現在のミンドロ島から交易船がやって来たとの記述がある。しかし中国との交易が本格的になったのは十六世紀後半にスペイン人が常駐するようになってからで、その頃には中国の福建省から台湾、そしてマニラ、さらにビサヤ諸島、スールー諸島を経由してインドネシアはスラウェシ島のマカッサルへ至る、北から南を貫く交易ルートが成立していた。一六〇九年当時のスペイン総督の日誌には、中国から年間三十隻以上のジャンク船の来航があったと書かれている。十六世紀後半から十七世紀前半にかけて、当時のアジア貿易の拠点はなんといってもポルトガルの築いたマカオであるが、マニラはそのマカオを通じて、インド（ゴア）からポルトガル本国のリスボン、さらには日本の長崎にもつながっていた。そしてマニラからはさらに東に太平洋を隔てたアメリカ大陸、メキシコから南米までつながっていたのだ。そんな時代、マカオ経由でアフリカ産の象牙が、またタイやカンボジアからも象牙がもたらされ、マニラにいた中国人職人が彫刻し、その後はフィリピン人の職人に取って代わるが、フィリピン国内はもとより、ガレオン船でメキシコのアカプルコに輸出され、さらにはそれがキューバや南米のペルーやコロンビアにもたらされた。今でも中南米の多くの教会で、そうしたフィリピン産の象牙彫刻の聖像［図45］が残されている。それらは驚くほどに写実的に精巧にできていて、当時の技術力の高さがしのばれる。

こうした象牙製の高級品がある一方で、木彫に彩色を施した素朴な聖像［図46］が、マニラはもとより多くの

図 45 ｜ 19 世紀象牙彫刻の聖像（提供：アヤラ美術館）

図 46 ｜ 木彫の聖像（提供：アヤラ美術館）

地方都市でも製作された。それらも十分に美術品として価値のあるもので、二〇〇三年には福岡アジア美術館で『フィリピンの聖なる像サントト』と題した展覧会が行われ、十七世紀から二十世紀初頭に作られた木製の聖像十五点が展示されている。サント・ニーニョをはじめとした聖像が、何故かくもフィリピン人におおいに親しまれているのだろうか。それはその聖像が、天国と地上の民衆の仲介者として、より民衆に近い場所に立っている、その親密性によるものと考えられている。今でも庶民の教会としてマニラで人気のあるキアポ教会やバクララン教会に行けば、安価なサント・ニーニョが山となって売られているし、フィエスタともなれば、多くの民衆がサント・ニーニョを抱えて礼拝にやって来る。フィリピン人の大多数を支える信仰としてのキリスト教。それは宗教という意味のみならず、日々の日常生活から、日常を逸脱したフィエスタまで、社会・文化の根底を支えるインスピレーションの源泉になっている。

フェミニズムとアート

東南アジアでは一般的に女性の社会的進出が比較的進んでいると言われているが、フィリピンのフェミニズムの歴史について、その揺籃の物語について紹介しておく。「マロロスの女性たち」という物語だ。十九世紀末のスペイン植民地時代末期、マニラの北にあるマロロスという街のフィリピン人、特に中国人との混血を中心とした有産階級の中から、女性に対する教育への欲求が目覚め、一八八八年、二十人の女性たちが、女性のための夜間学校の開設を訴える嘆願状を、当時の州知事に提出した。ちなみに日本初の女性職業作家である樋口一葉は、この年十六歳。このマロロスという街は、その後一八九八年、フィリピン独立宣言後に初めての議会が召集された歴史上の街で、一九〇五年にはフィリピン・フェミニスト・アソシエーションも旗揚げされた。マロロスは、いわばこの国のフェミニズムの聖地だ。なおこの物語については二〇〇四年に『The Women of Malolos（マロロスの女性たち）』［図47］という本が出版され、二〇〇六年にはザルズエラも上演された。

図47｜ニカノール・チョンソン著『The Women of Malolos』

ところで当時、隣国のインドネシアでも、同時代に生きた女性の同じような物語がある。やはり十九世紀末、ジャワ北部の名門貴族に生まれたカルティニの物語だ。彼女は、貴族という出自ゆえに様々な古い因習に縛られながらも、教育への渇望を多くの手紙に託してしたため、時代の息吹を表現した。その物語は『カルティニの風景』（土屋健治著、めこん出版）というインドネシア研究の古典ともいうべき名著で紹介されている。マロロスの女性たちとカルティニが、同じ志を持って同じ時代に生きていたことは、単なる偶然を越えて、私たちに何かを語りかけてくる。西洋植民地からの独立運動の歴史も、マッチョな男性中心の物語ばかりでなく、女性の物語についてもっと語られてよいだろう。

フェミニズム先進国のフィリピンだけに、アートの世界においても多くの女性作家が異彩を放ち優れた仕事をしている。アプローチは異なるが、フィリピン・フェミニズムを代表する女性アーティストで、日本とも関係の深い二人を紹介しておく。まずはこれまで日本でも何度か紹介されたアグネス・アレリャーノ。国際交流基金アセアン文化センターという、東南アジア文化紹介の拠点が渋谷にあった頃、そのギャラリーで展示された「Myths of Creation and Destruction Part I（創造と破壊の神話パートI）」［図48］（一九八七年制作）というインスタレーションはとても鮮烈であった。頭を切断されて逆さ吊りとなった、石膏像の女性の腹が引き裂かれてぱっくりと割れ、そこから老人姿の子供の像が顔をのぞかせていた。美術史家のアリス・ギレルモによれば、それは北ルソン山岳地方の穀物神と仏陀との混合神だそうだ（『Image of Meaning』）。そして、その割れた腹から内臓が垂れ、地面には豊穣を象徴するかのように、米と卵がこぼれている。暴力と死、再生と豊穣、矛盾と背反に満ちたとても刺激的な作品である。やはりアリスよれば、アグネスは三十二歳の時、実家の火災で両親と妹を一度に失ったが、この事件によるトラウマは癒しがたく、彼女の作品はそれ以来、生と死、創造と破壊、エロスとタナトスといった逆説の葛藤がテーマとなったという（同著）。こうしてアグネスは、ジェンダー（社会的・文化的な性のありよう）の問題を、土着性とも絡めながら現代美術という文脈に乗せて表現活動を続けている。

もう一人のアーティストはアルマ・キントという女性作家である。二〇〇五年九月に開催された第二回横浜トリエンナーレ（横浜市、NHK、朝日新聞社が主催する日本で最大級の国際美術展で、三年に一度開催される）で、世界各地から百九組のアーティストが選ばれた中、フィリピンから唯一参加した。展覧会の直前、日本への作品送り出しを控えて準備に追われるアルマのアトリエを訪問したことがある。そのアトリエはケソン市民の憩いの場所となっている広大な公園の一角にあるのだが、これまでの彼女の活動が市の行政当局に認められて特別に無償で貸与されていた。

図48｜アグネス・アレリャーノ『創造と破壊の神話 I』の一部（鋳造（大理石の粉）、籾、大理石の砂、木、1987年、福岡アジア美術館所蔵）（撮影：権藤真）

その部屋に入ったとたんに目にしたのは、原色の色鮮やかなテキスタイルで縫い合わされ、パッチワークをほどこされた無数のオブジェ。鳥や蝶々やいろいろな動物。天井から吊るされた緑の蚊帳。そして大きく股を広げた女性と拡大された局部のぬいぐるみ。明るいおとぎ話の世界と、見え隠れする際どいエログロ。一体これは何なのだろうかと、一瞬絶句した。二〇〇四年の彼女の個展「Soft Dreams and Bed Stories（柔らかな夢とベッドの話）」のカタログに収録されているエッセイ

図49｜アルマ・キントのワークショップ

「From Darkness to Light（暗闇から光へ）」（メイ・ダトウィン著）は、こんな話で始まる。

「シャロンが六歳の時両親は離婚し、彼女の母親は次々と別のパートナーたちと暮らすようになったが、まもなくしてその内の一人が彼女を強姦した。（それ以前）六歳まで彼女は母親の手でしばしば〝質〟に入れられていた……」

シャロンは、十三歳になってようやく性的虐待児童を保護するNGOに助けられたのだが、当時の彼女の症状は、重度のパラノイドと妄想でかなりの重症であったそうだ。現在は無事に社会復帰しているが、そのきっかけとなったのが一九九五年にアルマ・キントらが主宰していたワークショップ［図49］に参加したことだった。アルマはPhilippine Art Educators Association（フィリピン芸術教育協会）というNGOを組織して、アートを通じて性的虐待児童のセラピー活動を行っている。絵を描いたり様々なオブジェを作ってそれで遊ぶという行為を通じて、語りがたい記憶や苦痛を、個人の内側に押し込めてしまうのではなく、アートの領域に晒し出すこと、そしてそうしたトラウマに苦しむ子供たちの新しい生を復活させることが彼女たちの願いなのだ。そんなアルマの活動に共鳴し、横浜トリエンナーレから帰国後も私たちとの付き合いは続いている。マニラにある虐待された子供たちのための福祉施設や、台風被害で家族や家屋を失った子供たちのキャンプ、内戦で苦しむミンダナオのNGOなど、全国各地でのワークショップを精力的に展開していて、それに対して私たちもわずかだが資金援助を行った。横浜トリエンナーレを契機に日本のアーティストとの繋がりもでき、アルマを通した人と人との輪はまだまだ広がり続けている。

アジア各地に伝わるジェンダーを超えた存在

二〇〇八年二月、マニラでは約十年ぶりとなる歌舞伎のレクチャーとデモンストレーションが実施された。出演は中村京蔵と中村又之助で松竹の制作である。演目は、女形の艶やかな踊りである「鷺娘（さぎむすめ）」と、立役による勇壮な獅子の踊りである「石橋（しゃっきょう）」で、途中にレクチャーが入った構成。レクデモ終了後、ご覧になった多くの方々から「初めて本物の歌舞伎を観た」というコメントが寄せられた。中には「歌舞伎を見ることが自分の夢だった。今回その夢が適い、生涯の思い出に残る経験（ライフタイム・エクスペリエンス）となった。」とのコメントもあった。そうしたコメントから、歌舞伎を観るということは、ある人々にとっては〝夢の実現〟に属する一大事件なのだということに気が付いた。おそらく多くの外国人にとって、歌舞伎を観るということは、日本を代表するイメージであり、書物や美術作品、映像、さらには日常生活の表象（食品の標章や日本食レストラン）等、様々なメディアを通じて引用され続け、長年自らの想像の中で抱き続けてきたイメージである歌舞伎を、実際に目の当たりにするという、かなり特殊な体験であるということに思い至った。

「鷺娘」という演目は、世界的にも稀有な伝統的女形の魅力を存分に堪能するのにうってつけの演目だと思う。鳥が人間に化身するという世界中で親しまれているモチーフゆえに、外国人にとっても大変理解し易く、物語の理解へ費やすエネルギーがほとんど必要ない分、純粋にその技（ワザ）や美的世界に集中することができる。そして後見の助けを受けて一瞬の内に衣装が早替わる「引き抜き」という技の革新性が際立って、それによって引き立てられる美的世界観がうっとりするほど見事に伝わる作品なのだと思う。

ところでこの歌舞伎の女形。レクチャーでは、「男性の目を通して見た女性像を抽象的に表現したもの」と解説があった。もちろん女形の説明としてはそれで正しいだろうが、その特殊な形に込められた様々な意味や背景を推し量るには、それだけでは不十分なのかもしれない。実際歌舞伎の世界で女形の役者さんたちは、虚構の世界における形を求めるあまり、実生活でも「女」のようなふるまいをすることが多いと仄聞する。女形と言って思い出されるのは、二〇〇一年に国際交流基金の主催で行われた「アジアの女形」という公演だ。中国の越劇や、インドの「セライケラのチョウ」という伝統的な仮面舞踊、そして当時私が駐在していたインドネシアからは、ジャワ舞踊のディディ・ニニトウォが招待されて比較上演された。形はそれぞれ違っても、男性が女性を演じるという大前提は同じだ。歌舞伎の女形のように極めて抽象度も高く、昇華された様式となって今に残っているものは世界でも稀だが、男が女を演じること自体、もちろん古今東西それほど珍しいことではない。

やはりこれもインドネシアに駐在していた時のことだが、フィリピンのほぼ真南に位置するスラウェシ島の中心都市マカッサルから北に数キロのシゲリという村を訪れ、「ビス」と呼ばれる女装した男性シャーマンに会ったことがある。彼は常に女装をしていて、つまり外見的にはオカマであるが、儀式になるとシャーマンとなり、憑依状態になって真剣を胸に押し付けて、まさに〝男まさり〟の祈りを司っていた。もともと女性が神聖な儀式を執り行う社会では、男性は女性の神聖性や、時に魔性というものを求めて、自らすすんで女装をしたという。そしてジェンダーとしての性を越えた人々は、神と人間との仲介者となったり、社会的弱者である女性の相談役や男女の仲介者となったりして、コミュニティーの中で重要な社会的機能を持つようになったと考えられている。

ゲイカルチャーと表現のフロンティア

フィリピンにおけるジェンダーの問題を考えるとき、この国の誇るべきゲイカルチャーについて触れないわけにはいかない。ここフィリピンは、第三のジェンダー（第三の社会的な性）やトランスジェンダー（越境した性）の宝庫なのだ。特にオカマはここでは「バクラ」と呼ばれ、貧富を問わず地域を問わず、社会に密着してまさに遍く存在し、コミュニティーの中では欠かせない愛すべきキャラクターである。バクラなくしてフィリピン文化は語れないとも言える。まだまだ偏見や差別はあるものの、日本に比べればオープンでおおらか。映画、演劇、テレビなどのメディアでも度々登場して、人々を爆笑とペーソスに誘う。日本と関係があるという視点から、いくつか興味深い例を紹介してみよう。

まずは映画で、既に前述したミチコ・ヤマモト脚本の『マキシモは花ざかり』。ここでは十歳に満たない子供で、既に立派にカミングアウトしている男の子が主人公であることに注目。家族の中でもコミュニティーの中でも、世話好きな愛くるしいキャラクターとして、確固たる居場所を持っている。私も彼のようなバクラ少年を見かけることがしばしばあった。フィリピンの社会ではそうした早熟なバクラは珍しくない。それから日本の川口市にあるスキップシティーの国際Dシネマ映画祭で、二〇〇七年コンペ部門に出品されて話題になり、二〇〇八年になってマニラでも公開されたイスラエル映画『ペーパー・ドール』（トメル・ヘイマン監督）。イスラエルに出稼ぎに行き、ユダヤ人の老人介護をしながら生活するフィリピン人のバクラ四人組が、「ペーパー・ドール」というダンスグループを結成して助け合って生活していた、という実話に基づいた異色のドキュメンタリー映画だ。世界の出稼ぎ大国フィリピンならではの実話だが、国際問題で非難の集中するイスラエルにも国内には深刻な高齢化問題があり、これからの日本を髣髴とさせるようにフィリピン人介護士がそれを支えていて、しかもそれがとても心優しいバクラたちなのだ。

もう一つ映画の話題で、バクラもので日本と関係がある作品といえば、二〇〇四年にメジャー系のリーガル・エンターテイメントで製作された『愛シテ、イマス。1941』（ジョエル・ラマンガン監督）。日本占領時代を舞台に、当代の人気俳優であるデニス・トリーリョ演じるフィリピン人のバクラ青年が、当初は日本軍の動向を探るスパイだったはずが、逆に日本人将校に恋をしてしまうという物語。日本人将校と地元民との恋愛話は、タイの有名な小説でたびたび映画にもなった『メナムの残照』を参照したストーリーだろうが、実はその現地人の恋

図50｜『Ladlad』と『Ladlad2』

人がオカマで日本人将校がゲイだったという、あきれたナンセンスぶりが非常にフィリピンらしい。東南アジアで最大規模の犠牲者を出したフィリピンだけに、日本の戦争の描き方は無論、日本人＝悪一辺倒であり、ステレオタイプ化された描き方がほとんどであっただけに、バクラというキャラクターを介してこれまでとは全く異なる戦争を描いた点では新しいといえる。ちなみにこの作品は二〇〇五年の東京国際映画祭で公開されている。

　ところで、どうしてこの国ではバクラがこれほどまでに社会の至るところに顕在しているのだろうか。はっきりとした理由はわからないが、先に書いたスラウェシ島の「ビス」のように、性別を超越して、あるいは男と女の中間的な要素を身につけて、ある特殊な社会的役割を果たしてきた人々は世界各地に広く存在しているようだが、東南アジアでは、特にその名残が強く残っているからなのかもしれない。この国の九割以上の人々が信仰するキリスト教や、南部に浸透しているイスラム教は、ともに性に関するタブーが多いはずで、西欧や中東では第三の性を異端視する傾向が強いのだが、こうした世界宗教が移植されるはるか以前からある土着の文化や信仰も根強く残っているのだ。

　とはいえ、バクラやゲイカルチャーといったものが、これほど公に語られるようになったのはそれほど過去のことではないようだ。ANVIL出版というフィリピンで最も信頼されている出版社から『Ladlad: An Anthology of Philippines Gay Writing（ラドラド：フィリピン・ゲイ作品集）』［図50］（"Ladlad"は曝け出すという意味のゲイ仲間によるタガログ語の隠語）という本が出版されたのが一九九四年のこと。その序文の中で、編集者のダントン・レモトは以下のように書いている。

「暗闇の後から光が訪れて、窒息するほどの小部屋から出てきた後は、その暗闇が単なる影であったことを悟るのだ。〝カミングアウト〟することは、それぞれの性の嗜好を受け入れること。……そう、何度神に祈ろうとも、何人の女性と交わろうとも、本当の私を変えることはできない。」

この序文によって編者のレモトは、当時おそらく自らゲイであることを〝カミングアウト〟したように、ゲイ文学とゲイカルチャーを世間に向かって〝カミングアウト〟したのだろう。その後この本は予想外の反響を得て、一九九六年に同じ出版社から『Ladlad2』［図50］が出版された。そして、いまやゲイ文学は国立フィリピン大学などでも教えられるようなメジャーな存在になり、さらに二〇〇七年には『Ladlad3』が出版されている。

そんなゲイカルチャーに対する世間の視線の変化を決定的に象徴づけたのが、二〇〇六年二月、国立タンハーラン・ピリピーノ劇団によって制作されたスーパー・オカマ・ヒーローを主人公にしたSFミュージカル・コメディー、『シャシャ・ザトゥールナ』だ。原作はアメリカ風のコミック・ブック（カルロ・ベルガラ作）［図51］。主人公のゲイの美容師が、ある日突然空から降ってきた「ザトゥールナ」という石を飲み込んだところ、強大な力をもつ絶世の美貌のスーパー・ヒロイン「シャシャ・ザトゥールナ」［図52］に変身。「自由と真実と正義と沢山の素晴らしいヘアカラー剤を求め、彼女は新天地を守るべく、巨大ガエルや殺気立ったゾンビたち、ひいては男性を憎悪する女王フェミーナに率いられたX星のアマゾニスタたちとひる

図51｜カルロ・ベルガラ作コミック版『シャシャ・ザトゥールナ』

図52｜ミュージカル版『シャシャ・ザトゥールナ』
（提供：タンハーラン・ピリピーノ劇団）

むことなく果敢に戦う」（映画の宣伝より）というハチャメチャなストーリーである。社会に必要とされる微笑ましい存在ではあるが、常に弱々しいアウトローであって、決してメインストリームになり得ないバクラが、ある日突然ヒーロー（ヒロイン？）になってしまうというパラダイム転換の物語だ。若者を中心にヒットして連日満員御礼。チケットを入手するのが困難な作品となり、その後何度か再演を重ねた。さらに映画にもなって、二〇〇七年には東京国際シネフェスティバルでも公開された。

ジェンダーの問題は、最も個人の内奥に属する極めて人間的なテーマだ。また同時に、極めて社会的なテーマでもある。隣国のマレーシアでは、かつて首相候補といわれた政治家がホモ・セクシュアルの疑いで逮捕され、有罪となって一度は失脚してしまった。スーパー・オカマ・ヒーローの活躍に沸くフィリピンは、ある意味、そうした隠微さに潔く逆らい、個人の尊厳を求めてやまない、ジェンダーを巡る表現のフロンティアなのかもしれない。

第6章　豊かな地方文化――コルディレラからミンダナオまで――

バギオのアーティスト・コミュニティー

マニラから北に車で六時間、コルディレラ山脈の懐、標高千五百メートルの山間の盆地に、人口二十三万人の〝夏の首都〟バギオ〔図53〕がある。二〇〇七年四月、ここで開催されるパフォーマンス・アートのイベントに参加するために、八〇年代の後半に訪れて以来ほぼ二十年ぶりに再訪した。四月のマニラはとにかく暑く、日中は三十七度近くなるが、ここバギオはとても涼しくて過ごしやすい。かつては本当にこの季節になると、暑いマニラを避けて首都機能の一部（大統領執務関係など）が移転したという。〝夏の首都〟といわれる由縁である。そしてバギオは、ここからさらに北の山地地方に連なる玄関口にして、先住民の文化香る〝山の首都〟でもある。総称して〝イゴロット（山の民）〟と呼ばれる少数民族が多く住んでいるが、彼らは低地タガログ人とは出自の異なる先住民である。顔立ちは我々日本人と似通っていてどこか懐かしい感じすら覚える。独特な雰囲気の漂う街には、アートを通じて自らの民族的アイデンティティを目指す多くの芸術家が活動していて、一種のコミュニティーを作っている。

図53｜バギオの町

今回のイベント会場となったのが、VOCAS（Victor Oteyza Community Art Space）〔図54〕という二〇〇六年にオープンしたアートスペース。バギオ市のヘソであるバーンハム公園から小高い丘に向かって一直線に走る目抜き通り、セッション・ロード

図 54 ｜ VOCAS

図 55 ｜ キドラット・タヒミック

の中腹に建つ雑居ビルの五階にある。広いスペースには、移築した山地民族の伝統家屋や東欧の田舎にあるようなビザンツ教会風の民家、中央のスペースには鬱蒼と植物を植え込み、鯉の泳ぐ池と、そのほとりには黒沢映画に影響されたという水車。バギオに在住する作家の油絵や写真、巨大なインスタレーションや彫刻などの個性的なアートにあふれ、テラスからはバギオ市が一望できるというとてもクレージーで素敵な空間だ。その魔何不思議空間のオーナーが、かつて世界中の実験映画界を席捲し、この国の映画界で天才と慕われている、キドラット・タヒミック［図55］である。

　彼と国際交流基金との関わりは深い。いまは伝説となり、その後のアジア映画紹介の嚆矢となった基金主催の南アジア映画祭（一九八二年）で、彼の出世作『悪夢の香り』が公開されて評判となった。その後、埼玉県のあるお寺に彼の家族が滞在した記録映画、『竹寺モナムール』（一九八六年）についても制作費を支援している。とにかく寝るとき以外は常にカメラを離さないという徹底ぶりで、撮影したフィルムは膨大。一九八一年から日常生活の撮影を始め、八六年より『僕は怒れる黄色』のタイトルで上映され、上映の度ごとに新たな撮影部分を加え、再編集している作品などは、〝終わりのないドキュメンタリー〟と呼んでいる。初老になってますます活発なアーティストで、とにかく彼の周りには自然に多くのアーティストが集まりなんとなく一緒に飲んだり食べたりしながら、いわばサロンを提供しているのだ。

私が彼に初めて出会ったのが一九八八年。当時彼はバギオ市を見下ろす山中に通称バンブーハウスという家を持ち、若いアーティストを何人も住まわせていた。当時バギオのアート界はもう一人、サンティ・ボセという活動的な作家に牽引されていて、私も彼に誘われてこのバギオにやって来て、「第一回バギオ国際アートフェスティバル」を観たものだ。東南アジアの美術界も八〇年代後半に入って徐々に世界的にも活躍する作家が出始めたころ、マニラやバンコクやジャカルタではなく、ここバギオのように、都会の喧騒から離れた独自の文化を持つ地方都市が、オルターナティブな芸術運動の中で一つの中核的役割を果たすようになっていった。かつてそれについて書いたことがある。

「商業主義逃れ、地方都市で芸術祭（前略）昨今の東南アジアにおいては、現代芸術の発信拠点が、大都市から地方都市へとシフトする現象が見られる。欧米追随の商業主義に侵され、公害やスラムなどの社会問題に見舞われる大都市を離れ、地方都市における芸術活動の中からそれに対するアンチ・テーゼを求める動きである。タイ北部のチェンマイや、フィリピンではルソン島中部のバギオやネグロス島のバコロド、そしてインドネシアではこのソロやジョグジャカルタがそうした新しい動きの中心地となっている。いずれはそれぞれの地方で活躍する作家同士が直接に交流しあってネットワークを作り、東南アジアの大都市を囲み込む反大都市文化の包囲網を作り出すに違いないと思われた。」（「アートアトラス」、『朝日新聞』、一九九四年四月二十九日）

その後チェンマイやジョグジャカルタは、国際的なアートシーンで活躍するアーティストを輩出し続けてますます発展しているようだが、ここバギオは今ひとつぱっとしない時代が続いてきた。一九九〇年、この地を襲った大地震で二千人近い犠牲者を出し（正確な死者数不明）、街は壊滅的な打撃を受けたのだ。その後アートの世界では一九九五年に、当時世界的に注目されていたインスタレーション作家であるロベルト・ビラヌエバという作家が急逝した。シンガポールのタン・ダウや、タイのモンティエン・ブーンマーなど同じ時代に活躍し始め、フィリピン現代美術の国際的な評価を高めた功労者だ。さらに、バギオのアーティスト・コミュニティーをけん引してきたボセが、二〇〇二年に急逝したのも致命的だった。そして彼の後に続く突出したリーダーが現れなかった。突出したアーティストがいなくなることで、取り返しのつかない損失を蒙ることは時々あることだ。次から次へとバギオのアート界は大きなものを失い、その喪失のショックから立ち直るには相当の時間が必要だったのだろう。いずれにしてもボセの急逝後、アーティスト間の確執などもあり、バギオのアート・コミュニティーは一時活気を失ったという。そんな状況の中、新たに生まれたこのVOCASは、ここに再び活気をもたらす起爆剤になってゆくだろう。大都市一極集中の弊害がはなはだしいと言われる東南アジアの国々。大都市への一極集中は、伝統文化の空洞化と表裏一体だ。フィリピンも例外ではない。ここバギオには、バギオを愛し、ここに踏みとどまる多くの若い作家がいる。彼らがいる限り私はいつでもバギオに帰って来たいと思うだろうし、同じように思う海外のアーティストがもっと増えるよう、できる限りサポートしたいと思っている。

バギオを愛してやまず、地元からアートを発言し続けたボセの言葉。
「コルディレラの若い才能ある多くのアーティストたちが、商業主義の罠に陥り、伝統的な芸術作品が観光主義に提供されるとしたら悲しむべきことだ。アーティストとして、私たちの懸念、必要、そして希望を表現し、変革のための闘いに積極的に参加しなくてはならない。さもなければ、我々自身の最も深部で育てたものが、取り返しのつかないほど失われ、アートそのものも、何の意味もないからっぽなものになってしまうだろう。」（前出の『Image of Meaning』より）

イフガオの伝統文化を守る試み

二〇〇八年四月、フィリピンに赴任して初めてこの国の環境問題に関わる機会が訪れた。同問題に取り組むＮＧＯの若手リーダーたちを六月に日本に招待して二週間のスタディーツアーを行うというものだ。その年の七月に開催される北海道・洞爺湖サミットの主要議題の一つが環境であることから、アジア太平洋諸国から五十人もの若者を一同に集め、サミットとは異なる視点から草の根レベルで環境問題についてそれぞれの経験をシェアーしようという意欲的な企画だった。環境問題のショーケースのようなフィリピンだけに様々な問題にあふれていて、NGO活動もいたって活発で多くの人々が関係しているが、今回フィリピンに与えられた四人という参加枠の中で、自分なりに優先順位を付けて人選することにした。その結果、ルソン島北部山地地方で世界遺産であるライステラスの保全活動を行っているタイサーメイ・ディナムリン他、ルソン島南部ビコール地方で記録的な被害を与えた台風災害の生存者であり、その経験をもとに高校で環境教育に携わる高校教師、南部ミンダナオ島からは先住民族の土地の環境破壊問題に取り組む弁護士、そしてマニラからはアテネオ・デ・マニラ大学で環境マネジメントを教え始めた若き学者を選んだ。中でも世界遺産であるライステラス（棚田）の保全の問題は、この国の環境問題を考えるにあたって象徴的な問題であり、とても重要な視点を含んでいる。私は人選にあわせてそのライステラスのあるイフガオ州を訪ねた。

ルソン島北部の山地地方コルディレラは、イゴロットと呼ばれる山地民族の故郷だ。かつてはヨーロッパからやって来た宣教師などから〝首狩族〟と言われ、その勇猛さから恐れられた人々だが、別の視点から見れば、スペイン植民地軍に対して頑強に抵抗して十九世紀後半まで独立を貫いた誇り高き民族である。コルディレラ地方は古くから豊かな金の産地として知られ、十六世紀以来その金の魅力に惹きつけられた西洋の探検家や宣教師、そして植民地政府軍とイゴロットとの争いが絶えなかった。その抵抗と帰順の歴史は、『The Discovery of the Igorots（イゴロットの発見）』という本に詳細に描かれている。

民族的には大きく六つのサブグループに分かれているが、なかでも独自の文化で有名なのがイフガオ族で、彼らの故郷がイフガオ州、そしてそのいくつかの村にライステラス[図56]は散在する。マニラから夜行バスに乗って十時間でバナウエという町に着き、そこからまたトライシクルで未舗装の荒れた道路をがたがたと一時間。

図56 ｜世界遺産・イフガオのライステラス

標高平均千三百メートルの急峻な山中に忽然と現れる棚田は、まさに世界七不思議の一つとも言われるほどの驚きである。山中の急斜面に作られたダイナミックな成り立ちと同時に、棚田を守るために丁寧に築かれた砂岩の石垣や、丘の上から下の棚田に向かってよどみなく流れるように張り巡らされた水路など、意外なほど繊細な魅力にあふれていて、それらがえもいわれぬ美しい景観を作り出している。一九九五年にはユネスコの世界遺産に登録されたが、その保全が危ぶまれ、二〇〇一年には消滅の危機にある世界遺産（危機遺産）として再登録された。ちなみにフィリピンではこの棚田を含めて文化遺産が三件、そして自然遺産が二件登録されている。

今回日本へ招待することとなったタイサーメイの勤めるNGOは、The Save the Ifugao Terraces Movement（SITMO、イフガオ・ライステラス保全運動）といって、二〇〇〇年に結成されたまだ若いNGOである。今イフガオの村では出稼ぎによる耕作地の放棄や、米よりお金になる他の作物への転作で、多くの棚田が失われつつある。さらに伝統的知識や技術を担っていたお年寄りが少なくなってきており、その継承が危ぶまれている。そのため人々の生活水準を改善し、伝統文化の価値を再認識してそれを守り、世界に誇る棚田文化を次世代に継承してゆくための活動がようやく最近になって本格的に始まった。そのNGOでは、こうした危機にある棚田の保全のみならず、持続的な土地利用や森林の保全、作物や工芸品のマーケティング、伝統的知識の記録と継承などに関する指導を行っている。またエコ・カルチャー・ツーリズムのプログラムを開発して、マニラなどからやって来る観光客を対象に、実際に棚田のある村に入ってフィエスタに参加し、イフガオの伝統儀式や農作業を体験する機会を提供している。タイサーメイが担当するのは〝リニューアル・エネルギー・プログラム〟といって、イフガオに伝わる伝統的な水車を復興して電気を作り、月々百ペソ（当時のレートで約二百五十円）

の最低料金で村の家々に提供してゆこうというもので、現在州内の二つの村で実施中である。マニラの工科大学を卒業したてのまだ二十三歳のイフガオ族の彼女は、「マニラの喧騒は嫌い。自分の土地が好き。ここでイフガオの伝統を守る仕事を続けたい。」と明るく語った。

さてこのイフガオのライステラスに育まれた文化の中に、もう一つの世界遺産がある。フドゥフドゥ［図57］といわる民衆詠唱で、二〇〇一年に無形文化遺産に登録された。フドゥフドゥはイフガオ族に代々伝わる恋の物語や戦いの叙事詩で、田植えや稲刈りなど農作業の節目に、また葬式や死亡して一年後に行われる洗骨などの儀式の際に謡い継がれてきたものだ。日本文化センターでは二〇〇八年にUPで行われた「フドゥフドゥと能、文化のダイアローグ」というセミナーを支援したことがあり、その際にゲストとして参加していたイフガオ人の元高校教師で伝統文化研究家であるマニュエル・ドゥラワンを訪ねて、そのフドゥフドゥ揺籃の地と言われているキアンガンの村を訪問した。当時七十二歳のマニュエルは、高校を定年退職後にフドゥフドゥの保存に奔走し、国家文化芸術委員会の無形文化遺産委員会委員を努めるほどの重鎮で、その復興になくてはならない立役者であるが、彼の話によれば、伝統文化の変容や若者の儀式離れで、一時はかなりその存続が危ぶまれたという。特にフドゥフドゥの成り立ちに欠かせない伝統的儀式の中でも、洗骨の儀式などは西欧からやって来た宣教師たちから後進的で野蛮な文化と忌み嫌われて、フドゥフドゥそのものも誤解を受けてきたという。しかし考えてみればこの洗骨という儀式、かつては沖縄でも見られたようだが、時に生身の老いた人間すら汚いものとして退ける

図57 │ 世界遺産・フドゥフドゥ（提供：フィリピン大学国際センター）

図58｜キアンガン中央小学校、手前の建物が山下将軍と米軍が降伏協議を行った場所

風潮のある現代の日本からみれば、亡くなった先人の骨までも慈しむ、なんとも心やさしく尊厳に満ちた伝統ではなかろうか。

そんな存続の危機を救ったのがユネスコの世界遺産への登録という出来事だった。登録されたことでフドゥフドゥに対する人々のとらえ方が大きく変化したという。二〇〇四年からはSchool of Living Tradition（SLT、無形文化財学校）というプロジェクトもスタートし、今ではキアンガン村の十九の小学校の授業で、フドゥフドゥが儀式としてではなく、伝統的なフォークソングとして教えられるようになった。毎年一回子供たちも交えたフドゥフドゥのフィエスタもあるそうで、二〇〇四年にはとうとう日本と韓国で海外公演も行ったそうだ。実はこのSLTプロジェクトには、私たち日本人の税金が使われている。ユネスコ（国連科学教育文化機関）は第二次世界大戦後まもなく設立された国際機関だが、広く知られているように長年にわたって日本が最大のスポンサーで（二〇〇三年より米国が復帰）、加盟国分担金として全体予算の二割強を拠出してきた。またその通常予算以外にも様々な分野で「信託基金」という任意の拠出金制度があり、そこでも日本は多額の資金を提供していて、例えば無形遺産の分野では「無形文化財保存振興日本信託基金」というかたちで二〇〇一年までに五百五十九万ドルを拠出している。その信託基金からフィリピンの国家文化芸術委員会を通じて、このイフガオの村のフドゥフドゥを守るプロジェクトへ日本のお金が流れてきているのだ。日本人は総じて税金の使い道にあまり関心がないと言われるが、こうした事実を私たちはもっと知る必要があるだろう。

ところでこのキアンガンという村には、このフドゥフドゥ以外にも私たち日本人との宿命的とも言える接点がある。ここはフィリピンでの戦闘を最後まで指揮した山下将軍が、一九四五年九月二日に米軍に降伏をした場所なのだ。当時降伏のための協議が行われた建物〔図58〕はいまもそのまま残されており、正面にはフィリピン人ゲリラを賞賛する石碑が埋め込まれている。バナウエの町にある博物館の入り口には、その降伏の瞬間を捉えた白黒写真が飾られていた。日米比あわせて百五十万人以上の犠牲者を出した戦争の終結にあたって握手を求めた山下将軍に対し、米軍将校がそれを拒んだ瞬間……と思われる写真。このキアンガンは、国と国、そして多くの市井の人々を巻き込んだ殺し合いが終わった場所だったのだ。

戦後六十年以上が経過して、今キアンガン村と日本との接点は、戦争ではなくフドゥフドゥである。今では日本人の生活にほぼ全くと言っていいほど関係のない異国の山の中で、そこに住む人々の誇りを守るためにわたしたちのお金が使われている。そんな事実を知って初めて感じる、ちょっとこそばゆい誇り。しかし私たちはそのこそばゆい思いをかみしめて、誇りの意味を改めて考える必要があるのだと思う。

平和を愛する民と先住民の権利を守る戦い

フィリピンは民族言語学的には百十のグループに分かれていると言われている。前述の〝イゴロット〟と総称されるコルディィレラ地方の山の民や、後述する〝モロ〟と呼ばれるミンダナオのイスラム教徒たちは、いずれも差別を受け、教育の格差に苦しみ、経済的にも決して恵まれてはいないけれども、血気盛んな民族気質のゆえに多くの人々の声を糾合し、自らのアイデンティティを声高に主張し、中央政府などに対して異議申し立てを行ってきた。しかし中にはミンドロ島に住むマンギャン族のように、平和を愛するがゆえに闘うことを避け、または自らの利益のみを追求することがその美学に反するがゆえに、弱い立場でいることに甘んじ、結果として自分たちの土地を追われ、人里離れた電気も通じない土地でひっそりと暮らしている人たちもいる。

『Mangyan Survival Strategies（マンギャン族の生き残り戦略）』によれば、マンギャン族はフィリピンで最も平和を愛する、言い方をかえれば臆病な民族であるという。フィリピンで七番目に大きな島には、二千五百メートル級の山が迫っていて急峻な渓谷で分断されており、今でも島内をくまなくつなぐ道路は無く人の往来が困難な場所だ。そんな土地でも先住民たちはスペイン植民地時代からキリスト教化を迫られ、二十世紀になってからはアメリカからの独立戦争や日本軍占領時代を通して攻撃は繰り返され、さらにそれと平行してルソン島やビサヤ地方からの移民がやって来て、六十年代以降になるとそれが大量になり、法律に無知なマンギャン族は土地を奪われていった。しかし彼らはそのたびに紛争を避け、ある者はより生活環境の厳しい山に逃れた。そして結果的に山に入った人々の間に伝統的価値観や文化を保った生活が残されたという。争いを避け、臆病と言われても、それが結果として種族と文化を存続させる究極の知恵であったということにはおそらく大きな意味があるのだろう。

二〇一〇年の二月にそのミンドロ島を訪れる機会があった。同年四月に実施予定の「文化の多様性」をテーマとする訪日研修の参加候補者を選ぶためだ。世界中から消滅しつつある豊かな文化に私たちが本当に思いを馳せるためには、マイノリティの中でもさらにマージナルな場所に追いやられている人々のことについて考える必要があるのではないか、そんな思いからこのマンギャンを取り上げてみたいと思った。そこでマンギャン族の若きリーダー、レオンシオ・バナアグ、通称オッチョに出会った。ミンドロ島の先住民族であるマンギャンは、大きく七つの部族に分かれる。中でもハヌノオ・マンギャンは比較的よく知られていて、日本語の本では『ハヌノオ・マンヤン族：フィリピン山地民の社会・宗教・法の詳細』(宮本勝著)がある。インド起源の文字と、〝アンバハン〟と呼ばれる美しい韻をふむ七音節の詩、それにユニークな幾何学的文様をあしらった織物や工芸品があり、独特の伝統文化を持った民族である。オランダ人のアントゥーン・ポストマ神父がそのハヌノオの村に四十年にわたって住み続けていて、その間に収集した詩は『Mangyan Treasures』などとして出版されている。

今回出会ったオッチョは、島の北部に住んでいるイラヤという部族の出身。イラヤは三十のコミュニティーに三千人が暮らしている。宮本の著書では、一九七〇年のデータとして推定人口六千人と書かれているので、この四十年で半減したことなる。彼の住む村はミンドロ島の北の玄関、プエルト・ガレラから徒歩で一時間（ただし普通の人の足だと二〜三時間）。マニラからプエルト・ガレラまでバスとボートで四時間くらいだから、私でも六〜七時間で到着する。そんな場所に電気も通じない、素足で暮らしている人々の村がある。近いとみるか、遠いとみるか。かつてジャカルタで勤務していた時代、ジャカルタから車で四時間の距離にあるバドゥイという先住民の村を訪問したことがある。彼らはマンギャンよりさらに保守的で、かたくなに文明を拒否して暮らしていて、一切の工業製品の使用を禁止している人々だが、文明からの隔絶は物理的な距離感からくるものではなく意思の問題であると思う。

さてそのオッチョ［図59］は、十二人兄弟の下から三番目で当時三十二歳。農耕を生業とするマンギャンにとって、子供の数は多いほどよい。村のマンギャン・コミュニティーの小学校を出た後、ビクトリアという町で農業大学を卒業し、一年間イスラエルに留学もしたことのあるインテリ。その間マンギャンのためにソーシャルワーカーとして働き、マニラに拠点のある国家文化芸術委員会からマンギャン族のリーダーに指名されていた。

図59｜マンギャン族の若きリーダー、オッチョ

彼のこれまでの業績のハイライトはなんと言っても二〇〇四年に「先祖伝来の土地証明書」（Certificate Ancestral Domain Title）を獲得したことだ。五千七百ヘクタールに及ぶ広大なその山林は、ミンドロ島北部のリゾート地として知られるホワイト・ビーチの背後にどんと鎮座している。その権利は全てイラヤの人々にゆだねられた。ちなみに山手線内の土地面積は六千三百ヘクタール。

フィリピンでは「先住民族権法」（Indigenous Peoples Right

図60｜マンギャン族の工芸品

Act）が一九九七年に施行され、先住民族国家委員会（National Commission on Indigenous Peoples）という政府機関も設立された。この法律自体は非常によくできていて、先祖伝来の土地に関する権利や、文化や言語、慣習法を保護する権利など、先住民の権利保護を包括的に保障している。先祖伝来の土地をどう定義するのかといった問題については、原則として先住民自らの申告制をとっていて、その根拠は先祖より伝えられてきた神話や、物理的な標しである境界石や古い村などからどれか一つ、という規程になっている。私も実際にイラヤの土地の境界と認定された境界石も見せてもらった。彼の業績がマンギャンの土地の中で第一号となり、後に他にも二つの地域で証明書が発行されたという。オッチョはそうした土地問題以外にも、ユネスコが支援しているSchool of Living Tradition（SLT、無形文化財学校）で子供たちを対象に音楽や詩、伝統工芸を教える活動をしたり、マンギャンの祭りをオーガナイズしている。様々な活動をしてはいるが、オッチョの現在の最大の関心事で、手が付けられないでいることは、消滅の危機にあるイラヤ語の問題。いまのところ小学校でも教えておらず、イラヤ語を話せる人の数は減る一方だ。

素晴らしい法律に守られ、広大な土地を与えられているといっても、現実はかなり悲惨である。今回訪問したカリパナンという村は、イラヤのもとの居住地を離れて低地人との混血が進む中で新しくできた村だが、主な収入源は伝統的なラタン（籐）のバスケット［図60］と出稼ぎで、極めて不安定。私もいくつか購入したが、完成まで五日間くらいかかるものが五百ペソ程度。一日百ペソ（約二百円）の勘定で、それも運良く売れた場

図 61 ｜リガヤ（左端）とアルンアルン・ダンス・サークル（提供：アルンアルン・ダンス・サークル）

合である。粗末な掘っ立て小屋の不衛生な環境に暮らしている。マニラのアヤラ財団の支援でできた学校だけが妙に立派だが、生活は一見して苦しそうだった。出稼ぎと言ってもいい職にはめったにありつけず、マンギャン独特の風貌と貧しい身なりから、タガログやビサヤの移民からは疎まれ、あからさまな差別を受け続けている。

彼のように教育を受けていながら電気のない村にとどまるのはいったいどういった動機なのか尋ねたら、「町で暮らしても常に自分の生まれ故郷のコミュニティーのことが心配だ。結婚して子供でもできれば自分の家族のほうが大切になってしまうので、いまは結婚もしたくない」と語り、私をホワイト・ビーチのホテルまで見送った後、山の中へ帰っていった。夜になれば、ランプの光の中でまだ見ぬ日本のことをあれこれと思い巡らしているだろう。そんな若者をも育むことのできるフィリピンの夜の闇は、きっととても長くて深いものなのだろうと思った。

ミンダナオの豊かな文化とテロリズム

「アルンアルン・ダンス・サークル」は、マニラ首都圏郊外の閑静な住宅街で舞踊スクールを運営している。日曜日の午後になると、そのスクールには小さな子供から壮年女性、そして聴覚障害を抱えた女性まで二十名近くの生徒が集まってくる。中には男の子や青年もいる。ここで教えているのはミンダナオ島の南西に連なるスールー諸島に伝わるパンガライという伝統舞踊。講師はリガヤ・フェルナンド・アミルバンサ〔図61〕。還暦を過ぎてもなお気品の漂う女性だ。腰をかがめたままで独特の摺り足で移動する。手は複雑に波打って、その指先は極限のように反って、激しく揺れる。バックに流れている音楽は、クリンタンガンという簡素な真鍮製打楽器の音だ。私もトライしてみたが、決して激しい動きではないが、重心を常に低く保ち、それでいて全身各所にバランスよく力を入れなくてはならず、見た目以上にとてもハードな踊りだ。

リガヤの経歴はとてもユニークである。生まれはマニラ。父親はマニラ首都圏の元マリキナ市長、弟は当時マニラ首都圏知事という政治一家の娘で、いわば生粋の低地キリスト教徒。母語はタガログ語だ。大学時代にスールー海の盟主であるタウィタウィのスルタンの弟と知り合い、恋に落ちて結婚。その後一九六九年にパンガライの踊りに出会ったことで、その後の彼女の人生を決定的にした。スールーに住んでパンガライの研究を進める一方、スルタン家の一員として地元の伝統文化の保存と振興に取り組んだ。一九八三年には長年の研究成果をまとめて『パンガライ』を出版して、同年のナショナル・ブック・アワードを受賞している。夫の死後、一九九九年にマニラに移住し、アルンアルン・ダンス・サークルを設立して現在に至っている。

スールー諸島といえば、外国人の私などにはまず、イスラム過激派アブ・サヤフ（アラビア語で「父なる剣士」の意味）の本拠地という危険なイメージが強い。アルカイーダから資金協力や軍事援助を受けていると言われていて、二〇〇〇年頃より外国人を集団誘拐するようになり、昨今はフィリピン各地でのテロの主犯グループとされ、国際的にも注目されている。さらにアブ・サヤフ以外にも、スールー諸島を含むミンダナオには、モロ・イスラム解放戦線（MILF）や、フィリピン共産党新人民軍（NPA）など、国際社会、特に米国が〝テロリスト〟と名指しして神経を尖らせているグループの拠点がある。バリでの自爆テロをはじめ、インドネシアで再三にわたってテロを起こしているジェマア・イスラミア（JI）の幹部も潜伏中と言われている。この地域は、一部の例外を除いていまや外務省の海外渡航情報でも「渡航の延期ないしは渡航の是非を検討する」必要がある地域であり、実際の距離よりもはるか遠くに感じる場所だ。

もともとミンダナオは、一五二一年にマゼランがフィリピンを〝発見〟するはるか前から香料の中継貿易などで繁栄を謳歌し、イスラム教徒による王国が存在していた先進地域だ。その後のスペイン統治の間は一度も征服されることがなかったが、スペイン人から〝モロ〟（八世紀北西アフリカからイベリア半島に侵入したイスラム教徒に対する蔑称）と呼ばれ、カトリック教徒との分断統治が行われた。それを継いだ米国統治、さらには第二次大戦後のフィリピン政府も、積極的にキリスト教徒のミンダナオ移住政策を進めた結果、「キリスト教徒による政治的支配の押し付け」、「父祖伝来の土地の収奪」というイスラム教徒側の不満は高まり、紛争が絶えなかった。そして今世紀、テロが世の中を覆う時代となり、イスラム過激派に拠点を提供する危険な地域として世間の注目を集めるようになり、文明の衝突論にもあおられて、〝ミンダナオ・イシュー〟はイスラム教対キリスト教という問題としてクローズアップされるようになってしまった。

しかしミンダナオは、テロリストの巣窟として危険視されるところなどではなく、本来は文化的に非常に奥深いところ、観光資源も実に豊富な土地だ。いまやスールー諸島で、伝統的舞踊を正統に承継しているのはリガヤのグループのみといわれる。彼女がいなかったら、もしかしたらパンガライは既にこの世から失われていたかもしれない。そんな踊りを観ながら、私はインドネシアの仮面舞踊の復興に携わった時のことを思い出した。ジャワ島北岸のインドラマユという町に住んでいたラシナというおばあさんの、たった一人だけの記憶の中に残された仮面舞踊。七〇年代には既に経済的理由から踊るのをあきらめていたが、一人の民族音楽者の尽力で三十年の時を経て再び踊ることを決意した。国際交流基金の支援もあって楽団を復興し、日本公演も行い、その後は世界各国から招聘されるようになった。その踊りは今しっかりと孫娘に受け継がれている。そのプロジェクトには米国人のドキュメンタリー作家も加わった。その映画のタイトルが、『Library on Fire（火事になった図書館）』。もし図書館が火事になったら、私たちはどうするだろうか？　図書館には人類の英知がつまっている。でも、ある選ばれた人間の記憶や体にも、図書館と同じ類の知恵がつまっている。それがこの世から永遠に失われてしまうとしたら……私たちは、手をこまねいて見ていられるだろうか？

リガヤと、リガヤを支えるＮＧＯを組織する人たちとの話は尽きなかった。彼女たちの夢は、いまやリガヤにとって第二の故郷となったタウィタウィにあるモスクに、スールーの誇る文化を、パンガライの踊りを後世に伝える博物館を作ること。そして、かの地の子供たちにその踊りを伝えてゆくということだ。二〇〇七年二月には、彼女たちが主催する『パンガライとアジア伝統舞踊の保存と啓蒙に関する国際会議』というシンポジウムを国際交流基金の支援で実施したが、沖縄、タイ、カンボジア、マレーシア、インドネシアから舞踊家が集まり、フィリピン国内から参加した二百名にも及ぶ教育関係者たちと熱心な議論が繰り広げられた。参加者から指摘された通り「パンガライ」を知る人はフィリピンでもまだまだ少なく、スールーの人々の誇りを支えるその社会的意義に至っては、ほとんどの人が未だに無知の状態であり、こうした啓発のためのイベントの大切さが痛感させられた。

ミンダナオを考えることは、この国の将来を考えることだと思う。もちろんミンダナオが対テロリストの主戦場となったら、フィリピンはおろか、東南アジア一帯が不安定になるのは間違いない。その意味で我々日本人も無縁ではない。パンガライの踊りを後世に残すということは、火の付きかけた大切な図書館を守るという意味でとても重要なことだ。けれども、文化の保存という問題にはさらに重要なことがある。保存する行為は確かに重要だけれど、それ以上に大事なことは敬意ということ。マニラでは時々〝モロ〟にまつわる差別とか、それ以上の無視や無知といったものに出会うことがある。その時、何故に、あの豊かなミンダナオの文化と恐ろしいテロリズムが共存しているのか……しなくてはならなかったのか……という問いに対する答えが隠されているような気がする。

〝テロリストの島〟と「花より男子」

二〇〇七年七月、ミンダナオ島の最西端、スールー海に突き出た歴史的要塞の町、ザンボアンガ〔図62、63〕を訪れた。いつかは行きたいと思っていた場所だが、国際交流基金の助成でアテネオ・デ・ザンボアンガ大学の学生が参加する訪日研修を実施する可能性が高まったことをうけ、同大学との関係づくりのために訪問することにした。

ミンダナオ島の南西部やスールー諸島が広範にイスラム化されたのは、実はそれほど古い話ではなく十六世紀半ばと言われている。そしてその約百年後にはスペイン人キリスト教徒（イエズス会士）がやって来て、一六三五年にこの町に要塞を築いた。以来、スールー海やインドネシアのスラウェシやマルク諸島に連なる広大な海域を舞台に、スペインなどの植民地軍と、地元のイスラム教徒との抗争が続いた。その背景には、当時ここが貿易で繁栄していた先進地域だったということがある。そんな歴史を背負い、どこか趣のある美しい町だ。ところが今のザ

図62｜ザンボアンガの町

図63｜ザンボアンガ郊外・ヤカン族の村の織物作り

ンボアンガといえば、テロリストとの関連で思い出される危険な町というイメージが定着してしまった。

ミンダナオのイスラム分離独立運動は七〇年代に盛り上がり、モロ民族解放戦線（MNLF）が政治の表舞台で活躍した。その後同戦線がフィリピン政府と対話を行う間に、組織が分裂してモロ・イスラム解放戦線（MILF）が結成された。さらに一九九一年には、ザンボアンガから高速船で四十分のところにあるバシラン島で、アブドラガク・ジャンジャラーニというイスラム神学生によって、より急進的なグループであるアブ・サヤフが結成された。アブ・サヤフは、当初はイスラム原理主義の団体であったが、創設者の死後、安易な誘拐や人質事件などを繰り返すことで変質し、現在では単なるテロリスト集団とみなされるようになってしまった。数々の誘拐事件やテロを列挙したらきりがないが、二〇〇一年に外国人観光客を誘拐して、このバシラン島に連行した事件は有名。二〇〇六年、創設者の弟であり当時の最高指導者であったカダフィ・ジャンジャラーニがフィリピン軍によって殺害されたが（殺害の場所はザンボアンガから船で八時間のホロ島）、彼はアメリカの情報提供により居場所を探知された。そして密告者のフィリピン人には、米国政府から五百万ドルの懸賞金が与えられた。

日本から限られた情報をもとに眺めていれば、ザンボアンガという所はさぞかし危険な場所に思えてくるだろう。特にこの町には、テロリスト掃討の拠点となっているフィリピン国軍ミンダナオ軍管区の本部があり、アンドルーズ空軍基地にはフィリピン軍との共同作戦（表向きは〝訓練〟）のため沖縄から米軍海兵隊もやってきている。今回の訪問にあたっては、アテネオ大学の講師にあらかじめ町の様子を確認して何ら問題はないということだったので決行したわけだが、実際に行ってみたところ、少なくとも町の中では軍や警察をほとんどみかけることもなく、あまりの見かけの平和さに拍子抜けがした。

アテネオ・デ・ザンボアンガ大学は、イエズス会士によって一九一二年に創立された由緒ある大学で、付属の高校や小学校まで含めると六千人の学生を抱える。私立の名門校だけに学費も高く、キリスト教徒の富裕な家庭の子女が中心。被り物をしたモスレム女性はあまり見かけない。表敬訪問をした学長はイエズス会のフィリピン人神父でもあり、ある意味では十七世紀以来のキリスト教徒殖民の歴史と今の姿を象徴している。彼はこの地の紛争について、「キリスト教とイスラム教という宗教対立ではない」と言い、小規模融資などの開発援助プロジェクトを通じて貧困の問題を解決してゆきたいと抱負を語った。いわば〝支配する側〟の中枢にいる人といってもいいのだが、その真摯な姿から少しは希望が見えてくる。

その翌日、ザンボアンガからバシラン島に渡った。アブ・サヤフの生まれた土地であり、今も最大の活動拠点である。さすがにそこまで行くとなるとある程度の覚悟はいるのだが、実際は島へ渡る船内もいたってのどかなものだった。もちろんアテネオ大学講師の引率付きで、危険地帯ではないイザベル市を訪問するということで決行した。バシラン島は六つの市に分かれていて、イザベル市と後述するラミタン市ではキリスト教徒が多数を占める。本当はイスラム教徒の町にも行きたいのはやまやまだけれども、現地の人が薦めない。ここが本当の限界というものだろう。イザベル市ではアテネオ大学とは反対の側、つまり長い間侵食され続けてきた〝支配される側〟のイスラム教徒が多く学ぶ、バシラン国立大学を視察することとなった。さらにイスラム教徒である学長の案内のもと、彼の出身地である隣町のラミタン市の分校［図64］を訪ねた。シュロの葉を葺いた屋根に板張りの壁。ここから数時間の距離にあるアテネオ大学を思い出し、隣り合う二つの世界の間に広がる残酷なまでに明瞭な格差を感じずにはいられなかった。いかにも仮の作りという校舎では二百人の学生が、政治学科、コンピューター学科、それに看護師学科に分かれて学んで

図64｜バシラン国立大学ラミタン分校の学生たち

いた。六割はイスラム教徒だという。〝テロリストの島〟の掘っ立て小屋のような学校でも、若い学生の関心を引き付けているのは、マニラの大学でもてはやされているＩＴや看護コースだった。

四方田犬彦がパレスチナやバルカン問題について書いた言葉は、ここミンダナオでも真実だと思う。

「繰り返していうが、民族と宗教の違いが戦争の原因となったのではない。戦争によって引き起こされた異常な状況が、エスニックな自己同一性を人々に準備させたのである。戦争とは単に軍事的な事件ではなく、人間の文化と生活を一変させ、彼らに敵との対立関係を通して新しいアイデンティティを与える。この時点においてもっとも身近にあって簡単に呼び出されたのが民族であり、宗教であった。」（『見ることの塩パレスチナ・セルビア紀行』作品社、二〇〇五年）

イザベルの町でふと立ち寄ったモスクで、イスラム教徒の男子高校生から話しかけられた。イザベル市は、ジャンジャラーニ兄弟の生まれた町だ。彼らの人生の出発点も、こんな何の変哲もない町のモスクだったかもしれない。テロリストの首領として米国政府から五百万ドルの懸賞金をかけられた男の姿が、その男子高校生と一瞬だぶった。しかし彼らから出た言葉は、日本のマンガの話。『花より男子』が好きだという。屈託のない彼らの笑顔を見ていると、ここが世間で騒がれている〝キリングフィールド〟の一部であることを忘れさせてしまう。マニラや他の町でもやっているように、このバシランの高校や大学で、日本の映画を上映したり「よさこいソーラン」を踊ったり、そんなことができる日はいつやってくるのだろうか。いま〝テロリストの島〟で私たちのできることは限られているが、そんなレッテルの貼られた島にも『花より男子』が好きな高校生がいて、ＩＴや看護を学び、外の世界へつながろうとしている大学生がいることを忘れてはいけないと思っている。

ビデオカメラとペンを手にしたスルタンの末裔

たまたま目を通した新聞の記事がずっと気になり、切り抜いてファイルにした後もそこに書かれている主人公のことが常に頭のどこかにあって、いつかは会ってみたいと思いつつも時が過ぎ、それが言ってみれば潜伏期となり、そして最終的にようやく当の本人との出会いがやってくる……ということがたまにはある。グチェレス・マンガンサカン二世［図65］、通称テンとの出会いも一つの新聞記事が発端だった。その記事の中で当時三十一歳の若きフィルムメーカーとして紹介されているテンは、ミンダナオ島でもイスラム教徒が最も多い地域、マギンダナオの出身でスルタンの末裔である。ミンダナオの人々、特に若手のアーティストや研究者との交流を目指す私としては、機会があればぜひとも彼と仕事がしたいと思っていたが、二〇〇七年十二月にようやくその好機が訪れた。アジア地域の次世代の若者交流のためのセミナーが、国際交流基金の主催によって日本で実施されることとなり、フィリピンから二名の代表を送ることとなった。私は迷わず一年前の新聞記事を引っ張り出し、テンを派遣することに決めた。

彼はマギンダナオの著名なスルタンの家系。いわばフィリピンにおけるモスレムの保守本流、メインストリームにいる一人だ。そんな彼が一体映画で何を撮っているのか、どうして映画なのか、最初は単純な疑問だった。しかし調べていくうちに、彼が背負ったものの重さや恐ろしさ、それがためのこれまでの数知れない葛藤、そして決意の真摯さに心を打たれた。この世界を覆う〝民族紛争〟や〝宗教紛争〟、その一翼を担うミンダナオの内戦。もし自分がその戦争の指導者の血を引いていたとしたら、この世界は一体どのように見えるだろうか。どう見ることが許されるのだろうか。

テンの祖父、ダトゥー・ウトック・マタラムは著名なモスレム・リーダーで、四〇年代後半と六〇年代にミンダナオのコタバト州の州知事を務めた。六〇年代後半になると、フィリピン

図65｜テン・マンガンサカン

全土で共産主義運動や学生運動が盛んになり、その影響を受けてモスレムによる民衆運動も盛り上がった。当然そうした民衆運動の中心にいたダトゥー・マタラムは、一九六八年に起きたモスレム虐殺事件を契機に、急速にフィリピン政府からのモスレム独立を求めるようになり、その同じ年に「ミンダナオ独立運動（ＭＩＭ）」を創設した。つまり彼の祖父は、それ以来今日まで四十年にわたって続いているミンダナオ・モスレム独立運動の基礎を作った人なのだ。新聞で紹介されていた彼のドキュメンタリー映画『House Under the Crescent Moon（三日月の下の家）』（二〇〇一年）は、その祖父が建て、テンを含む多くの家族とともに暮らした、故郷の大きな赤い家の物語である。上述したＭＩＭは、まさにこの家で産声をあげた。そしてその八年後の一九七六年にテンが生れたのもこの家だが、その時代はＭＩＭの運動を受け継いだモロ民族解放戦線（ＭＮＬＦ）と政府軍との戦闘が最も激しかった時代だ。その後ダトゥー・マタラムはテンが六歳のときに亡くなり、テン自身もその家を離れて都会で学校に通うことになった。そしてその赤い家はしばらく彼の記憶から失われた。マニラの大学で映画を学んだ彼は久しぶりに帰郷してその赤い家を訪れたが、そこで彼の見たものは、当時内戦が激化して多くの難民の避難所となり荒廃した家の姿だった。テンは我を忘れたようにその姿を記録し続けた。そうしてできた映画が『House Under the Crescent Moon』だ。このルーツ探しのドキュメンタリー映画は彼の記念すべき処女作となり、ＣＣＰからその年の優秀映画賞が与えられた。

そんな彼の二本目の作品が、二〇〇七年十二月マニラで公開された。「コントラ・アゴス：レジスタンス・フィルム・フェスティバル（反潮流：抵抗映画祭）」という、かなりきわどい検閲すれすれの作品を集めた映画祭で、会場はインディーズ・シネマのメッカとなったショッピングモールのロビンソン・ギャラリア。作品のタイトルが『The Jihadist（聖戦主義者）』。『House Under the Crescent Moon』では彼の祖父がテーマだったが、今回は彼の叔父ハシム・サラマットが主人公だ。サラマットは、モスレム分離独立運動の中でもより過激だと言われているモロ・イスラム解放戦線（ＭＩＬＦ）の創設者として有名だ。六〇年代にカイロのアル・アズハル大学で学んだ知的エリートであったが、当時フィリピン大学で講師をしていた俊才のヌル・ミスアリとともに、一九七〇年、モスレムの独立を目指してモロ民族解放戦線（MNLF）を結成した。その後、フィリピン政府との妥協を目指すMNLFとは袂を分かち、一九七七年にMILFを結成して政府との対決色を鮮明にした。MILFは彼の死後、アブ・サヤフなど原理主義的なグループとも接近するようになり現在に至っている。映画ではそんな叔父サラマットの足跡をたどり、彼の築いた村、そして今では内戦の傷跡が深く刻まれた村を訪れ、村人のインタビューを通してイスラムの指導者としての純真な姿を描いてゆく。『House Under the Crescent Moon』と『The Jihadist』は、ともに彼の親族の足跡をたどるルーツ探しの物語だ。祖父も叔父も人々の記憶に残る、そして今後もこの国のモスレムの歴史に名を残す、独立運動のリーダーであり闘士であった。しかしテンが映画の中で描いているものはそうした独立の英雄の物語などではなく、内戦で荒廃した家や土地、そして戦争被害で心に傷を抱えた人々の心に写し出される虚しさのようなものではないかと感じた。

「コントラ・アゴス」ではテンの作品以外にも、彼がプロデュースして他のフィルムメーカーが撮影した現代のミンダナオをテーマにした短編作品が合計七本も公開された。その中でも『Walai』（アジャニ・アルンパック監督）という作品は、コタバト市の有力なスルタン一家の栄華と抗争、そして没落と苦悩を描いた秀作だ。世間の人々はミンダナオのことを宗教紛争や民族紛争のメッカと言っているが、こうした作品を見ると、実はその抗争の多くが地元の政治的または経済的な利害関係に由来した、極めて具体的な怨恨から生れているということがよくわかる。いずれにしてもテンの存在は、いまや多くのミンダナオの若手アーティストを動かす原動力になっているようだ。

さらに彼はプロデューサーとして、もう一つ重要な仕事をしている。彼が編集者となって『Children of the Ever-Changing Moon: Essays by Young Moro Writers（変わりゆく月の子供たち：若手モスレム作家によるエッセイ集）』というアンソロジーを出版したのだ。十六人のミンダナオの若手ジャーナリスト、アーティストや教師らによるエッセイだが、これが現代のモスレム社会の様々な揺らぎを率直に表現していて大変興味深い。親の反対を押し切ってキリスト教徒と結婚をする話、イスラム風の名前に対する偏見と恥じらい、同じモスレムでも父方と母方が異なる民族的出自を持っているがために起こるアイデンティティ喪失の問題、イスラム教徒のゲイに向けられた偏見、超保守的な土地で育った女性モスレムの教師への険しい道のり、生れて初めて故郷のモスレムの土地タウィタウィを訪れた夢のようなひと時、マニラのイスラムコミュニティーの生活などなど、どの物語も今を生きる若いモスレムたちの本音がとてもよく伝わってくる。

その中のエッセイの一つ、モスレムの女性としてはとても珍しいことだが、マニラを拠点とする大手新聞社でジャーナリズムのメインストリームで活躍するサミラ・アリ・グトックの作品から。マニラの大学で教育を終えて、モスレム独立運動に希望を抱いて帰郷した友人が経験した挫折感を次のように書いている。

「私の友人は生れ故郷のラナオの町に、モロ（イスラム教徒）として誇りをもって帰郷した。しかしその後私が彼女に会った時、彼女は大きなフラストレーションに直面していた。モロ民族のために、その闘いのためにと思っていた理想は、そこに住む人々の間に見つけることができなかった。そのかわり、彼らは保守的で、すぐ誰かに頼る弱い人間で、無関心で腐敗していた。」

テンの祖父たちによって起こされたミンダナオのモスレム独立運動。四十年を経た今日、その理想と希望はあまりにも多くの挫折と裏切りと腐敗と怨恨に侵されてしまったのだろう。しかしそんな理想にまとわりつく空虚さを一端受け入れた上で、そこから何かを始めようとしている若い人たちも確かに存在する。このアンソロジーからはそうした人々の息使いが十分に伝わってくる。そして十年前にはおそらくタブーだったことも、今ようやくこうして三十歳前後の若きモスレムたちによって発言され始めている。

テンの子供のころの夢は医者になることだった。それが大学時代に出会った小津やフェリーニといった外国映画の影響でその後の人生が変わったという。そして医学をあきらめた彼は映画を勉強してドキュメンタリーを撮り、こうしてミンダナオの若手アーティストのコミュニティーの中で重要な位置を占めるようになった。モスレムの伝統の核心を受け継ぐスルタンの末裔、そしてミンダナオ独立運動の戦闘家の家系。そんな彼には普通の者にはない威厳すら漂っているが、気になるのは話している間もほとんど笑わないことだ。

「人々の心の中にある不条理な怒りや恐れ、そして偏見を癒す苦くて甘い薬、私の映画や書き物がそうなることを願っている。そうなれば、かつて私が子供の頃に医者になりたいと思い描いたように、人々の心を癒すことができるだろう。」

生まれながらにして数奇な宿命を背負い、暗い民族の記憶からおそらく逃れることのできない彼にとって、カメラとペンは彼なりの最後の抵抗の手段なのかもしれない。

海から来た民族の記憶

そんなテンの次の目標は、祖先の記憶を今の時代に残し、いかに次の世代に伝えてゆくかということだ。モスレム独立運動の中心にして、イスラム原理主義の保守本流にもつながるマギンダナオ王家の血をひく彼が、その原理主義の偏狭に抗い、失われつつある伝統文化を守ろうとしている。

ミンダナオは文化的に豊かで奥の深い島だ。フィリピンにキリスト教が入って来る前からイスラム教徒によるスルタンが統治する王国が形成されており、さらにその前はアニミズムの世界が覆っていた。しかし現在では治安の安定しない危険な地域とレッテルを貼られてしまった。治安の不安定化や開発の遅れは社会の荒廃を招き、フィリピンの支配的階層である低地キリスト教徒からは文化的にも後進地域と差別されるようになった。本来は豊かであるはずなのだが、特にイスラム教が支配的な村々ではイスラム原理主義の徹底した影響などで、伝統的な価値観がゆらいで文化体系が失われつつある。

テンが取り組んでいるのは、イスラム以前からマギンダナオ族に伝わる伝統的儀式である〝イパット〟［図66］

図66 | イパット

の記録ドキュメンタリー映画だ。イパットは五年に一度行われる家族の祖先との交霊の儀式。王家の儀式では一週間から二週間続くこともある。シャーマンによって執り行われ、音楽やダンス、詠唱を伴う。音楽はクリンタンと呼ばれる銅製の打楽器を使用し、憑依に至る激しい踊りが特徴。基本的にはマギンダナオの同族以外には公開しない秘儀であるため、これまで外部の人間による記録や研究が行われることはなかった。それに加えて六〇年代よりイスラム原理主義が浸透するに伴って、イスラムの教義とあいいれない伝統的信仰や儀式はタブーとして封印された。敢えて儀式を行う者に対しては、イスラム分離主義者やその武装勢力、特にMILFの司令官などが攻撃を加えるまでエスカレートするようになった。攻撃を恐れる一般住民は儀式を行うことを避け、どうしても行う場合には外に音が漏れないように隠密裏に行うなど危険が伴うようになり、やがて儀式そのものから人心が離れていったという。今その儀式を行える数人のシャーマンは皆高齢で、後継者はほんの数名のみ。ここで記録をしておかなければ、マギンダナオ族の文化的アイデンティティを支えるイパットという儀式は永遠に失われてしまうかもしれない。すなわちそれは先祖より代々伝えられてきた大切な記憶を失うということだ。テンからこの記録事業について支援の要請が私のもとに送られてきたのが二〇〇八年の七月。国際交流基金としてその要請を受け入れることにした。そしていよいよドキュメンテーションが、二〇〇九年二月にミンダナオ中西部の中心都市コタバトから東に車で約一時間のピキット町の郊外で行われた。ピキットは彼の叔父であるハシム・サラマットが、モロ・イスラム解放戦線（MILF）を旗揚げした縁の地でもある。どうしてもその現場を見なくてはならないと思い、私はピキットを訪れた。

実はこの撮影、予定ではもっと早く実施されるはずだった。しかし二〇〇八年八月、長年続いたフィリピン政府とイスラム分離派勢力による和解交渉が成立寸前に決裂し、ミンダナオの状況は一気に混迷を深めて内戦状態に逆戻りとなり、一時は五十万人もの国内避難民が発生。国軍とMILFとの交戦が激しくなって、とても記録どころではなくなってしまった。私がピキットを訪れた二月の段階では戦闘は収まり、ようやく撮影を敢行できる状況になってはいたが、ミンダナオ中西部を中心にまだ百七十ヶ所の難民キャンプがあった。そこでは三十一万人以上の人々が非常時の生活を強いられていたが、彼らも恐怖心やトラウマから自分たちの村に帰れない状態であった。

イパットが行われた場所は、ピキットの幹線道路から広大なリガワサン湿地帯〔図67〕を三十分ほど奥に入ったパイドゥー・プランギ村。現地は事前の予想とは違って、随分とのどかでのんびりしたものだった。人々の表情も明るい。この村はテンの祖先の出身地で、ここなら安全と考えて決定したという。彼の親戚もたくさんいて、一族としては二十六年ぶりのイパットだそうだ。七十歳代のチーフ・シャーマンに、数少ない若い継承者であるアブラヒム（三十一歳）とファイサル（三十三歳）が儀式の中心。その日は三日間続いた儀式の最後のクライマックスになる場面が行われた。

いまイパットを完全なかたちで執り行えるシャーマンは十人にも満たないという。コタバトから同行したマギンダナオ人の友人は三十歳を過ぎているが、イパットを体験するのは今回が初めてだった。儀式の中で謡われる歌は、マギンダナオの古語のため意味がわからないそうだ。三十一歳の若さでイパットに参加しているアブラヒムは、小学校二年の時に霊的体験

図67｜リガワサン湿地

をして以来シャーマンを志すようになった。病気治癒などのために時々呼ばれはするが、ほとんどの若者はイパットに関心を示さないと嘆く。もう一人の若きシャーマンのファイサルが、儀式の中で塩水を作る場面で話してくれた。

「我々の祖先は海からやって来た。今はその海から遠く離れてしまったけれど、こうして海の水を作って、はるかな昔を思い出すんだ。」

リガワサン湿地の奥深くに暮らすマギンダナオの人々の祖先は、かつて海の向こうからやって来た。こうして呼び覚まされた彼らの祖先のスピリットも、船に乗って旅をする。記憶というものは、単に過去にさかのぼるということではなく、現在の私たち自身の姿、そして将来への期待も映し出すものだろう。今に生きる我々自身が思い出そうとする限り、記憶はその中身を変容させながらもいつまでも生き続ける。マギンダナオの人々が必要とする限り、集団の記憶はこうして次の世代に引き継がれて旅をし続けるのだろうと思った。

戦争のトラウマとアートの役割

マギンダナオの土地での調査にはもう一つの目的があった。ミンダナオ紛争に巻き込まれてしまった子供たちを対象にした〝癒しのためのアート・キャンプ〟の構想を練っていたのだが、そのためにまずは多少なりとも現場の状況を知り、現地で一緒に手伝ってくれそうなパートナーを探すことが必要だった。ピキットでイパットのドキュメンテーションを視察した翌日、今度はコタバトのコミュニティー・アンド・ファミリー・サービス・インターナショナル（CFSI）というNGOのスタッフに案内され、隣町のダトゥ・オディン・シヌスアットにある国内避難民キャンプを訪問した。CFSIのスタッフであるサンドラ・ガニは、二〇〇八年十二月に国際交流基金のスタディーツアーで日本に招待していて顔見知りだ。

ここの難民キャンプ［図68］には近郊のタラヤン、ギンドゥルガン、ダトゥー・アンガルなど三町から逃れてきた約三百人の人々が暮らしている。多くは子供や老人たち。ココヤシの木で作った掘っ立て小屋に、NGOから配られたビニールシートを張って雨をしのぎ、なんとか暮らしている。食料はWFP（世界食料計画）や国際赤十字からの配給。例えばWFPからは、一家族あたり月に二十五キロの米といわしの缶詰、塩、砂糖、オイルにコーヒーが配給される。水は井戸を掘って調達しているが、衛生的に厳しい状況だ。もう六ヶ月間こんな生活が続いているそうだ。そのキャンプの敷地内に、ユニセフが資金を出してCFSIが運営している臨時の小学校と幼稚園があった。どちらも粗末な作りだが、五人のボランティアの先生たちが授業をしていて、笑顔の子供たちであふれていた。同行したサンドラも子供たちの笑顔が救いだと言う。笑顔は、多くのフィリピン人が備えている彼らのライフスタイルを支える根幹だ。そんな子供たちの笑顔を眺めていたら、ある絵が思い出された。

図68｜難民キャンプの学校

図69｜ミンダナオの内戦を体験した子供の絵

　その頃ちょうど同じ時期にマニラのデ・ラ・サール大学で、ミンダナオ紛争をテーマにした「デザイニング・ピース」という展覧会が開かれていた。日本文化センターも協力していたのだが、その展覧会に前述のテンが作品を出品していた。これまでミンダナオ各地の難民キャンプを訪問して集めた子供たちのドローイング［図69］を展示したものだ。どの絵のテーマも「今」と「未来」に分かれていて、それぞれのイメージが描かれている。「今」と題した絵には、銃を発砲する戦闘員や空爆の絵、燃え上がる家屋、そして犠牲者たちが描かれていた。それはごく自然に、あたかもあたりまえの日常の光景のように描かれていたのだ。おそらく私自身の娘と変わらない年頃の子供たちの描く何気ない残酷な絵に、背筋の寒くなるような恐ろしさと哀しさを覚えた。

ミンダナオのような戦乱の続く土地で、危機に直面した場所で、アートや文化は一体どんな役割を果たすことができるのだろうか。戦争による殺し合いを目の当たりにし、親や兄弟や親戚を失って心に深い傷を負った子供たちにとって、アートは何か意味のあるものを提供できるのだろうか。難民キャンプの学校に集まる子供たちの笑顔の裏に、どんな記憶や恐れが隠されているのか、一瞬に過ぎない出会いからは想像できるわけのない、重すぎる現実がそこにはあるのだと思う。実際にアート・キャンプが実現できたとして、おそらくそこに参加できる子供の数は少ない。五十万人と言われる国内避難民の少なくとも約三分の一が高校生（十六歳）以下の子供とすれば、それだけで十五万人の子供たちが犠牲になって、学校もろくに行けない生活をしているのだ。しかし自分が文化を扱う仕事に携わって、そしてこのフィリピンという国に関わろうとすればするほど、そんな現実に対して何ができるのかと考えざるをえない。大海の一滴であるのを承知のうえで、それでもあえてその一滴をもたらす価値とは何か、意味とは何かを考えてゆく必要があるのだと思った。

第２部　国際文化交流・実践編

第7章　文化交流の領分——戦争の記憶への眼差し——

太平洋戦争激戦地でのよさこいソーラン

二〇〇六年六月、私はレイテ島のパロという町を訪れた。レイテ島はフィリピン中部ビサヤ地方の島で、東は太平洋に面し、西にはリゾートで有名なセブ島がある。一五二一年にマゼランが世界一周の途中でフィリピンに侵入した際、まず初めにたどり着いたのがこのレイテ湾だった。青い海と熱帯の土地。いまその澄んだ空気に触れているだけでは、ここが第二次世界大戦の末期、日本軍とアメリカ軍の最大の激戦地となり、八万の日本兵と多くのアメリカ兵やフィリピン人が犠牲者となった悲劇の土地とは想像もつかない。レイテ島での戦闘の様子は、大岡昇平氏の『レイテ戦記』に極めて克明に再現されている。そしてこのパロは、日本軍のフィリピン占領とともに脱出したマッカーサー元帥が、〝アイ・シャル・リターン〟の言葉のとおり再上陸を果たした歴史上の場所なのだ。上陸地点となった「レッド・ビーチ」には、上陸した瞬間を再現した銅像［図70］が置かれ、今でも毎年十月二十日には、アメリカの退役軍人や当時日本軍に激しく抵抗したフィリピン人ゲリラ兵の生存者などが訪れて記念日を祝っている。そんな歴史に包まれて、ここパロの町はいわば戦争被害の象徴として、戦後長い間ずっと反日感情が激しかったところだ。

私がそのパロを訪れたのは、ある人の紹介で町長に会うためだ。テオドロ・セビリア町長はそうした歴史的事実は事実として、若い世代のために過去を乗り越え、日本との交流を進めようとしていた。そのためにパロ町の主催するフィエスタに国際交流基金として参加して欲しいとの要望だった。それに対して私たちは、マニラ在住の日本語教師を中心とした「よさこいソーラン踊り」のグループを派遣することを決めた。踊り仲間の呼びかけに、何人かのボランティアが応じてくれた。その結果、日本人とフィリピン人合わせて総勢十名を越える混成チームがそのフィエスタに参加することができた。

図70｜マッカーサー再上陸を再現したレッドビーチの銅像

戦後六十年を経てようやく公に解禁となった日本文化。この六十年間は、戦争の悲劇というものが、町の人々から徐々に忘れられてゆく過程だったともいえる。だとすればこれからは逆に、この文化交流という手段を通して、戦争の記憶を後世に伝えてゆく必要があるのではないだろうかと思う。フィリピンでの日本人戦没者の総数は五十一万八千人で、フィリピン民間人の戦争犠牲者は百十一万人（戦後フィリピン政府の算定による）にのぼる。ちなみに一九三九年当時フィリピンの総人口は約千六百万人なので、実に十二人に一人の割合で犠牲になった。フィリピン人の知り合いで、祖父母や父、母を戦争で亡くしている人が多いのは当然といえば当然。中には日本軍によって親族を虐殺された人たちもいる。

戦争の記憶

百万人以上と言われるフィリピン民間人の犠牲者を出した戦争の記憶は、六十年以上経過してもこの国の人々の間で様々に語り継がれている。そうした記憶やその癒しにまつわる事柄は、心の中にある日本への眼差しそのものであり、まさに文化交流の領分と言える。

二〇〇六年三月、マニラのデ・ラ・サール大学で、日本とフィリピンの関係をテーマとしたセミナーが開かれた。この大学はフィリピンでもエリート輩出校として五本の指に入る名門私立大学で、六〇年代から東南アジアではいち早く日本語や日本研究のコースを提供してきており、日本とも非常に縁の深い大学である。毎年国際交流基金が主催して全世界で実施している日本語能力試験の試験会場でもあり、十二月の最初の日曜日は日本語を学んでいる約二千人の学生・社会人であふれる場所だ。そんな大学の構内にある教会には、今も一九四五年二月の悲劇の記憶が刻まれている［図71］。

「一九四五年二月三日にサント・トーマス大学の民間人収容所解放に始まったマニラ解放戦は、翌三月三日をもって日本軍が完全に掃討されるまで約一ヶ月にわたり続いた。この間にマニラ市街は文字通り廃墟と化し、日本軍守備隊約二万名はほぼ全滅、米軍も約七千名の犠牲者を出した。しかしなんと言ってもマニラ戦最大の犠牲者は、約十万にのぼると言われる非戦闘員・民間人であった。その恐らく七割が日本軍による殺戮と残虐行為の犠牲者、残り三割が米軍の重砲火による犠牲者だとされる。このように第二次世界大戦でワルシャワに次ぐ都市の破壊と言われ、また日米間で戦われた初めての、また最大の市街戦であったマニラ戦は、その結果の悲惨さゆえに、解放戦であると同時に「マニラの破壊」あるいは「マニラの死」とも呼ばれている。」（中野聡・一橋大学教授のホームページより）

そしてこのデ・ラ・サール大学にも、二月十二日に悲劇が訪れた。行き場を失った日本軍守備隊が大学に押し入り、逃げ惑う神父やフィリピン民間人四十一名を虐殺したのだ。その時の状況も含めてこの「マニラの死」の様子は、『Warsaw of Asia: The Rape of Manila（アジアのワルシャワ：マニラの強姦）』という本に詳しい証言が載せられている。今、その虐殺現場となった大学の教会入り口には、犠牲者の名前が刻まれたプレートとキリストの磔刑像が設置されている。
そんな記憶を留める大学で実施されたセミナーでは、戦争に関する〝アムネシア〟（記憶喪失）が重要なキーワードとなった。開会の挨拶に立った駐フィリピン大使（当時）の山崎隆一郎は、真摯な言葉で太平洋戦争での日本軍による多大な被害に関してお詫びの言葉を述べていたが、発表者の一人であり、アジア・太平洋の国際関係の中で戦争の記憶や戦争責任の問題に焦点を当てて研究している中野聡・一橋大学教授が指摘するとおり、こうして日本大使が繰り返し謝罪しても日本のメディアではほとんど注目されず、フィリピンにおける戦争被害に関する日本人のアムネシアの進行を止める手立てはない。しかしここマニラでは、何かの機会にごく日常的に、戦争の記憶というものが、もちろん私の記憶ではないけれど、その記憶の総体みたいなものが立ち現れることがままあるのだ。マニラの旧市街には「非戦闘員犠牲者」十万人を追悼する祈念碑が立ち、いまも毎年二月に追悼式が行われており、その出来事はフィリピン人の間で語り継がれていている［図72］。

戦争の記憶そのものをテーマにした学術交流を、国際交流基金として支援するケースもあった。前述のデ・ラ・サール大学とはライバル関係にある私立の名門アテネオ・デ・マニラ大学には、一九六七年に開講した東南アジアで最も古い日本研究コースがあり、毎年開かれる日本研究セミナーでは、戦争の問題が度々取り上げられてきた。二〇〇九年二月のセミナーでも、両国で語り継がれ、表象され続ける戦争の記憶とその変容について、記念碑や映

図71｜デ・ラ・サール大学内にある1945年2月の犠牲者の碑

図72｜マニラ1945の記憶「非戦闘員犠牲者」の碑

画での描かれ方などを通じて様々な分析が紹介された。記憶するという行為は、単に過去にさかのぼるだけではなく、生きている今を反映し、将来に対する期待をも含む行為だ。オーストラリア人研究者の発表によれば、最近の記念碑では、〝戦争の記憶〟というよりも〝平和の記憶〟と書かれるケースが増えているという。それは戦争という忌まわしい事実をしっかりと受け止め、次世代に向けて平和のメッセージを伝えてゆこうという意志の表れでもある。

戦争の記憶を直接のテーマにしたセミナーやイベント以外でも、フィリピンで文化交流をしていると、様々な局面でその記憶が呼び覚まされることがある。二〇〇九年七月に実施した日本のクラシック音楽演奏会では、予期せぬことからその記憶が私たちの前に立ち現れた。演奏会は日比両国の友好を象徴するイベントであったので、日本人音楽家との共演者としてフィリピンで著名なクラシック・ギタリストであるブッチ・ロハスをゲストに迎えることにした。彼はこの国で最も人々に親しまれているある子守唄を、癌と闘う自分の姉のために演奏したいと提案してきた。当初は、あまりに彼の個人的な思い入れなのではないかと違和感があったが、やがて彼の家族が抱える戦争にまつわる記憶を知るに至り、考えが変わった。

ロハス家は有名な芸術エリート一家だが、彼の母方の祖母が戦時中日本軍に処刑された。そのショックで母親は戦後長く日本製品をボイコットしていたという。そんな歴史を背負う彼は、その子守唄を家族の癒しのために演奏したいと告白した。コンサートではあえてそのことは観衆に伝えず、日本人演奏家には公演終了後に話せばよいと考え、彼の提案通りとした。結果的に大成功で、私の前で聴いていたロハス家の人々も目を潤ませていた。コンサートの最後の曲が日本映画『おくりびと』のテーマだったのは偶然だが、戦争の記憶を抱えた一人のフィリピン人演奏家とその家族にとって、その日の演奏はささやかな癒しとなったのではないかと思う。

戦争の記憶やその癒しにまつわる事柄が文化交流の領分であるのならば、アムネシアに抗うこと。とりあえずそれが今の私にできることだと思っている。戦争責任というものに真正面から取り組んでこなかった日本の、それも公的機関に働く一員として、戦争の問題はどこかで避けて通りたいと思うところがあるのは確かだ。しかしこのフィリピンという国で文化というものに携わる以上、避けては通れないことも時々ある。文化交流という仕事の原型が人と人との交流にあるならば、人々の心の琴線に触れる記憶の今をみつめることは大事なことだ。そして文化や芸術の重要な働きの一つに癒しというものがあるとしたら、文化交流にも果たすべき役割があるのだと思う。

海を渡らなかったキュビズム

二〇〇七年五月から七月にかけて、パリにある日本文化会館で『アジアのキュビズム』という展覧会が開かれた。二十世紀初頭、ヨーロッパで生まれた美術様式の一つであるキュビズムが、アジア各国でどのように受け入れられ、また受け入れられなかったかを検証する展覧会である。アジア十一カ国より五十三人の作家、合計七十七点がパリに送られて展示された。しかし主催者の熱望にも関わらず今回の展覧会に出品できなかった一枚の絵がある。フィリピンを代表する作家、キュビズムの第一人者といわれているヴィセンテ・マナンサラの『スラムのマドンナ』〔図73〕という作品だ。

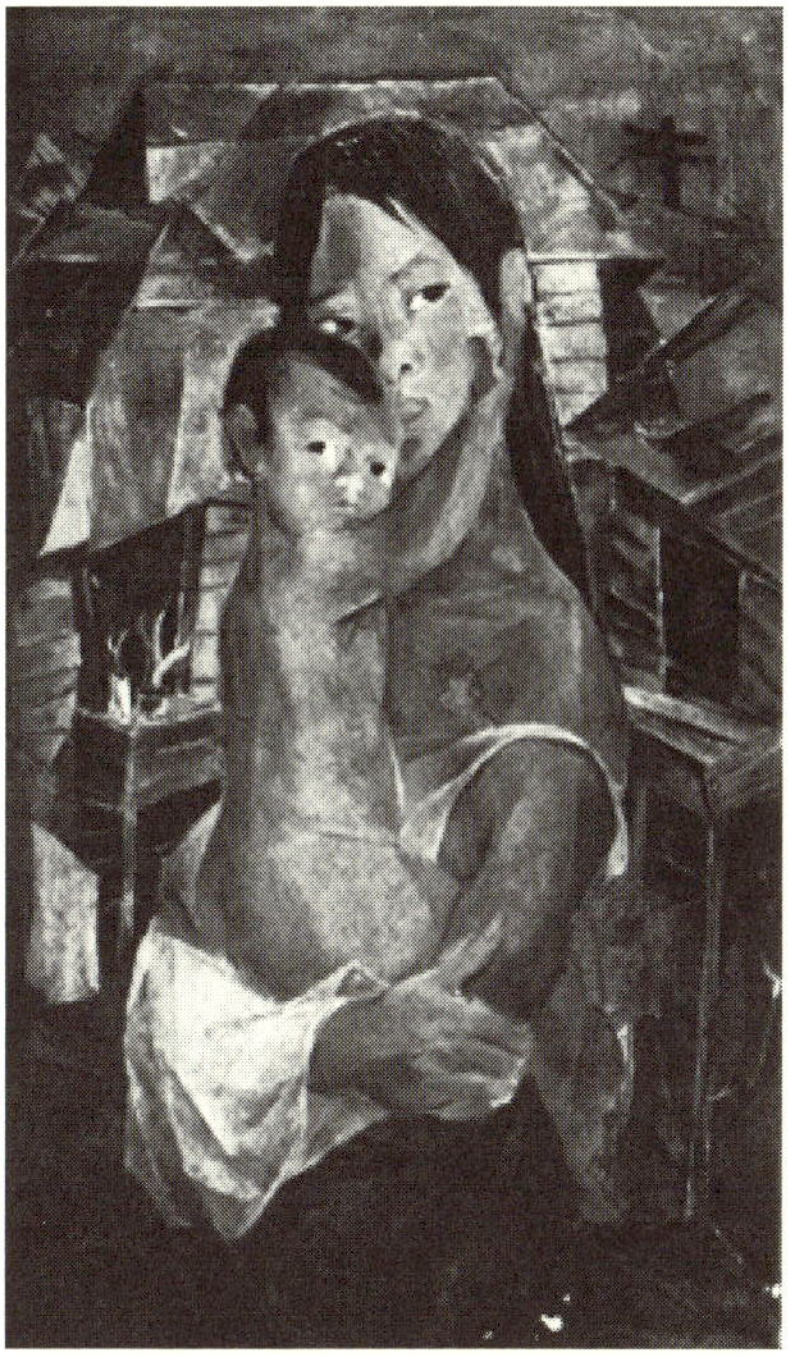

図73｜ヴィセンテ・マナンサラ『スラムのマドンナ』

この作品はパリ展に先立って開催された東京、韓国、シンガポール展の際にも展示されず、カタログに図版入りで紹介された。

パリ展では展示作品候補リストに入り、その出品交渉を我々日本文化センターのスタッフが行うことになった。実はこの絵、私も初めて図版を見たときに一遍でぐっと惹きつけられた作品で、なんとか出展を承諾してもらうべく、オーナーに何度も電話をかけ、やっとのことで面談の約束を取り付け、直談判ではありったけの言葉でこの作品の素晴らしさと、今回の展覧会でいかに重要な位置づけであるかを強調した。かなりしつこくねばったのだが結局よい回答が得られず、最終的に出展はかなわなかった。

マナンサラは、間違いなくフィリピンの美術史における最重要の作家の一人だ。強固なアカデミズムに対抗し、第二次大戦前あたりから反旗を翻した「サーティーン・モダーンズ」と呼ばれる十三人のアーティストたちの一人である。一九一〇年生まれで一九八一年に亡くなるまで、独自のキュビズムのようなスタイルを中心に多くの作品を残した。その彼が人生の半ば、四十才に達した一九五〇年に描いたのがこの作品だ。当時彼はフィリピン人として戦後初めてユネスコの奨学金を得て、カナダに六ヶ月間滞在した。そして一旦帰国した後、今度はパリへ留学してレジェに師事し、本場のキュビズムに出会うこととなる。『スラムのマドンナ』は、そうした海外渡航の合間に描かれたもので、その後の彼の進路を暗示する重要な作品となった。

今回の展覧会の出品候補リストに載せられたのは、私が考えるところ二つの理由があると思う。一つはカトリックが主流を占めるこの国で、繰り返し描かれる母子像がテーマとなっているから。その姿は当然、幼子（おさなご）キリストとマリアの聖母子像にだぶる。展覧会場となるパリは無論キリスト教文明圏で、誰もが容易に解釈ができ、その文脈を理解することのできる図象だからであろう。さらにもう一つ、それはおそらくスラムという表象が持つ、ある意味わかりやすいアジアのイメージによるものだろう。廃墟のようなバラック小屋の建て込むスラムの前で、幼児をすっくと抱き、怒りや不安の中にも毅然と胸をはる若い母親。こうした二つのイメージの交差するこの作品は、今回の展覧会のモチーフを明瞭に象徴する。〝悲しき熱帯〟であるフィリピンに、キリスト教という西洋文明が移植された図は、あたかもキュビズムという西洋美術の技法が、土着の文化に移植された姿と二重写しになるだろう。しかし私がこの絵から感じるものは、そうした観念的なことではなかった。この絵の中に潜む強靭さ、そして不気味にも不屈な眼差しは、一体どこから生まれたのだろう。そして自分自身、どうしてこんなにまでこの絵のことが心のどこかにひっかかるのだろうか……。いろいろと調べているうちに、あることが気になり始めた。

この絵が描かれたのは一九五〇年。マナンサラの作風に決定的な影響を与えたといわれる太平洋戦争の終結から五年後のことである。マニラで生まれ育った彼は、日本軍の侵攻後、北部の田舎に疎開をしていた。戦争終結とともに再びマニラに戻って見たものは、その後の彼の創作人生を決定付ける光景だった。破壊され尽くし荒廃したマニラの街。それ以来、彼は麗しき自然描写をいっさい放棄したという。戦後五年という時間は、凄惨な「マニラの死」から癒されるには全く不十分な月日であったに違いない。この絵に漂うただならぬ怒りと、それを包み込む絶望の先には、廃墟のマニラが広がっていたのではないだろうか。この作品を契機に彼のキュビズム人生が始まるともいえるのだが、私が思うに、彼は彼のその後の人生を決める重要な局面で、五年前のあの廃墟のマニラを思い出していたのではなかろうか。不気味にも不屈な母子像が心のどこかにひっかかるのは、そこに告発の眼差しがあるからだ。展覧会はある意味、時に残酷だ。絵は見られてこそ価値が生まれ、見られ、消費されることでその絵を巡る物語が作られる。もしもこの『スラムのマドンナ』が海を渡ってパリに行っていたら、どんな物語を我々に示してくれていただろうか。または隠してしまったであろうか。いずれにしても一枚の絵と対峙する時、重要なのは、その絵がこの私に一体何を語りかけるのか、ということだと思う。

『スラムのマドンナ』のオーナーと出品交渉していた時に聞いた話の中で、今でも気になっていることがある。彼女は現在、著名な内科医としてサント・トーマス大学病院に勤めているが、両親は戦前からフィリピン美術のコレクターであった。当時マニラ旧市街にあった倉庫には、マナンサラの戦前の作品をはじめ、多くの美術作品を所蔵していたという。それもあの「マニラの死」で灰塵に帰してしまったそうだ。そして、その後調べてみてわかったことだが、母親は国立博物館の美術課長を務めたこともある研究者でまだ健在だが、コレクターであった父親は、一九五八年に四十五歳の若さで他界している。その父親だが、終戦後日本軍の協力者としてフィリピン人民裁判で〝売国奴〟として有罪となり、四年間も獄中にいたようだ。今回の出品拒否とファミリーの戦争体験との間に因果関係があるか否かはわからない。しかし、そこにも絵画を巡って私たちの知る由もない別の物語があるのは確かなことだ。

今から六十年近くも前に、マニラで描かれた『スラムのマドンナ』。哀しいことにスラムはいまでもマニラの街の代表的な表象だ。結果的にこの絵に描かれた現実は、今でも同じように生々しく存在している。それは戦争による荒廃ではなく、グローバライゼーションと腐敗政治という、もの静かな侵略による荒廃の中にある。

「赤い家」の記憶

フィリピン文化センターで二〇〇七年六月から七月にかけて、海外五カ国を含め、十八人の女性アーティストによる展覧会『Trauma, interrupted（トラウマ、一時停止）』が開催された。女性に対する性暴力・虐待のほか、内戦や大規模自然災害によるトラウマとその癒しが全体のテーマである。その中でも何人かの作家が共通してとりあげて中心的テーマとなったのが、第二次世界大戦中の日本軍による〝慰安婦〟の問題だった。ちなみに最近の学会などでは、ややもすると柔らかな印象で問題の核心をぼかしかねない〝慰安婦〟という表現ではなく〝レイプ・ビクティム〟というのが常識だそうだが、ここでは便宜的に〝慰安婦〟を使う。

その展覧会オープニングの日に、日本人パフォーマンス・アーティストのイトー・ターリは、韓国人の元従軍慰安婦をテーマにした作品を披露した。ビニール製の上着をまとって登場したイトーは、やがて空気を入れて乳房とお腹をぱんぱんに膨らましたが、ある瞬間を境にそれが破裂し、全身を痙攣や痛みが襲う。苦悩の時間は長く続いたが、その中からやがて再生が始まり、最後は玉ねぎの皮をむく行為を通じて苦悩の記憶を浄化してゆく……そんなパフォーマンスだった。なんとも心に突き刺さる鋭い作品だったが、それ以上に私の心を揺らしたのは、多くのフィリピン人元慰安婦のロラ（おばあちゃん）たちが、そのパフォーマンスをじっと見つめていたことだ。そのロラたちは、マパニケという村からやって来た。一九四四年十一月二十三日、日本軍の総攻撃で住民の多くが虐殺され、多くの婦女子がレイプされたと言われている村だ。オープニングの翌日、イトーら日本人アーティストたちとともに、今度は私たちがその村を訪れた。

「赤い家」［図74］（バハイ・ナ・プラ）は、マニラから車で三時間、北ルソンに向かう幹線道路沿いに忽然と現れた。赤レンガで覆われた木造二階建ての家は、当時日本軍の宿舎として接収されていたそうだが、十一月の総攻撃の日を境にして、おぞましいレイプ現場となっていった。この家からマパニケ村まで約三キロ。マパニケ村でのレイプの犠牲者によって結成されたマリア・ロラ［図75］というグループは、当初九十人のメンバーがいたが、既に二十八人が亡くなって（当時）、足腰がいまだ丈夫でアクティブな会員は二十人程度となってしまった。もっともレイプ

図74｜「赤い家」

図75｜マパニケ村のロラたち

被害を告白したのは犠牲者の一部で、名乗り出ることをいまだに拒んでいる人々も多いという。そのグループのリーダーをつとめるロラ・リタが、「赤い家」で私たちを待っていてくれた。以下は彼女の証言である。

「その日は朝の六時から砲撃が始まった。砲撃などから生き残った者のうち、成人男性は村の小学校に集められて虐殺された。自分は日本兵に捕らえられ、この「赤い家」で一昼夜監禁されてレイプされた。」

ロラの話を聞きながら、私は「赤い家」の外の田園風景を眺めていた。その当時も、こうして田んぼはみずみずしい姿でそこに広がっていたのだろうか。六十数年の時間が止まったように思えた。「赤い家」の後に訪れたマパニケ村の教会では、七十三歳から八十一歳までの二十一人のロラが集まった。ちょうど私の母親と同じ世代だ。七十三歳といえば、被害のあった一九四四年当時は十歳ということになる。想像を超える悲しい現実が目の前にあった。そしてあえて不謹慎な言い方をすれば、こんなにたくさんのレイプ犠牲者と一堂に話をすることなど、無論生まれて初めての経験だった。

従軍慰安婦問題は、一九九一年に韓国の金学順らが日本政府による公式謝罪と補償を求めて東京地裁に提訴したことから始まり、その後フィリピンでも名乗り出る人たちが現れた。焦点となっている政府の公式謝罪について、一九九三年当時の河野洋平内閣官房長官が政府の関与を認めた「河野談話」というものがあるが、問題の核心は、日本政府が明確に謝罪していないのではないか、という疑念にある。補償について日本政府は国家賠償等で解決済みという立場で、フィリピンでは一九五六年に日比賠償協定が成立している。しかしそこにはレイプ被害者への補償は含まれておらず、その後充分に加害者を裁くこともなく、フィリピン政府から犠牲者への支援も一切ない。ただ日本政府は、一九九五年に民間資金を集めて「女性のためのアジア平和国民基金」を設立し、被害者に一人あたり二百万円の見舞金を支給した。しかしこれも、政府の補償でないことから受け取りを拒否したロラもいる。なおこの基金は〝役割を終えた〟として、二〇〇七年に解散している。集会では、彼女たちの体験談や日本への訴えとともに、イトー・ターリによるパフォーマンスを見た感想も聞くことができた。表現活動というものが、人間の心の傷に対して何ができるのか、また何ができないのか、どちらも真実で、その意味するところは大きくて深い。

「こうして展覧会で取り上げられ、多くの人たちが私たちのことを表現してくれることで、私たちの心の傷は少しずつ和らいでゆくような気がします。」（ロラ・リタ）

「玉ねぎの皮を一枚一枚はぐように、心の傷を少しずつはがしていっても、心に残った傷、そのトラウマを完全に取り除くことはできないでしょう。」（ロラ・ペルラ）

「赤い家」はロラたちにとってつらく忌まわしい記憶の源泉だけれども、トラウマと闘い、謝罪と補償を求めて自らを表現してゆく記憶を支える、確かな拠り所でもあるのだ。十年後にこの家がどうなっているのか、朽ち果てているか、人手に渡って真新しい家になっているのか、誰にもわからない。もしも何年か経ってこのロラたちが皆この世を去り、そしてこの「赤い家」も無くなってしまったら、この村で起こったことはどんな意味を持ち得るのだろうか。まだ今はかろうじて、ロラたちの記憶を蘇らせる装置として、「赤い家」は圧倒的な存在感で私たちに訴えかけてくる。ロラたちの最も望んでいる国による謝罪や補償の問題は私には大きすぎるテーマだけれど、記憶の風化のことならば、もしかしたら少しでも何かができるかもしれないと思った。

第8章　交流の基層となるもの——日比をつなぐ二つの血——

バギオの〝アボン（家）〟

バギオでは二月から三月頃が最も良い季節。十五度前後の涼しい気温の中、この町が誇るフラワーフェスティバルが毎年開催される。二〇〇六年にはそのフェスティバルの最中に、バギオでは初めてとなる「日本文化祭」［図76］がバギオ市コンベンションセンターで開かれた。国際交流基金が提供する日本人形展、写真展、映画祭、それに日本のＮＧＯが参加して生け花やお茶を披露、現地の日系人らが中心となって賑やかなフェスティバルとなった。

バギオは戦前の日系移民揺籃の土地である。一八九八年にフィリピンが米国の殖民地になった後、米国政府がバギオを避暑地にするために開発が始まったが、マニラからの幹線道路の工事が非常に困難を極め、日本の労働者を投入したのがきっかけ。日本からまとまった第一陣の移民がやって来たのが一九〇三年。その道路は今でも〝ベンゲットロード〟として健在だ。道路が完成した後、日本人移民労働者はダバオなどフィリピン各地に移住したが、バギオやその周辺の街にも多く残り、農業、建設業、商業などに従事した。一九二一年に日本人会、二四年には日本人学校も作られ、戦争前の三九年当時、バギオの総人口二千四百人の内、約千人が日本人だったとの記録がある。当時のバギオの様子は移民百周年を記念して出版された『Japanese Pioneers –In the Northern Philippine Highlands（北部フィリピン山地の日本人パイオニアたち）』に、貴重な写真付きで詳しく紹介されている。市街図を見ると、目抜き通りにある店舗の二軒に一軒は日本の商店で、特に雑貨商が目立つ。日本の商店や日本人はその当時、流行の最先端、外界への窓口として憧れの的だったようだ。

今その戦前からの日系人の子孫たちは、六世まで含めて合計で六千七百名（二〇〇五年時点）。北ルソン・フィリピン日系人財団という組織がまとめ役となって、様々な活動を行っている。財団の通称は「アボン」。土地の言葉で「家」を意味する。バギオ市内の中心部を見下ろす小高い丘の中腹にある二階建ての瀟洒な邸宅を改築して、事務所を運営している。この財団の基礎を築いたのは日本人シスターの海野常世《うんのとこよ》。一九七二年にバギオを訪れて以来、この地方に放置された日本人戦没者の遺骨収集に着手し、それと同時にうち捨てられた日系人を支援する組織を立ち上げた。シスター海野は、ここではまさに天使のような存在で、彼女の献身は永遠にバギオの日系人の間に語り継がれていくだろう。

図 76 ｜バギオの日本祭

図 77 ｜カルロス寺岡とその家族ら

彼女は一九八九年に亡くなったが、その遺志を継いでアボンを切り盛りしているのが、日系二世のカルロス寺岡［図77］と彼の親族。寺岡はここを拠点に、北ルソン地方のみならず、フィリピン全土の日系人組織も束ねている。彼の父親は山口県出身、母親はフィリピン人。戦争の直前に父が急死してから、寺岡家の悲劇が始まった。二人の兄の内、長男は日本軍にスパイ容疑で銃殺され、次男は逆にフィリピン人のゲリラに殺された。山中を逃亡中に米軍の機銃掃射で母親も亡くした。なにもかも失って戦後帰国。しかし日本は安住の地ではなかった。当時まだ日本国籍の取得が認められていなかったため、様々なかたちで差別され疎外感を味わい、結局フィリピンに戻り永住を決意した。その後苦労を重ねて、今ではバギオから車で三時間のパンガシナンに広大な農場を経営するまでになった。

日本文化祭の開催に先立ち、アボンに共催者となってもらうため二〇〇五年十月にバギオを訪れ、そこで寺岡と初めて出会った。ちょうど同じ時期に高知県からの視察団が訪問していて、歓迎のメッセージを兼ねた寺岡の講演があったが、戦時中の話になった途端、彼は突然涙を抑えきれなくなって嗚咽した。日本人が訪れるたび、おそらく思い出したくない記憶を無理に搾り出し、こうして語り聞かせているのだろうと、聞いている私も辛くなった。寺岡と一緒に生き残った妹のマリエは、シスター海野の遺志を次いで遺骨収集を続け、定期的にその遺骨を日本に持ち帰っていたが、残念ながら二〇〇七年の暮れに亡くなった。フィリピンでの日本人戦没者の数は五十一万八千人。そのうち遺骨が収集されたのは十三万二千柱にすぎない。まだ三十八万柱の遺骨が行方不明なのだ。ここバギオは、フィリピンにおいて太平洋戦争が始まった場所であり（最初の空爆）、終わった場所でもある（降伏文書の調印）。戦後六十年以上が経ってもいまだにこうして現実に淡々と戦争の後始末をし続けている人々がいることに、なんともやるせない気持ちになった。日本にいるだけでは見えてこない現実、そんな現実がこの国では日常的ですらある。〝アムネシア（記憶喪失）〟は、日本とフィリピンの関係を解く鍵だと思う。

初めて開催された日本文化祭のオープニングには地元選出の下院議員やバギオ市長など各界の重要人物が集まり、地元メディアでも大きく取り上げられた。予想以上に日本への関心は高い。日本人会の人の話では、数年前までは日本の出し物に対して土地の言葉で露骨な悪口が聞かれたが、最近はそんなことも無くなったそうだ。戦争の記憶に関する日本人のアムネシアは激しいが、フィリピン人だって忘れつつあるのも事実。バギオの人々が日本や日本人に寄せる思いは、おそらく戦後六十年以上が経ち、いまようやく戦争前に日本に抱いていたような憧れに近い気持ちに近づいているのかもしれない。かつて戦前、日本人の雑貨屋に外の世界の香りを嗅いでいたように、日本食や日本のファッションに、熱い視線を寄せている。日本文化の紹介や日本語教育、アーティストの交流など、特別な縁で結ばれたこのバギオでやることはたくさんあると思った。

ダバオの日系移民

国際交流基金の調査によれば、二〇〇九年時点で全世界三百六十五万人が様々な学校で学んでいると言われている日本語。日本語を始める動機は人それぞれだが、今の若い人なら〝日本のアニメや漫画が好きだから〟というのが普通で、大学生くらいになると〝就職に役立つから〟といったことが多い。テクノロジーとポピュラーカルチャー。これが大多数の外国人がまずは抱く日本のイメージ。しかしこの世界には、そうした表層的なイメージを通した日本とのつながりよりも、もっと生々しく、そして残酷なまでに運命的に日本とつながっている場所もある。

日本語スピーチコンテスト。〔図78〕世界各国で日本語を学ぶ人たちのために行われる一大イベント。フィリピンでは二〇〇六年で三十三回目を迎え、二月に開催された。会場となったショッピングセンターの映画館は大勢の聴衆で満員となり、期待と適度の緊張感に包まれた。日本語の学習時間数などによってビギナー部門とオープン部門に分けられて、それぞれ五人と七人が五分ずつのスピーチを行った。私は主催者として審査に加わったが、個人的

図78｜第33回スピーチコンテスト

な感想として圧倒的に印象に残っているのは、ミンダナオ島南部の町ダバオからやって来た二人の若者のことだ。この二人はおそらく私だけでなく、多くの聴衆にも強い印象を残し、オープン部門の一位と二位を受賞した。一位のクリス・ランス・ラサイ君はダバオにあるミンダナオ国際大学の三年生。中等教育が四年制のこの国では大学三年生でもまだ十八歳。ちょうど日本の大学一年生と同じ歳だ。スピーチのタイトルは「二つの血」。ダバオからさらに南に車で四十分のところにある生まれ育ったトリルという町の日系人についての話。大学の授業で戦前の日系麻農園の調査をした時の老人たちとの対話が彼のスピーチのテーマだった。

「当時、トリルでは日本やアメリカ軍の船に使われる麻を生産していました。だから高い値段で売れるので、給料も高く、フィリピンだけでなく、日本からも多くの働き手が集まって来ました。その後千以上の日本の会社が来て、近代的な産業を作ったそうです。しかし私がもっと驚いたのは、二万人以上の日本人がダバオやトリルに住み、日本人がフィリピン人のもとで働き、日本人のもとでフィリピン人が働く。国籍や習慣を超えて、五十年もの長い間、協力して平和に暮らしていたことです。今わかっているだけでも、トリルの人口の十人に一人は日系人です。これは日本人とフィリピン人が仲良く暮らしていた証なのに、素晴らしいことなのに、フィリピン人はこのことを知りません。」

私自身もフィリピンにおける日系人の問題について詳しく知ったのはマニラに赴任してからだ。聞けば聞くほど、これまでの自分の無知に、そして大多数の日本人の無関心に疑問が湧いてきた。ルソン島のベンゲットロードの建設が一段落した後、それに携わっていた移民労働者たちはフィリピン全土に散らばって行った。そしてダバオでは麻（アバカ）農園が開拓〔図79〕されて活況を呈し、最盛期にはフィリピン全土にいた三万人の日本人の内、二万人がダバオで暮らしていたという。現代ではフィリピン在留邦人の数が一万三千人（二〇〇六年当時）だから、その二倍以上いたことになる。いまは国際化という言葉をよく耳にするけれど、日比の人間関係について言えば、ある意味戦前のほうがむしろ国際化が進んでいたのかもしれない。

ところがこの日本人移民労働者とその家族の生活を、戦争が根底から破壊した。百五十万人以上が亡くなったといわれる戦争の後、日本人である彼らはフィリピン人からの報復を恐れ、ある者は山中に逃れ、逃げずともその出自ゆえに社会の底辺に置かれ、日本政府の支援もなく、文字通り〝棄民〟として艱難辛苦の日々であったそうだ。その様子は『ハポン—フィリピン日系人の長い戦後—』という本に詳しく書かれている。

八〇年代になって、日系人の困窮を目の当たりにした日本への帰還兵や元ダバオの日系人が中心となり、救済運動が始まった。NGOや宗教団体の支援のもとに日系人組織を作って生活支援や権利保護が行われた。今ではダバオ市内に立派な日系人会館があり、会員は五千五百人。間違いなくアジアで最大の日系人組織だ。会員の中にはまだ一世も四名存命で(二〇〇五年時点)、既に五世の会員まで誕生している。

こうした日系人に対する支援の中で最も重要な活動が日本国籍の取得問題である。つらく苦しい無国籍状態に関心が向けられたのが八〇年代後半になってからで、日本の厚生省の調査団が送られたのが一九八八年。親が日本人と証明のできる二世はほぼ全員既に日本国籍を取得しているが、現在の問題はそれが証明できない人たちが約八百名いることである。しかしそうした人々のもとにも二〇〇六年二月に朗報が届いた。父親が日本人であることを書類によって確認はできないが、状況証拠で日本人であると認定して新たに戸籍を認める〝就籍〟の第一号がついに誕生したのだ。実はこの

図79｜“ダバオ開拓の父” 太田恭三郎の記念碑

図80｜ミンダナオ国際大学

〝就籍〟という制度だが、中国における残留邦人のケースはこれがほとんどで、既に六千人以上が日本国籍を認められて永住帰国している。中国残留孤児のことは誰でも聞いたことがあるだろう。しかしフィリピンの〝孤児〟たちは、いかに長い間世間から無視され続けてきたことだろう。同じ日本人として、かくも異なる境遇に置かれた人たちが大勢いること、仕事や旅行でこれまで何度もアジアを訪れていたのに、アジア最大の日系人コミュニティーについてその存在すら知らなかったことは、少なからずショックだった。しかしこの日系人コミュニティーの存在は、色々な意味で今後ますます注目されてゆくであろう。文化交流というジャンルにおいても彼らが重要なプレーヤーになる日はそう遠くない。その意味でも無関心ではいられない。

二〇〇五年十月、『ハポン』の著者であり、その時期に国際交流基金の客員教授としてマニラに派遣されていた大野俊教授とダバオに向かい、ミンダナオ国際大学［図80］を訪問した。この大学は日本のNGOの支援を受けて設立されてまだ四年目（当時）の大学だが、二百五十名の学生が在籍していた。日本から五人の常勤の日本人教師を受け入れ、比較的恵まれた環境で日本語を学んでいた。多くの学生の夢は日本語をマスターして日本で働くこと。前述したスピーチコンテストで受賞した二人は、そんな学生たちのトップランナーだ。ラサイ君のスピーチは次のように締めくくられた。

「戦後、日系人はいじめられるので名前を変えて、静かに暮らしていました。でも、小さな村では名前を変えてもわかるので、山の奥に隠れ、また、わかるともっと山の奥に家族と三十年も逃げました。みんな、ずっと服は一枚だけでした。本当のことを話すと、こんな悲しい歴史を私は知りたくなかったです。それは私だけではありません。フィリピン人にとっては忘れたい歴史だから、戦前の素晴らしいこともみんなに伝えなかったのだと思います。インタビューの最後に、「よく我慢しましたね。」と、私がおばあさんに言うと、「二つの血が流れているから強いんだよ。」顔は涙でいっぱいでしたが、おばあさんの言葉は二つの国が、昔のようにもっと強く協力できる日が近いことを、私に教えてくれているように思いました。」

若い十八歳のまっすぐな眼差しの向こうには何があるのだろうか？　彼にとっての日本とは、私にとってのフィリピンとは比べものにならないくらいにずしりと重いものかもしれない。

美しい多島海の島々と日本人

フィリピンの日系人が多い地域はバギオを中心とした北部ルソンとミンダナオのダバオであるが、ビサヤ地方の西部に位置するパナイ島も緑の深い土地だ。その中心都市がイロイロで、フィリピンの多くの地方都市がそうであるように、ここもたくさんの大学が集まる学園都市である。パナイ島はもとより、ビザヤ地方の他の島々やミンダナオ島からも学生がやって来る。そんな多くの若者で活気にあふれた町の中心的な大学である西ビサヤ国立大学で、二〇〇七年十一月に日本映画祭が開催された。

ところでこの地方の人々の言語は公用語のタガログ語とは異なる。フィリピンは十の主要言語の他に、百以上もの少数言語がある多言語国家だが、国語として指定されているのはタガログ語のみ。ビサヤ地方ではビサヤ諸語と総称される言葉が話されていて、タガログ語に次いで言語人口の多いセブアノ語を話す人は、実に千八百万人に及ぶという。英語が公用語の国ということが強調されるけれど、もう一つの公用語であるタガログ語のほかに、多くの国民が自分たちの母語（ローカル言語）を持っていて、半数以上の国民がそれら三つの言葉を話す、いや話さなくてはならないということは驚きである。

イロイロを訪れるのは初めてだが、ここは歴史遺産の町として有名で、今回はそれを観るのも楽しみの一つ

図81｜「村上バザール」だった建物

だった。もともと十九世紀後半より砂糖産業が盛んになり、イロイロはその積み出し港として発展した。町には二十世紀初頭以降に建築されたショップハウスや倉庫、そして豪華な邸宅から普通の民家まで、多くの建築物がオリジナルの状態で残されていて、古き良き時代のノスタルジーと現代の喧騒が混沌となった独特な雰囲気のある町だ。ただし最近はマニラと同じような巨大ショッピングモールがいくつも作られ、どこにでもあるファーストフードのチェーン店が急増し、古き良き面影を伝える建築物は徐々に肩身が狭くなる一方のようだ。行政による本格的な町並み保存の計画もなく、住民や専門家主体の運動もほとんどない。日本や他の国での町並み保存の運動とその成果について、機会があったらぜひ伝えてみたいと思った。

そんなイロイロにもかつて多くの日本人が暮らしていた。バギオの道路建設が一九〇五年に一段落した後、多くの日本人がフィリピン全国に散らばり、この町も定住先の一つとなった。一九一九年には日本人会、二八年には日本人学校が開設されている。太平洋戦争前夜には六百人を超える日本人が生活していたが、ビサヤ地方らしくその三分の一が漁師だったという。当時の面影をしのぶ建物もいくつか残されていて、町の中心部には日本人が経営していた雑貨商店「村上バザール」［図81］のあったショップハウスもいまだ健在だ。戦時中は海上交通の要、そして砂糖という戦略物質の調達のため、日本軍の司令部も置かれていた。いまその司令部に使われていた建物は、国立フィリピン大学イロイロ校となっている。戦況が悪化すると、日本軍はこの町を放棄して山中に撤退したため、マニラやフィリピン各地の多くの町のような戦闘による破壊は免れたという。しかしこの島の人々も、日本軍の侵攻によって多大な犠牲を被ったことに変わりはない。イロイロと近郊の村を舞台にした戦争がもたらした悲劇の物語は、ステヴァン・ハヴェリャーナの『暁を見ずに』に生々しく描かれている。この国はどこへ行っても、日本人とのつながりの痕跡、そして戦争の記憶が残されている。

日本の敗戦でこの町に住めなくなった日本人の多くはその後祖国へ帰国したが、少数であるが戦後もここに残って住み続けている日本人の子孫もいる。また、八〇年代以降増えた日比国際結婚でやって来た日本人やその子供たちが相当数いる。そして大学で日本語を教えるためにやって来た日本人、ここを定年後の第二の人生の地と選び退職者ビザを取得して定住する人など、実に様々な日本人が暮らしている。映画祭で訪れたこの町で、こうした日本人の何人かに出会い、またここで暮らした日本人の話を聞くことができた。バギオやダバオ、そしてこのイロイロ以外にも、この国の津々浦々に多くの日系人や日本人が暮らしていて、日本とフィリピンの理想と現実との間で日々奮闘しているのだと思う。

黒潮でつながるフィリピンと沖縄

日本からフィリピンへの移民の中で、沖縄からの移民が占める割合が圧倒的に多い。一九四〇年当時の資料によれば、フィリピンにいた一万九千二百八十八人の日本人の内、沖縄県人が九千八百九十九人と半数を超えていた。例えば漁業の世界では、フィリピンの複雑な海岸線と遠浅の海は、追込漁を得意とした糸満の漁師にとっては格好の漁場だったらしく、マニラにおける漁業の実権は沖縄の人々が握っていたようだ。戦後は米軍キャンプのある沖縄で多くのフィリピン人が働いていた。フィリピンと沖縄をつなぐ絆は想像以上に太いのだ。フィリピンに赴任して以来、この黒潮の道によってつながっている沖縄とフィリピンとの交流事業は、ぜひともやってみたいことの一つだった。

好機が訪れたのは二〇〇八年七月。「日比友好月間」のオープニングに、NPO法人沖縄文化民間交流協会

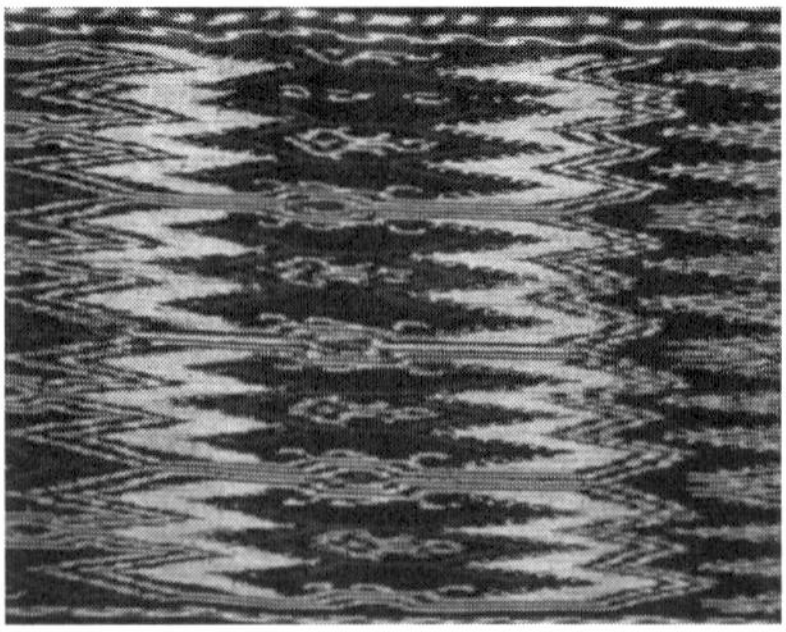

図82｜ティナラク

図83｜喜瀬慎仁（中央）の三線ワークショップ

の協力を得て、沖縄から十五人の舞踊団を招待した。同協会は一九八九年の創設以来、二十年以上にわたって沖縄舞踊の流派を超えた一流の公演団を組織し、二十か国以上の国々で海外公演を行い称賛を浴びてきた。沖縄舞踊は、宮廷舞踊と民衆踊りという対極的な二つの要素を同時に持ったためずらしい舞踊だ。宮廷舞踊は能を彷彿とさせる摺り足と優雅な所作を基本に、華やかな衣装が彩りを添える。一方民衆の踊りは、日常の生活や沖縄の自然をモチーフとした生き生きとして軽快な動きが特徴。こうした多様性ゆえ、海外における日本文化紹介事業の中でも、和太鼓や津軽三味線などと並ぶ〝御三家〟として人気の分野である。マニラでの公演は大盛況だった。

そして翌年の二〇〇九年には、その舞踊公演で地謡（じかた）の一員として来比した沖縄の歌三線（うたさんしん）の名人である喜瀬慎仁を招待した。沖縄を代表する伝統芸能である組踊りと琉球舞踊の二つの分野で、国が定めた重要無形文化財の総合指定の一員である喜瀬は、同年文化庁から「文化交流使」に選定され、文字通り沖縄からの特使としてやって来た。

沖縄とフィリピンは色々な意味で近い。沖縄名物のゴーヤー（苦瓜）はフィリピンでもよく食べられているし、パパイヤやマンゴーなどフルーツの植生も似ている。フィリピンの先住民は、沖縄のオジイやオバアと顔つきもそっくりである。喜瀬によれば、沖縄方言にはタガログ語の〝パタイ（死）〟と同じ言葉があるそうだ。また、沖縄には芭蕉布というバナナ（芭蕉）科の繊維から作られる民衆に愛用されていた織物があるが、フィリピンにも芭蕉の一種であるアバカを用いた織物が残っている。かつてはフィリピン全土にあったようだが、現在ではミンダナオ島南西部のチボリ族に伝わるティナラク［図82］という織物が最も原型をとどめていて有名だ。芭蕉布とティナラクとの間には、黒潮でつながっている島国で暮らしていた人々の交流の痕跡が残されている。

「文化交流使」としてのフィリピン・ツアーでは、マニラのほかに日系人と縁の深いバギオやダバオでもリサイタルを行った。中国起源の三弦楽器が沖縄風に改良されてできた三線。独特の節回しの歌を乗せて、堂々としていてかつ哀愁が漂う。かつてはフィリピンに移住した沖縄の人々の間でも流れていた音楽に違いない。リサイタル以外にも大学や高校などでワークショップを行った［図83］。中国大陸と東南アジアからの文物を巧みに取り入れて成立した〝ハロハロ〟な沖縄文化のこと、音楽の中にもその交流の痕跡が隠されているはずだ。ワークショップに参加する学生の多くは西洋ギター専攻だが、どこかなつかしく響く沖縄音楽に触れることで、ひょっとしたら彼らのルーツにつながる感覚を少しでも呼び覚ますことができたかもしれない。

文化交流は人と人とをつなぐ仕事だ。新しい出会いはそれだけでかけがいのない価値を持つが、それが人と人とのつながりの記憶を、ひょっとしたら古き時代から交流してきた民族と民族の記憶を呼び覚ます可能性があるものであれば、そこにはまた別の意味が生まれる。様々な国や地域の文化が行き交った沖縄の芸能の中には、そうした交流の痕跡が残されているのではないかと思った。

日本を夢見る日本人の子供たち

日本で生まれ、日本人の両親を持つ私たちには自明のものである日本国籍。この日本国籍をめぐって、フィリピンには、私たちの想像力をはるかに超える物語がある。ジャパニーズ・フィリピーノ・チルドレン、通称〝JFC〟といわれる日比混血児。〝混血児〟というと最近では差別用語で、〝国際児〟と表記されるようになってきているようだ。誰だって多かれ少なかれ血は混じっているのに、そこで〝日比〟を強調することで偏見や差別が生まれるという主張だ。ちなみに〝ハーフ〟という言い方も古いようで、〝ダブル〟という言葉が使われ始めている。血という物理的な交じりに焦点を当てるのではなく、文化的なアイデンティティに着目すれば、二つの文化を背負った〝ダブル〟になるという意味だ。

さてそのＪＦＣだが、特に八〇年代から急増したフィリピン人エンターテイナーと日本人男性との間に生まれた子供が多く、現在約十万人以上いると見られている。多くはフィリピン国籍を持ちフィリピンに住んでいるが、日本国籍を持っている子供たちもいる。そんな七才〜十八才のＪＦＣ八人からなるテアトロ・アケボノ［図84］の日本ツアー直前公演が、二〇〇七年五月にマニラで行われた。この劇団を主宰しているのは、マニラを拠点に活動するDAWN（Development Action for Women Network（発展と行動のための女性ネットワーク））というNGOで、日本へ渡ったエンターテイナー（通称〝ジャパゆき〟）の帰国後の心のケアや、自立支援を推進している。厳しい労働、性的虐待、結婚や恋愛の失敗、そしてフィリピンへ帰国後の周囲からの差別や生活苦などで精神的バランスを崩す女性が多く、このＤＡＷＮは、そうした心に傷を抱えた元ジャパゆきの駆け込み寺となっている。カウンセリングや研修にやって来る母親とともに、多くのＪＦＣがこの事務所を訪れるが、いつしかそうした子供たちに対しても、日本語を教えるなどの支援活動を行うようになった。このテアトロ・アケボノもそうしたＪＦＣ支援活動の一環で、日本公演ツアーはこれで十回目になる。

DAWNと私たちとの関係は、二〇〇六年十一月、前出のアルマ・キントによるワークショップを日本文化センターの助成事業として実施したことにさかのぼる。参加したのは約十名のＪＦＣの子供たち。将来の夢をドローウィングやパッチワークで作品に仕上げ、アートを通して心の癒しをしようというものだった。そして、今度はそのワークショップに参加した子供たちを中心に八人のメンバーで劇団を作り、日本へ公演旅行に行く計画だ。そのための準備ワークショップも私たちが協力して実施した。

この劇団のメンバーの中に、マサユキ（当時十三才）とチエコ（同十才）［図85］という二人の兄妹がいた。両親が同じ兄妹でも、兄は日本人、妹はフィリピン人だ。マサユキは三才まで日本にいたが、その後両親は離婚して母親はフィリピンに帰国。帰国の際に母のお腹の中にいたチエコは父親から認知を受けることもなくフィリピンで生まれ、その後父親とは音信不通となった。日本の民法では、父親が日本人であれば出生地に関係なく日本国籍を取得できるが、出産前の認知が前提。ＪＦＣが抱える多くのケースでは、父親が行方不明、もしくは認知がなされず、結果的に母親と同じフィリピン国籍となるケースが多い。しかし国籍が日本だということだけで幸せが保障されるとは限らない。マサユキの場合、周りのいじめや母親が家にいつかなかったこともあり、やがて不登校となってしまった。DAWNに通うようになり、同じ境遇にいる友達と出会うまでは希望を失っていたそうだ。今では母親とともに事務所の近くに移り住んで学校にも通っている。二〇〇六年のワークショップにも参加していたが、ドローウィングがとても繊細で色使いもうまく、きらりとした才能を感じさせる子だ。

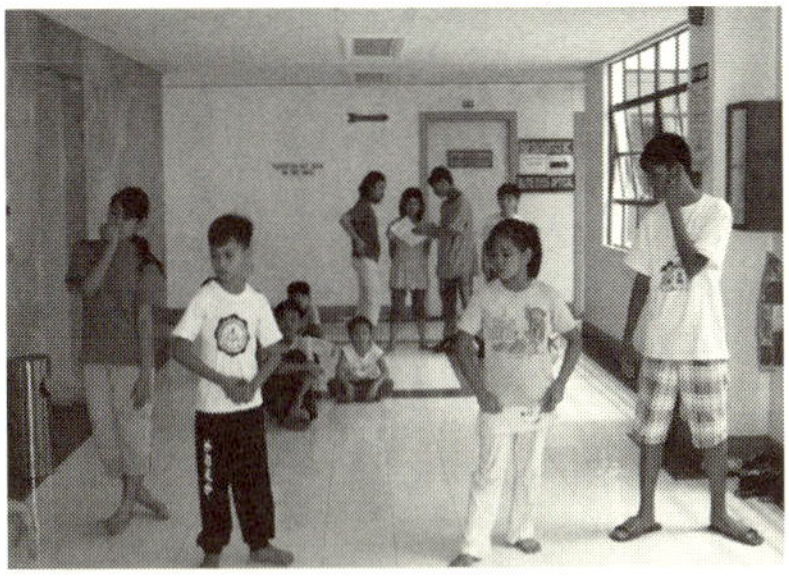

図84｜テアトロ・アケボノ

図85｜マサユキとチエコ

実はこのＪＦＣ問題、このところようやく社会的にクローズアップされるようになってきている。セブ島にあるセブ日本人会では、ＪＦＣのための日本語クラスを運営したり、日本国籍を持つＪＦＣの日本渡航と仕事の斡旋なども始めていたが、二〇〇七年には「新日系人ネットワーク」という組織を立ち上げて全国規模で運動の先頭に立つようになった。日本国籍を持つＪＦＣは、フィリピンにおいてビザなしで長期滞在している、法律的にはいわば不法滞在者扱いとなる。そのため日本へ出国する際には多額の罰金を支払う必要がある。しかし、そんな大金普通は持っていない。新日系人ネットワークではそうした不遇な日本国籍のＪＦＣを助けるべく、アロヨ大統領（当時）と出入国管理局に嘆願状を出し、日本出国にあたっての罰金の免除を訴えていたが、その嘆願が認められるという朗報もあった。

二〇〇四年の統計によれば、日本の婚姻の年間総計が七十二万組で、国際結婚が約四万組。その内、夫が日本人で妻がフィリピン人のケースが八千四百件。ちなみに逆はたったの百二十組で、日比国際結婚の特殊性が十分に推察される数字だ。いずれにしてもフィリピンは、日本人の国際結婚の相手としては中国に次いで堂々の二位。子供（ＪＦＣ）の数も、数千人から一万人の単位で毎年増え続けていると推測され、現在は冒頭に書いた通り十万人を超すとも言われている。しかしその多くは貧しい階層の出身で、社会的弱者、周囲の偏見にも囲まれて悲惨な状況にある。世の中の人々の間では、所詮ジャパゆきと無責任な日本人父親の身勝手から生まれた悲劇、プライベートな問題にまで一々同情はできないという意見もあるが、子供たちに罪はないことは確か。ある時期大量のジャパゆきを生み出したのは、そもそも日本とフィリピンの社会が持つ宿痾という側面もあるし、ＪＦＣ問題に対応できない両国の現行法の不備も指摘されている。たとえば、この国で暮らす日本国籍を持ったＪＦＣが、日本国憲法で保証されている〝生存権〟（すべて国民は、健康で文化的な最低限度の生活を営む権利を有する）が与えられているのだろうか、と疑問に思えることも多い。そんなＪＦＣをめぐる様々な問題に対処すべく二〇〇七年四月には、DAWNと同じビルの中にCenter for Japanese-Filipino Children's Assistanceという新たなＮＧＯが立ち上がり、まずはＪＦＣの実態調査をするということで、初の全国調査が始まった。十万人のＪＦＣとはいうものの、その数字はまったくの推測。人数はもとより、国籍はどうなっているのか、生活状況なども含めてデータの蓄積はゼロ。一体どれくらいの日本国籍を持ったＪＦＣがいるのか想像もつかない。

今回のテアトロ・アケボノのツアーには、もう一つ重要な仕掛けがある。この八人のＪＦＣの父親の国への公演旅行に、同じＪＦＣである若手の脚本家が同行した。既に本稿でも紹介したミチコ・ヤマモト。名前は日本人のようだが国籍はフィリピン。日本語は全くわからない。父親は日本人、母親はフィリピン人元エンターテイナーだ。父親には一度も会ったこともなければ、日本に行ったこともない。国際交流基金では毎年その国の重要な文化人を短期間日本に招待するプログラムがあるが、二〇〇七年はこのヤマモトを招待した。ヤマモトについては第三章で紹介したが、脚本二作目である『マキシモは花ざかり』が大成功を収め、現在フィリピンで最も注目されている脚本家だ。そんな彼女がＪＦＣの物語で新作映画を作ろうとしている。ヤマモト本人はとても恥ずかしがりやでなかなか自分について多くを語ろうとしない中、ＪＦＣのストーリーを夢見る彼女の目はきらきら輝いていた。

今回の日本ツアーでは、埼玉、川崎、新潟、大阪、福岡などを巡り、各地の学校や教会などで公演を行った。ミュージカル仕立ての芝居で、マサユキやチエコの両親たちのストーリーをメンバーみんなで作り上げた。劇中、彼らの心中を正直に吐露するショッキングな場面もある。そしてツアー中、もう一つの目的である父親探しが同時に行われた。

「ぼくはお父さんが大嫌い。でも、思い出さずにはいられないのは何故だろう。ぼくが今、どんな気持ちでいるか、お父さんが知る日は来るのだろうか。ぼくがどれだけ傷ついているか、お父さんにわかってほしい。ぼくの心の傷や悲しみを、すべて吐き出してしまえたらいいのに。いつか、どうにかして、お父さんへの憎しみはなくなるだろう。お父さんを許す？　今はまだ……」（テアトロ・アケボノ公演『贈りもの』より）

さてその後も、このテアトロ・アケボノの日本ツアーは二〇〇八年（第十一回）、二〇〇九年（第十二回）と続いた。第十二回公演ツアーでは、ヤマモトがアケボノのために書き下ろした『鶴犬（クレインドッグ）』という作品が上演された。日比二つの民族の血を引いた自らの出自を、鶴と犬との間に生まれた想像上の動物に託し、葛藤と和解のファンタジー・ドラマに仕立てた作品である。

テアトロ・アケボノのメンバーとして日本へ行くことのできた子供たちの背後には、多くの声なき子供たちが待機していることを忘れることはできない。そうした子供たちに対する自立支援、法律援護についても、今後ますます課題が多くなることだろう。片親が日本人であるならば、いつでも誰でも日本の国籍取得を選択する自由を持つ、そんな単純なことが早く実現されることを願っている。日本に対する神話的幻想は、まだまだこの国では、まして最低限の生活を余儀なくされている人々からすれば、色褪せることはない。けれども、だからといってあたりまえのことだが、日本国籍が幸福を保証するとは限らない。日本かフィリピンか、どちらの国籍を選択するにせよ、一つだけ確かなことは、彼ら彼女らが近い将来、日本とフィリピンの二つの国をつなぐ大切な財産になるであろうことだ。その意味で、テアトロ・アケボノや、ミチコ・ヤマモトがやり遂げようとしていることを応援し、そして多くのジャパニーズ・フィリピーノ・チルドレンが、彼らに続いて少しでもその夢に近づけるように、私たちは見守ってゆく必要があるのだと思う。

旧日系人と新日系人

フィリピンに赴任して以来この国の日系人のことがとても気になり、日系人について知りたいと思い、色々なところに出かけては多くの方々から話を伺った。そしてこれまで放置されてきた日系人問題がようやく動き出し、今一度アイデンティティを見直し、自分たちの誇りを回復してゆく運動が盛んになってきているのを知った。そんな状況の中、二〇〇七年十一月にこれまでの日系人の歴史を振り返り、明日のことを考えるシンポジウムがフィリピン大学アジアセンターの主催、国際交流基金の支援で開催された。

ところでこの「日系人」という呼称だが、バギオやダバオを中心に生活している戦前からの移民の子孫と、戦後、特にジャパゆきさんと日本人の父親から生れた子供たちとは、同じ日本人の血を受け継いでいるといっても、前者は「旧日系人」、後者は「新日系人」と呼ばれて区別されている。旧日系人のほうは、現在では日系人連合会という全国組織があって各地方支部もあり、戸籍問題などの法律的な支援や子供たちや孫たちが日本で就労するための斡旋などを手厚く行っているが、新日系人のほうになると前述の通りようやく調査が始まったばかりで、同じ日系人問題の中でも既に明確な格差が生まれ始めている。このシンポジウムでは、旧日系人による移民の歴史、戦後の苦難、そして昨今の復権や戸籍回復について、そして新日系人の抱える社会問題、さらには日本国内における日系人受け入れの問題などが一緒に議論され、旧日系人と新日系人問題の垣根を取り払ってゆく上でも画期的な会議となった。さらにはハワイの日系人史を研究する日本人研究者の発表もあり、ややもすると日比関係の狭い枠の中に埋没しかねない日系人問題を、もっと世界的に広い視座の中で改めて捉えなおす必要があると問題提起された。

日本の海外移住の歴史を紹介する資料館として、最もまとまったものとしては横浜の海外移住資料館が知られている。しかし、そこにはフィリピンへの移民史について一行の紹介もない。この資料館は明治初期から始まった国策移民の歴史、それも特に中南米とハワイを含む北米への移民がほとんどで、フィリピンなど近隣アジア諸国への移民史が欠落している。明治の昔から戦後の復興期に世界各地に移民を送り出した日本。時代は巡り巡って少子高齢化の時代を迎えた日本が、いまや世界中から移民を受け入れる試練に直面している。旧日系人にせよ、新日系人にせよ、フィリピンと日本とにまたがる〝二つの血〟を持つ人々の歴史と今は、私たちに多くのことを語りかけてくれる。

第9章　補助線を引く役割——ＮＧＯ交流の現場——

ＮＧＯ大国

三十数年以上前に出版された『アジアからの直言』という本の中で、編者の鶴見良行は、「文化交流の仕事は補助線を引くことだ」と書いている。政府間の交流や資本の交流関係を〝実線外交〟と呼び、民衆と民衆との間の交流を〝補助線〟と見立てている。日本とフィリピンとの間には、この目では見えない補助線が無数に引かれていて、その補助線をたぐるように毎日ヒトやモノが行き来していると言える。そうした補助線を書き足してゆく上で欠かせないのがＮＧＯの存在だ。

フィリピンは〝ＮＧＯ大国〟といわれるほど多くのＮＧＯが存在しており、その数は五万とも六万とも言われている。一九六〇年代には〝東南アジアの優等生〟と言われていたフィリピンだが、マルコス政権の開発を優先した政策の結果、所得格差と貧困を生みだし、それが多くのＮＧＯを胚胎する要因となった。そしてＮＧＯをめぐる様々な環境の中で、我々日本と決定的に異なるのは、一九八七年、コラソン・アキノ政権下で制定された憲法に、国家の役割の一部をＮＧＯが肩替りするという役割が認められたことだろう。同憲法第二章「原則と国家政策の宣言」第二十三条では、「国家は、国民の福祉を促進する非政府組織、コミュニティーに基礎を置く組織、あるいは部門組織を奨励する」と記載されている。この章ではそうした数多くのフィリピンのＮＧＯの中でも、特に日比交流という文脈において紹介したいＮＧＯの活動について報告する。

図86｜『BASURA バスーラ』（提供：四ノ宮浩）

ゴミに託すメッセージ

二〇一〇年三月、日本文化センターでは「ビデオ・アクト！ 日本のドキュメンタリー映画の現在」と銘打って、『バスーラ』（四ノ宮浩監督）［図86］、『フツーの仕事がしたい』（土屋トカチ）、『遭難フリーター』（岩淵弘樹）、『破片のきらめき』（高橋愼二）、『めぐる』（石井かほり）の五本のドキュメンタリー映画を上映した。この企画の中心に据えた『バスーラ』は一九八八年から二十年間にわたってトンドのスモーキーマウンテンを描いてきた日本人監督四ノ宮浩の、本人いわく〝総仕上げ〟にあたる作品である。日本では既に公開されている映画だが、フィリピンを描いていても肝心のフィリピンでは未公開だった。臭いものには蓋をしたがるフィリピン人や、娯楽作品嗜好の強い大半のフィリピン人にとってはあまり見たくない内容なのかもしれないが、そこをあえて上映したいと考えた。四ノ宮監督はこれまでに『忘れられた子供たち　スカベンジャー』（一九九五年）と『神の子たち』（二〇〇一年）の二作品を制作しており、三作名となる『バスーラ』は、第一作目で主要な登場人物として描かれたクリスティーナとその家族を中心に、スモーキーマウンテンで生活する人々の昔と今を描いている。第一作撮影当時、クリスティーナは十六才。二十年が経過して今では三十六才となり五人の子供の母親である。上映会の当日には彼女と子供たちが全員駆けつけた。

第3章でも触れた通り、八十年代に「スモーキーマウンテン」というトンド出身の子供たちの歌手グループが売れて紅白まで出場して話題となったが、かつてのゴミ捨て場は九四年に閉鎖となり、そこで暮らしていたスクウォッターの家族は、現在では政府から無償で貸与された近くのアパートに移住している。古い〝山〟は閉鎖となったが、甚大なゴミが無くなるわけでもなく、今ではその旧スモーキーマウンテンのすぐ近くに、「アロマごみ捨て場」として新たなスモーキーマウンテンが生まれ、ゴミが集まれば人も集まり、新たに二千世帯、一万人以上が劣悪な環境で暮らすようになっている。〝アロマ（芳香）〟とはいかにも取ってつけたような表現で、現実の悪臭のイメージの対極にある言葉ではある。『バスーラ』を完成させ、〝フィリピンにひと区切りをつける〟ために、四ノ宮はそのアロマごみ捨て場に「バスーラ・ハウス（ゴミの家）」という施設の建設運動を始めた。日本から多くの学生もスタディーツアーで訪れ、現地でボランティア作業にあたっている。そこを拠点に主に子供たちのための診療所にして、日本の学生が宿泊できる施設にもするという計画だ。映画上映の後、私は早速その「バスーラ・ハウス」を見に、アロマごみ捨て場を訪問した。

トンドのスモーキーマウンテンはその時初めて訪れたが、別の地域にある、これまた巨大なゴミ捨て場とそこに自然発生的に生まれた町であるパヤタスについては第2章でも紹介した。ちなみにそのパヤタスで活動する、やはり日本人が作ったＮＧＯであるSOLT（ソルト）では、そこで暮らす母親たちの安定的な収入源を確保するために独自ブランドによるタオルの制作・販売を行っていて、これがなかなか評判となり順調に売り上げを伸ばしている。『バスーラ』の上映とちょうど同じ頃、SOLTでは国際交流基金の支援もあってそのお母さんたちのリーダーを日本に招待し、自分たちが製作している商品のマーケティング調査を行い、オルターナティブ・トレードを推進しているNGOなどと交流を行った。

ビジネス街で近代的なビルの建ち並ぶマカティ地区からアロマごみ捨て場に行くと、まさに〝天国と地獄〟。汚臭と汚泥にまみれたゴミに囲まれて生きている人々の生活は言語に絶する。そんな場所で二十年以上も格闘し、四ノ宮監督は何故この映画を作り、NGOを立ち上げて「バスーラ・ハウス」を建設しているのだろうか。映画の上映後に監督は、三百名を超える観衆の前でこう切り出した。「二十年経ってもフィリピンは全く変わってないんですよね……。」そして、私にはこっそりとこうも言った。「この先もフィリピン政府には全く期待できないよな。」しかし彼はその一方で、自らのホームページでは非常に威勢の良い宣言をしている。『僕は絶対に「日本の若者が世界を変える」礎としての「バスーラ・ハウス」を完成させ、ひとりでも多くのゴミ捨て場の子供たちの命と希望を守ります。』私が直接監督の肉声として聞いた諦念にも似た思いと、この力強い希望に満ちたメッセージとの間にあるギャップは一体何なのだろうか。そして、二十年間の長きにわたって、このフィリピンに対して同じ希望を、そして絶望を持ち続けてきたということは一体どういうことなのだろうか。

第3章でも紹介したアジア映画研究者である石坂健治の著作『ドキュメンタリーの海へ 記録映画作家・土本典昭との対話』（現代書館）の中で、土本のコメントとしてこんな下りがある。

『私がドキュメンタリー映画を作るときも、いつもそこには考えることの快楽があった。最近、「水俣映画をなぜこのように長い間作られたのですか」と聞かれた。私は「水俣病が私を考え続けさせたからです」と答えた。これは私の正直な気持ちだ。』

土本は水俣病を告発する作品を作り続け、それが大きな運動体の中心となり、現に水俣病は大きな社会的関心を集め、住民を動かし、行政を動かし、五十年以上の時を経て、それまでは認定されなかった患者への和解金についてもその支払いに対する裁判所の勧告が出て、ようやく最終的な解決に向かおうとしている。そんな土本と四ノ宮とを比較することはできないが、ここフィリピンの絶対的貧困にも、出会った（出会ってしまった）者に、何かを考えさせる強烈な磁場があることは確かなことだと思う。考えるか、思考を止めるかは、もちろん個人の自由である。ドキュメンタリー映画は、かつて熱い政治の季節の中で、社会変革を唱えるメッセージを揺籃するメディアとして存在していた時代があった。しかしそれが過去のものとなり、運動の主体となるべき確かなバックボーンを具えた思想が失われた現代では、ばらばらに拡散しているかに見える様々な価値観の中にいながらも、とにかく何かに拘泥し、思考をやめないための証であるようだ。思考するだけで何かが変わるかというと、現実にはおそらく何も変わらない。考えることでとりあえず納得してしまうというのも、偽善者すれすれの態度だろう。しかし、ゼロと、ゼロではないこととは確かに違うのだと思う。ここフィリピンは、圧倒的な、ときに信じがたい事実の前に気持ちがすくみ、思考不能の海に沈んでしまう可能性が常につきまとう場所である。それでもなんとか自分の目で見て一度は考えてみること。この『バスーラ』という映画は、そんなことを教えてくれる。

カタリスト（触媒）としての国際交流

海外にいると、時に外国人だからこそできることがある。旧習やしがらみで縛られた地元の人々には思いもよらないこと。そんな大胆なことが、ある意味よそ者であるがゆえに実現できる。バギオに本拠を置くコルディレラ・グリーン・ネットワーク（CGN）というNGOが行っている「コリディレラ・ユース・エコ・サミット」という活動を見ていてその思いを強くした。

バギオからさらにジープニーで北の山中を四時間行ったところに、レパントという鉱山の村がある。山中の村、というより立派な町と言ったほうがいいかもしれない。町全体がLepanto Consolidated Mining Companyが租借する土地で、従業員は現在千七百人。家族を含めれば約七千人が住んでいて、学校、病院、スーパーなどもある。そんな山中奥深くに、かつて映画館として使われていたというかなり立派な劇場もあり、そこが二〇一〇年一月に行われた「エコ・サミット」［図87］の舞台となった。「エコ・サミット」は、コルディレラ地方の子供たちの環境問題への関心を高め、理解を深めるのが目的で、二〇〇八年から始まった。同地方を構成する六つの全ての州（アブラ、アパヤオ、ベンゲット、イフガオ、カリンガ、マウンテン・プロビンス）から代表の高校を選んで、環境をテーマにした演劇作品を創作。自分たちのローカル言語で制作して、一ヶ所に集まって発表するというもの。レパントからもこの鉱山内にあるレパント国立高校の学生たちが参加した。日本人演出家で第1章でも紹介した吉田智久の演出で、それに加え舞踊家の西尾ジュンや日本人ミュージシャンが参加してこのイベントに国際交流の花を添えた。私たちも国際交流の活動に対して初回から支援してきた。

図87｜イフガオ州ハパオ村でのエコ・サミット
（提供：コルディレラ・グリーン・ネットワーク、撮影：直井保彦）

　このイベントの仕掛け人はCGN代表の反町眞理子。鉱山というと、環境破壊の象徴と見られる存在。しかしそんな象徴の懐で、まさに環境問題をテーマにしたイベントを実施するという大胆さである。当初会社側はホストとしての受け入れにあまり積極的ではなかったようだが、反町の持ち前のバイタリティーとCGNスタッフの一人がこの町の出身だったことが幸いして、実現にこぎつけた。開会日には会社側からも代表が挨拶に現れ、環境に配慮した同社のポリシーを私たち外国人やサミットに参加している高校生に力説していた。しかし他のＮＧＯ関係者からあとで聞いたところによれば、鉱山開発によって付近の地盤が弱くなって崩落や沈下の問題に悩まされていることもあるらしく、やはり環境に対して無罪ではいられない。だからこそ、今回の企画の大胆さがわかる。

コルディレラ地方が豊かな金の産地として知られたのは既述の通りだが、ここで鉱山が本格的に開発されたのはアメリカ時代の一九三〇年代になってからである。大恐慌時代の一九三三年に、ルーズベルトが行った政策によって金の価格が急激に高騰した結果、鉱山の大規模開発に拍車をかけた。そしてこのレパントもその時代、一九三六年に開発された。金の他に銅も産出するが、今でも一日あたり千五百トンもの土を掘り出している（金の平均産出量は一トン当たり三グラム）。既に七十年以上も掘り続けていることになるが、まだ新しい鉱脈もみつかっているという。開発当初はアメリカ資本だったが、今では完全にフィリピン資本の株式会社である。日本のフィリピン占領時代には、ここは三井マンカヤン鉱山と言われていて、日本人技術者によって操業されていた縁もある。当時の新聞記事が生き生きと伝えているので、長くなるが引用する。

『比島～装甲車に軽機を据え山から金塊を運ぶ、配当十割の黄金狂時代 金と銅』

【バギオにて 扇谷特派員二十六日発】 皇軍の占領以来すでに三ヶ月フィリッピン諸島の中心地ルソン島はバタアンの一角を残しほぼ全島にわたって治安が確立され力強い建設の歩みを踏み出しているが各産業部門に魁けて中でも資源開発は急速調に進められ世界的に有名なバギオ金山ならびに品位の優秀な点では東洋一と称されるマンカヤン銅山がこのほどわが軍により確保された。同時に内地からは早くも三井マンカヤン銅山調査隊団長山下諭吉氏が乗込み警備隊に守られつつ鶴嘴を揮っているなど占領即建設の面目を遺憾なく発揮、フィリッピン資源の扉は今新東亜建設の脚光を浴びて開かれようとしている。（中略）バギオの金山は七つある、海抜六千尺、松の緑に囲まれた山岳都市バギオ市外南方四十キロにわたる山々に一本の金脈が走っている。通称キーンストン金脈とよばれ幅平均十米、長さ七十六キロにわたる金脈である。この金脈を中心に点在するパラドック・ベンゲット・コンソリテーデッド、イトコン・アンタモック・ゴールドフィールド、ビッグウェッジ・バギオ・ゴールド・デモンストレーションなどの金山がこれで開戦前の産金額は七つの金山で全比島の約七割、ここに働く従業員は家族を合せると二万人といわれる尨大なものでこの金山はさる一月はじめバギオ市の皇軍占領と同時に無血占領された。しかもこの占領に当っては勝手知った在留邦人がわずか一名ないし二名で乗込みアッという間に占領したといわれしたがって鉱山附属の重油こそ焼かれたがその他の施設はそっくりそのまま確保されている。愉快なことは各会社とも日米開戦をみこし万一の場合アメリカ本国と交通遮断されることを予想し旧臘鉱山資材のストックを運び終えたばかりで夥しい鉄管やパイプがそのまま残されてあり今後の資源開発に恰好の資材を提供していることである。現在はこの金山を南北両地区にわけバギオ金山生活二十余年という吉本、稲吉の両技師によって管理されているが金景気の時代には各会社とも配当十割、月二回山からマニラ金塊を運ぶときには装甲自動車に軽機を据え強盗の襲撃に備えるという物々しさだったという。』(『大阪朝日新聞』一九四二年三月二七日)

この企画がさらにユニークなのは、環境破壊の懐で環境問題を考えるイベントをやるということの他にもう一つある。それは、コルディレラの人々の〝イゴロット〟としてのアイデンティティに関わる問題だ。古来コルディレラの人々は部族ごとに激しく対立していて、部族間の抗争〝トライバルウォー〟が絶えなかった。さすがに首狩の習俗は破棄されたが、現代でもまだまだ部族間の争いは多い。そんなアイデンティティの錯綜したコルディレラで、六つ全ての州から子供たちを集めて、しかも芝居ではそれぞれ異なるローカルな言葉を使って演じて英語字幕が付けられる。あくまでも自分たちの足元のアイデンティティを確認しつつ、イゴロットとしての一体感も醸成しようという野心的な意図がある。

Gerard Finin というハワイ大学の研究者が書いた『The Making of Igorot: Contours of Cordillera Consciousness

（イゴロットの創造：コルディレラ意識の輪郭）』という本がある。もともと部族に分かれて抗争に明け暮れていたコルディレラの人々が、歴史的にどのような経緯でイゴロットとしての一体感やアイデンティティを持つまでに至ったのかを描いているが、その中で、アメリカ時代の鉱山の果たした役割を強調している。大量の労働者を必要とする大規模鉱山が、史上初のイゴロット・コミュニティーを生み出し、それがその後のイゴロットとしてのまとまりの原点となっていったという。その意味でこのエコ・サミットは、結果的にはイゴロット・アイデンティティにとって歴史的に縁のある地で、現代のイゴロットの若者たちがそのアイデンティティを確認するという、まさに象徴的なイベントとなった。〝よそ者〟だからこそできるカタリストとしての役割。それは文化交流という仕事の持つ一つの醍醐味でもある。

コルディレラを舞台にした日比合作映画

こうしたコルディレラの山の民の生活に魅せられて、バギオの町を愛してやまない今泉光司という日本人映画監督がいる。小栗康平の助監督などを努めていた今泉は、バギオの町を訪れて以来この町の独特な雰囲気と山の民の懐の深い文化に癒され、訪問を繰り返しては自ら資金を集め、当時のフィリピン情報省などからも協力を得て、七年の歳月を費やして『アボン・小さい家』［図88］という映画を製作し、二〇〇三年にマニラで公開した。この映画の製作には国際交流基金の資金援助もあって縁の深い映画なのだが、初公開から四年が経過して二〇〇七年十一月、今度は私が企画をして日本文化センターの主催で再び上映する機会を得た。

〝アボン〟は土地の言葉で小さい家の意味。イゴロットの村の伝統的家屋の中でも、母屋とは別に普請された離れ小屋のことだ。この映画の主人公はコルディレラに暮らす日系人家族だが、その日系人問題以外にも、貧困と出稼ぎ問題、環境破壊と自然な生活、伝統的な精霊信仰などなど、たくさんのテーマが盛り込まれている。コルディレラの山の中からバギオに出てきた日系フィリピン人三世の家族は、父親の仕事が見つからず、母親の出稼ぎにも失敗し、やがて不法居住者として住んでいた家も破壊されて生れ故郷の村に舞い戻ることになる。しかしそこで再発見したものは、都会の生活には無い自然の恵みと精霊に守られた豊かな生活だった……という物語である。

「人がただ生きるのに高いコストがかかり、常に収入がなければ生きて行けません。日本人の価値観がお金だけになってしまうのも当然なのかもしれません。そんな日本での自分の生活に嫌気がさして日本を飛び出しました。フィリピンの山の中にたどり着いたとき、電気も水道もない山中に家を建て、水を引き先祖や自然界の霊を敬いながら生きている人々の生活を見ました。米があり野菜があり、水と木がある。子供たちにはお母さんがいて、お父さんがいて、小さい家がある。仕事は家畜のめんどうを見て、食べ物を取ってくること。村人と遊んだり儀式をすること。地球で人間が生きるってこれだ。これでいいんだと思いました。」(『アボン・小さい家』上映パンフレットより)

図88 | 『アボン・小さい家』(提供:今泉光司)

マニラでの再上映の際、その舞台挨拶で今泉は、多くの人たちが見慣れたハリウッド映画に比べていかにこの映画がスローであるか、冗句を交えながら話していた。決して声高に主張するわけでもなく、淡々と自然体で。映画がスローなのは、そこに描かれているコルディレラの生活がスローだからだ。そして自然の営みはもっともっと悠久だ。今泉はこの映画を各地で上映するために「サルボン」というNGOを設立したが、八年の間に日本とフィリピン両国で五百回以上上映し、合計で六万人以上の観客動員を数え、まだまだ上映は続いている。『アボン・小さい家』には、一人の日本人がコルディレラと出会い、その土地の人々と交わり格闘した日々の痕跡が、静かに、しかし熱く残されている。

平和構築をモスレム女性たちの手で

二〇〇六年四月、ミンダナオ西部のモスレム文化の中心地であるマラウィ市を訪れた。イスラム教徒が多数を占める土地の訪問はフィリピンに赴任して初めてだった。ミンダナオ北部のカガヤン・デ・オロという町から車で向かったのだが、途中マラウィ市内へつながる山中に入った途端、国軍の検問所が立て続けに増えて緊張感が漂った。しばらく走ると風景は教会からモスクへと一変。目的地のミンダナオ国立大学はラナオ湖を見下ろす美しい高台に広がっていた。

受入役は当時副学長だったエリン・グロ。ミンダナオ国立大学はミンダナオ島一帯に何カ所ものキャンパスを有する総合大学。モスレム分離派の真っ只中にあるともいえる同大学は、対モスレム掃討の戦略上の要衝でもあったため、当時の学長は元フィリピン国軍将校だった。学問の世界ではかなり自主独立なフィリピンにおいては、例外的に政治的な学長ポストである。そんな大学で、彼女はモスレム女性としては初の副学長に就任していた。その後米国でジャーナリズムを研究して大学の報道広報局長として活躍していた。ラナオ湖を守るNGOも運営しており、声を挙げ始めたモスレム女性の先頭に立つ。環境破壊の影響で水位が後退して汚染の進む湖の現状や、十九世紀前半に建てられたスルタンの屋敷で、現在はうち捨てられて崩壊寸前のマラナオ族の伝統家屋（トロガン）［図89］に案内してくれた。紛争や環境破壊さえなければ風光明媚で資源に恵まれ、クリンタン（銅製打楽器）の音が響いてカラフルな民族衣装の舞う、豊かな土地なのだろうと想像した。

この訪問を契機に、モスレム女性たちによるアドボカシーや国際交流事業を支援するようになり、二〇〇七年から二回にわたり、マラウィ、スールー、バシラン、ジェネラルサントスなどミンダナオ各地からメンバーを集めた訪日事業［図90］を支援した。日本政府はミンダナオの復興と開発のために、日本・バンサモロ共同イニシアティブ（通称J-BIRD）などを通じて、教育、衛生、労働などのインフラ整備を重点的に支援しているが、私たちは文化交流や知的交流を通じた平和構築の活動を支援してゆこうと考えた。モスレム女性たちの平和構築に向けた活動は、ミンダナオ、そしてフィリピン、ひいてはアジア地域の安定にとって非常に重要なものである。そんなモスレム女性たちの声がいよいよ高まってきていた。

フィリピンのモスレム女性は様々な意味で差別を受けている。第一にイスラム教徒であるがゆえの差別。この国の大多数を占めるキリスト教徒にとって、モスレムはスペイン植民地時代以来繰り返された戦争の結果、忌々しい敵として歴史に刻まれた。イスラム教に対する理解も不十分で、多くの誤解に満ちあふれている。特にテロが世の中を覆う時代となり、モスレムといえばアブ・サヤフなどイスラム過激派と関係する危険な人々と偏見は強まった。第二に女性であるがゆえの差別。イスラム教は社会規範でもあるが、コーランが伝える教えは女性保護を特色とする。しかし現代社会では時にそれは女性から自由を奪い、

図89｜マラウィの伝統的家屋

図90｜モスレス女性知識人訪日研修

差別の温床ともなる。伝統的イスラム色の強い地域では、女性の教育、結婚、職業選択の自由がいまだに制限されている。さらに問題を複雑にしているのが、民族的出自によるイスラム内部の階層化からくる差別だ。例えばイスラムの雄を名乗るマギンダナオやマラナオは地位が高く、海洋民族であり〝シー・ジプシー〟とも呼ばれるサマやバジャウは低いと考えられている。これが第三の差別。これまで色々な人から話を聞いてわかったことだが、ミンダナオのモスレムといってもアラビア語ができてコーランの教えなどを正しく理解しているのはほんの一握りのエリートたちのみであるようだ。インドネシアのように全国津々浦々にマドラサ（イスラム学校）やプサントレン（寄宿制イスラム学校）があるわけではなく、正規の学校教育の中でイスラム教の教育がいまだにしっかりと根付いていないフィリピンでは、そもそもイスラム・コミュニティー自身の中にイスラムに関する偏見や誤解が存在している。

二〇一〇年一月にダバオで開催されて国際交流基金も支援した「平和の灯火、女性たちの誓い」とされた国際会議［図91］では、紛争が泥沼化しているミンダナオのモスレム自治区を中心に、全国各地から百五十名を超えるモスレム女性リーダーたちが集まり、そうしたモスレム女性に課された様々な試練が報告され、平和構築に向かって皆で行動を共にすることを高らかに宣言した。主催はマグバサキタ財団とイスラム民主主義フィリピン・カウンシル（PCID）。前者は、フィリピン史上ただ一人モスレム女性で上院議員となったサンタニーナ・ラスルが代表で、モスレム社会の識字教育の推進に尽力してきた。PCIDの創立者は娘のアミナ・ラスルで、イスラム社会で重要な役割を担うウラマー（モスレム男性知識人）の全国的組織を作り、イスラム教徒の声を糾合してきた。今回の会議では女性知識人（アラビア語で「アリーマ」）の組織化を目指し、海外からゲストを招いて初の全国大会となった。

二〇〇八年八月に激化したミンダナオの紛争による国内避難民は、その後数ヶ月で五十万人に達したと言われている。長年続いたフィリピン政府とイスラム分離派勢力による和解交渉が成立寸前に決裂し、状況は一気に混迷を深めて内戦状態に逆戻りとなった。いつの世も戦争による最大の犠牲者は、女性や子供などの非戦闘員だ。二〇〇九年十一月にはマギンダナオ州で、その翌年五月に予定されている統一選挙のからみで対立する候補者による五十七人もの虐殺事件が起きた。犠牲者には多くの無抵抗な女性やジャーナリストが含まれていて、この不名誉な事件は一気に世界中に知れ渡った。現職の同州知事をはじめ、軍・警察や私兵を含む六百人以上の男たちが書類送検されている。今回の会議には、逮捕された州知事の代行を務めるモスレム女性のナリマン・アンボルットも参加してマギンダナオの復興を説いていたが、その弁舌には覇気はなく、彼女や同州の人々がこの事件のトラウマから快復するには相当な時間がかかるだろうと思われた。

図91｜アミナ・ラスル（右から二人目）と国際会議参加者たち

二〇〇九年に私が初めてマグバサキタ財団の事務所を訪れサンタニーナ元上院議員から話を聞いた時、「女性こそが平和への触媒たらんと立ち上がるべき時だ。家族の要である母親として、地域コミュニティーの中心として。大きな紛争の種は、多くの場合はコミュニティーという身近な世界で起きる争いや憎しみあいがほとんどだ。そこではモスレム女性としての知恵と慈愛が試される。男性に支配された暴力に彩られた歴史を今こそ変えなくてはならない。ミンダナオの平和構築を私たち女性の手で実現してゆきたい」と語っていた。

ミンダナオ紛争の根底には貧困、そしてキリスト教徒の支配する他の地域との格差という大きな社会問題が横たわる。教育の格差も深刻だ。二〇〇三年の統計によれば、モスレム自治区の識字率は比国内で最低の七十%。他のミンダナオ地域の八十七%からもさらに離されている。この会議には女性問題で国政をリードするピア・カエタノ上院議員や女性政党ガブリエラの下院議員らも参加して、女性の社会進出について熱弁をふるった。海外からの参加者の中では、特に四千万人のモスレム会員を抱えるインドネシアの巨大組織、ナフダトール・ウラマーの女性支部代表も参加し、先行するモスレム女性組織の奮闘史を紹介した。今後はこのネットワークを通して、自分たちの地元で識字教育の改善や人材育成に取り組み、全国レベルで彼女たちの声をまとめて中央の政界や国際社会に訴えてゆく計画だ。会議を企画したアミナ氏の夢は尽きない。モスレム女性の声を届ける雑誌や、ゆくゆくはモスレム女性政党も作りたいと抱負を語る。産声をあげたばかりのモスレム女性たちの力で、ミンダナオの平和構築に新たな灯火が灯されることを願っている。

現代のキリストとの間に引かれた一本の補助線

〝貧困は経済的問題に起因するものではなく、行動の問題に起因する〟という有名なキャッチフレーズを掲げ、フィリピンにはびこる貧困を根底から克服することを目指し、コミュニティーの再生にユニークな方法を開発してフィリピンはもとより国際社会でも大きな注目を集めているＮＧＯがある。ガワッド・カリンガ（支援する会、以下ＧＫ）は間違いなくフィリピンＮＧＯのトップランナーだ。その創設者であるトニー・メロトが、二〇一一年度第十六回の日経アジア賞（経済部門）を受賞した。福岡アジア文化賞とならんでアジア人を対象とした懸賞制度として権威のある賞だが、フィリピン人の受賞は一九九七年第二回のホセ・マセダ（民族音楽研究者）以来、十五年ぶりの快挙だった。受賞に先立つ二年前にトニーの事務所を訪れて彼の目指す理想に触れ、それを機にＧＫの若手スタッフを日本に招待したりして細々ながら交流を始めていたが、「日本政府や日本のＮＧＯ、ビジネスセクターとはほとんど接点がない」と言っていた彼がこの日経アジア賞を受賞したことは、フィリピン人にとってとてもいいニュースであった。貧困といえばとかくネガティブな側面だけが伝えられる中で、彼が作り上げてきた世界は我々日本人にももっと知られてよいはずだ。

受賞式の後、ＧＫのプロジェクトサイトを訪問してトニーとじっくり話をする機会があった。ＧＫは、一九九五年にマニラ首都圏にある最大規模のスラムの一画で産声をあげた。貧困、失業、暴力、違法薬物、無気力、不衛生などが渦巻くスラムのコミュニティーを再生するには、自己よりも他者を思いやる気持ちを涵養し、分かち合いの心で奉仕をするというキリスト教のチャリティー精神が基盤。まずは生活環境を改善し、簡素ながらも清潔感の漂う住居に再生していった。外壁はGKカラーとも言える黄、青、緑などのパステル調の色で塗り替えられ、プロジェクトサイトは周囲の環境から隔絶して、一見して特異な明るい雰囲気が漂っている。子供たちの学校や衛生改善のための臨時保健所などを兼ねるコミュニティーセンターが設置され、ボランティアが定期的に訪問して指導している。二〇〇三年には、七年の間に七千のコミュニティーで七十万世帯の生活改善を行うという「GK777」というプロジェクトをスタートさせ、目標以上の成果を上げたという。そしてそれに続く現在の目標は、二〇二四年までに、フィリピン中の五百万世帯で「土地なしに土地を、家なしに家を、飢餓には食糧を」という途方もなく野心的なものだ。とにかく常識では考えられないほどの大きな目標を掲げている。しかしトニーとGKの手にかかれば、単なる理想の夢語りではなく、実現可能な目標に思えてくるのが不思議なところだ。

これほどの規模になればその社会的インパクトを疑う者はおらず、GKは既にある種のブランドとなっていて、彼の家族の私生活を含めてマスコミが頻繁に取り上げる。そのため今では大統領を筆頭に、フィリピンの一流企業や多国籍企業、そして欧米の外交団や国際的NGOが彼のもとへ日参して、GKの活動を称賛しそのプロジェクトへ支援の手を差し伸べる。

私が訪問したのは他の章でも紹介したトンドのスモーキーマウンテンの隣接地帯にできた、二万五千世帯の住む再定住地域だったが、そこでGKと地元商工会議所との協力で結成された少年野球チームを視察に訪れたアメリカ大使の一行に遭遇した。「フィールド・オブ・ドリームズ」［図92］というプレートが掲げられた野球場に集まった少年・少女たちの前で、アメリカ大使は次に来る時にはたくさんの野球道具を持って来ると宣言し

図92｜トンドの“フィールド・オブ・ドリームズ”

て、皆の喝采を浴びていた。

　GKはスポンサーを探す必要がない。待っているだけで続々と支援が集まるという。文脈が異なればグローバリズムの先兵として社会的格差を助長しているとも批判できる多国籍企業に対しても、援助の申し出を断ることはしない。「あらゆる企業、そして政府機関でさえも、貧困に対してある種の罪は免れない。しかし私にはそれを裁く権利はない。そうであるならば、私のできることは彼らの資金を活用して何か別のものを生み出すことだ。」というトニーの信条は、冷徹なリアリズムと空想的理想主義の類まれな出会いから生まれたものと言える。

　トンドの次に訪問したのはマニラ首都圏に隣接するブラカン州の山中に建設中の「エンチャンテッド・ファーム（魔法の農場）」。十四ヘクタールの広大な土地に、有機栽培による様々な農産物や畜産物の実験農場、さらにはゲスト・ハウスやリゾート、運動場などを備え付けた一大プロジェクトを立ち上げた。スラムの生活改善から始まったトニーが行き着いた地点は、多くの自国民の将来を左右する食糧問題であった。自律的で安全な食を確保する農業を様々なセクターの支援で運営する。そしてそこで実験しているモデルを全国に展開し、何百万の地元の人々に土地と家と仕事と食糧を与える。そんな夢のような〝魔法の〟実験農場の建設途上である。私が訪問した時も海外からの多くの研修生や、マニラからやって来た支援者たちがトニーの話に耳を傾けていた［図93］。

　農場へ行く途中で昼食をとった時のこと。同行していた研修生にレストランでの支払を任せた彼を見て、正直私は驚いた。「自分はお金を扱わないことにしている。小切手も持っていないし、クレジットカードも持たない。でも今では自分の行くところ、どこでも誰かが私を養ってくれる。日経アジア賞の時も帝国ホテルに泊まることができた。ＧＫを立ち上げた十六年前、自分に課した原則だ。なぜなら金は自分を幸福にはしないと信じているから。」その清貧の哲学は、まさに現代のキリストのようでもある。

彼と話をしていてどうしても気になることがあった。それは日本との関係の薄さだ。グローバリズムが生み出す負の側面と格闘しているだけに、結果的に企業活動がもたらしている貧富の格差拡大や環境破壊という一面には厳しい目を向けていて、無論、日本企業もそうした批判の対象ではある。しかし、だからこそ彼は日本企業や日本からの支援を待ち望んでいる。また日本のＮＧＯとの関係もほとんどない。日本の若者の多くがフィリピンを研修やＮＧＯ体験で訪れるが、ＧＫで研修する者はほとんどいない。たくさんの日本のＮＧＯがフィリピンで活動し地元のＮＧＯと交流があるが、その多くが長い歴史を有する老舗のＮＧＯとの交流が中心で、ＧＫのようにそうした老舗の傘下に入っていない独立独歩の新興ＮＧＯとは接点がない。

図93｜外国人研修生に話しかけるトニー・メロト

「自分の人生はメタファーのようなものだ。お金を追求しないことで逆にお金が集まる。人はよく私の仕事ぶりをクレージーと言うが、クレージーな人のみが世の中を変えることができると信じている。私たちの活動に関心を寄せる日本人は今はほとんどいないけれど、日経アジア賞が一つのきっかけになってくれるといいと思う。」一つの賞の受賞でようやくつながった一本の補助線。フィリピンの精神性のど真ん中につながる貴重なその糸が、切れずに太い糸に育っていくことを願うばかりだ。

第10章　交流から創造へ――国際共同制作の試み――

国際共同制作の目指すもの

「国際文化交流」と一言で表現しても、それを背後で支える理念や潮流は時代によって異なる。特に戦後の日本の国際文化交流は、敗戦からの復興、そして高度経済成長とアジアを中心とした海外への経済進出を経て、〝ジャパン・アズ・ナンバーワン〟と言われたバブル・エコノミーの時代に至り、日本の優れた文化をただ単に海外に紹介するだけではなく、日本の文化を通じた国際貢献や、普遍的な価値や新しい芸術の創造といったより多様なかたちを求めるようになっていった。

『戦後日本の国際文化交流』（戦後日本国際文化交流研究会編）にあるように、「『国際文化交流』とは、広くいえばヒト・モノ・カネの国際移動にともなう文化的な現象のこと」であるが、その〝文化的な現象〟の中で特に重要なことの一つに、国籍や民族の異なる者同士の考えや価値観の接触、交換、またはそれに伴う相克や相互理解があると思う。普遍的な価値や新しい芸術の創造を求め、国境を越えて新たなチャレンジを目指す「国際共同制作」は、そうした国際文化交流の粋を集めた活動である。そしておそらくその活動こそが、多くの困難を伴うものの、成し遂げた際には大きな達成感を味わうことのできるダイナミックな領域である。

この章ではそうした国際共同制作の例として、二〇〇六年の「日本フィリピン友好年」に実施した二つの事業、伝統ものと現代もので代表的な事業をそれぞれ一つずつ紹介する。二〇〇六年は日本とフィリピンにとって特別な年であった。両国は太平洋戦争に関する賠償協定を一九五六年に締結しているが、その年は協定の締結からちょうど五十年という節目の年であり、「日本フィリピン友好年」と銘打って、一月から一年間にわたって様々な催しが行われた。その中でも私たちが力を入れたのは、日本とフィリピンの人たちが一緒に何か新しいものを作り出すという共同制作事業だった。

図94｜ダイアナ・マラハイの『三番叟』
（提供：フィリピン大学国際センター、撮影：ジョセフ・G・ウイ・ジュニア）

伝統へのチャレンジ

友好年のハイライトの一つは、賠償協定の締結記念日である七月二十三日に実施した日比共同制作能の公演だった。当日は、記念式典出席のために来比した麻生外務大臣（当時）を含む多くの要人が来場し、能の演目でも特別な儀式の際に演じられる『三番叟《さんばそう》』［図94］や『翁』が披露された。演じたのは、観世流梅若家シテ方の梅若猶彦が率いる日本からの能楽師と、フィリピン大学の学生を中心に構成されたUP能楽アンサンブルだった。

学生を指導した梅若は、能楽六百年の本流の一端を担う伝統の梅若家（梅若家当主の梅若六郎は現在五十六世、家系そのものは千三百年前までさかのぼる）に生まれながら、ロンドン大学で博士号を取得し、数多くの実験的試みに挑戦するメインストリームの中のアウトローだ。国際交流基金のプロデューサーによる、シェークスピアの『リア王』を翻案した芝居である『リア』にも主役で出演している。一九九七年から九九年にかけて、アジア六カ国の俳優、舞踊家、音楽家が参加して、能、京劇、タイ舞踊、インドネシアの伝統音楽と武術、現代演劇やポップスなどで構成した国際共同制作事業で、日本、香港、シンガポール、インドネシア、オーストラリア、ドイツ、デンマークで公演を行った。私も一九九八年当時はインドネシアのジャカルタに駐在していて、現地でその公演を制作した。そんな梅若とここマニラで七年ぶりの再会となった。

フィリピンで能に取り組み始めたのはその当時から一年前にさかのぼる二〇〇五年のことだ。きっかけはこのプロジェクトの仕掛け人、同志社大学で博士号をとった才媛ジーナ・ウマリ、フィリピン大学準教授との出会いからだ。日本人能楽師の指導のもとフィリピン人による能を創りたい……。日本人にもあまり馴染みのない難解な能、動きがスローで東南アジアの熱帯文化にはおよそ耐えられそうもないし、室町の公家社会をパトロンにその奥義を確立して六百年間も守り続けてきた伝統中の伝統を、フィリピン人が一体どこまで理解できるのか、正直言って当初はとても疑問だった。

疑問は疑問としてそのまま残ったものの、あるビデオを見て考えが変わった。それはやはりジーナが制作して二〇〇三年に公演した歌舞伎の『勧進帳』[図95]。オール・フィリピン人キャストで、しかもタガログ語による上演。外国人による外国語での歌舞伎なので無論不自然なところはたくさんあるが、老松と若竹の松羽目板を模した背景に、手作りの三味線と鼓のお囃子が居並ぶ中、弁慶と富樫がタガログ語でやり取りする場面を見ていて、歌舞伎という日本の誇る伝統芸能へチャレンジする気迫と心意気を感じ、すぐにでも能のプロジェクトを支援したくなった。

ジーナの構想は能という日本の伝統的手法を用いて、この国の文学に表された女性の中で、常に悲劇の象徴として語られる「シーサ」を描くことにあった。「シーサ」はフィリピン独立運動の英雄にして文学者であるホセ・リサールの『ノリ・メ・タンヘレ』に登場する女性で、二人の息子をスペイン人カトリック司祭の陰謀により亡くし、そのために発狂して悲劇の末路をたどる。子供を想う母の怨念は時代を越えて今でも多くのフィリピン人に訴え続けている。その怨念を、能によって蘇らせようという試みだ。脚本は既にアメリア・ラペーニャ・ボニファシオ、フィリピン大学名誉教授によってタガログ語で書かれ、日本語への翻訳も終わっていた。子供を殺された母の深い悲しみのように、想像を絶する激しい感情の行き着く先、その先を何かのかたちで表現するとしたら、身体表現の極致ともいえる能というものこそ相応しいのかもしれない。

　そしてこのプロジェクトはいよいよスタートした。国際交流基金の主催事業として梅若を初めてフィリピン大学に招聘したのが二〇〇五年八月。それから約数ヶ月にわたってフィリピン大学の客員教授として能と伝統文化について講義をしながら、ワークショップを通じて能のシテ方や大鼓、小鼓を教え、いつの間にか「UP能楽アンサンブル」なるグループを結成し、様々な機会に公演やデモンストレーションを行うようになった。その結果、スタートして約一年後、日比友好を象徴する公演が実現したのだ。

図95｜フィリピン版『勧進帳』プログラム
（提供：フィリピン大学国際センター）

　伝統を守り抜くか、それとも革新か、古くて新しいテーマだ。でもこれほどまでに極めつけの例もなかなかないのではないだろうか。世界遺産としても名高い日本の代表的伝統文化である能。その能楽の中でも特別な曲として知られているのが『三番叟』や『翁』である。これといったストーリーはなく、せりふも意味不明だが、とにかく能の演目の中で最も古いとされ、室町のはるか以前から宗教儀式として演じられていたものだ。能の主役であるシテを演じる能楽師は、その上演の一ヶ月前から女性との交渉を絶つことが求められているという、いわば秘儀中の秘儀。能の海外公演は今日それほどめずらしいものではなくなったが、『三番叟』や『翁』は意味を伝えるのが難しいし、ぱっと糸を飛ばす『土蜘蛛』などに比べて見栄えがしないという理由で、海外で上演されるのは稀だ。よりにもよってその秘儀がここマニラで、外国人、しかも女子学生によって演じられたのだ。実はこのフィリピン人女子学生による『三番叟』の上演について、友好の日のために来比した日本人能楽師たちの間で喧々諤々の議論があった。このプロジェクトに当初から関わり、フィリピン人の真摯さに動かされていた梅若は、学術交流として上演を主張したのに対して、他のメンバーからは、特別な演目を海外で、しかも外国の女学生が神聖な儀式を省略して上演することはあまりにおこがましい行為だと痛烈に批判された。結局梅若の思い通り、UP能楽アンサンブルによる『三番叟』の上演は行われ、彼の言う〝学術交流〟は成功を収めることができた。

UP能楽アンサンブルにとってのもう一つのハイライト、そして彼らにとって本当の正念場となったのは、友好の日の公演の後、八月にフィリピン大学劇場で行われた公演だろう。最終日を観たが、二千人収容の大劇場は七割方を埋めた学生の熱気であふれていた。能の公演にこれだけの若者が集まる光景を日本で見ることは少ない。日本人は能に対する先入観が多すぎるのではなかろうか。そんな熱気ある劇場で演じられたのが、友好の日と同じ演目の『翁』と、ジーナの夢であった『シーサ』の二番。そして今回はいよいよフィリピン人学生のみによって演じられた。前半の『翁』が能楽の伝統、それも最もセンシティブな儀式性、神聖さそのものに挑戦する演目だったとすれば、後半の『シーサ』はフィリピン人女性の怨念を描くことで、能がいかに民族性や時代を超えた普遍的な芸術表現になり得るのかということを試す演目だった。

『翁』を演じたダイアナ・マラハイは、続けて『シーサ』も演じきった。梅若による演出は、能の演目の中でも狂女ものとして有名な『道成寺』の翻案で、最後の場面では、死んだ二人の息子の亡霊と現前するシーサ（の亡霊）がそろって道成寺の釣鐘（に模した白いボックス）に吸い込まれていくという劇的なものだった。日本人の私にはその翻案の意図はある程度わかったが、それでも驚いたのは、『道成寺』の中で最も重要、かつ数ある能の演目の中でも最も難しいとされる「乱拍子」というシテ方の特殊なステップを、あのダイアナがやってのけた（少なくとも、私にはそのように見えた）ことにあった。乱拍子のステップにも取り立てて意味といったものはないが、それだけに名人級でも難しいとされる技。それをどうして短期間にこの女子学生が演じてしまうのか、演じさせることができるのか。『翁』と乱拍子に凝縮された能の最も奥深い精神性というものを、梅若は日本の伝統から切り離されたフィリピンで、ある意味無垢な学生を相手に、それだからこそ逆に、敢えて惜しげもなく注ぎ込んだとも考えられるのだ。

その後このUP能楽アンサンブルは、フィリピン全土を駆け巡った。北部ルソンのバギオ市、南部ミンダナオのダバオ市、そして中部ビザヤのセブ市など。当初三十数名の参加者を得てスタートしたプロジェクトが、こうやって国内ツアーまで行えるまでになろうとは想像もしていなかった。そして二〇〇五年八月の初演以来、三十六回にわたる公演とデモンストレーションで、観客数は実にのべ一万人にのぼった。そして二〇〇七年十一月には、ついにフィリピンを飛び出してチュニジア公演を実現してしまった。能の奥義を探求する日本文化のメインストリームの中のアウトローと、日本から見れば開発途上のフィリピンにおけるエリート集団の実験的スピリットとの出会い。この幸運な出会いの行き着く先がどこになるのか、まだ誰も想像することはできない。

悩める現代演劇の共同制作

フィリピンを代表する劇団タンハーラン・ピリピーノの新作が、それも同劇団にとって史上初となる日本の演出家による国際共同制作作品が、二〇〇六年十月にマニラで幕を開けた。日本の演出家とは、在日韓国人のチョン・ウィシン（鄭義信）のこと。『血と骨』（崔洋一監督）や『レディー・ジョーカー』（平山秀幸監督）などの映画脚本家としても著名で、演劇でも劇団梁山泊の座付き作家として長年にわたって活躍してきた。最近では『焼肉ドラゴン』などの脚本・演出家として名高い。マージナルな社会の底辺に生きる人々を、ユーモ

図96 ｜『バケレッタ』チラシ《提供：タンハーラン・ピリピーノ劇団》

図97 ｜『バケレッタ』公演《提供：タンハーラン・ピリピーノ劇団》

アとペーソスをもって描くのが彼の真骨頂。そんなチョンが今回初めて海外の劇団に作品を提供し、自ら演出した。タイトルは『バケレッタ』。〔図96、97〕バケ＝お化けと、レッタ＝オペレッタの合成語、つまりゴースト・オペラだ。

話の発端は十年以上にわたってマニラで活躍してきた日本人照明家とチョンが、かつて同じ劇団のメンバーだったこと。その縁でこの共同制作プロジェクトは始まった。ここフィリピンでも日本のホラー人気はすごいもので、日本の総理大臣の名前は知らなくても、「サダコ」（映画『リング』に出てくる亡霊）といえば誰でも知っていて、『呪怨』も大ヒット。そんな日本のホラー人気を背景に、芝居でもホラーものをやれば絶対に若者に受けるに違いない、そんな思いからスタートした。

チョンのことをフィリピンで紹介する時に、いつもとまどうことがあった。在日韓国人のことを英語で"Korean Japanese"（韓国系日本人）と訳す場合があるけれど、場合によっては誤訳となる。私は回りくどいとは思いつつも、「彼は国籍や民族という意味では韓国人ですが、心は日本人以上に日本人です」と紹介していた。チョンも私たちには、「自分は韓国人だけれど、心は日本人だから（細かい部分の演出が気になる、とてもしつこい……）」と話す。チョン自身はそんなことどっちでもいいじゃないかと言うのだが、こちらとしては結構気になる点で、なかなか省略する気持ちにはなれない。単一民族神話のくすぶる時代の雰囲気に育った自分が、こうして海外に出て、この国に打ち捨てられてきた日本人の棄民の歴史に触れるにつれ、神話とは異なるもっと生々しくも複雑な日本人の存在を意識するようになった。チョンは在日三世の韓国人だが、私にはフィリピンにいる残留日本人やチョンと同世代の日系人の姿がだぶって見える。

『バケレッタ』の元となった脚本は関西弁で書かれたものだが、その原作の舞台をフィリピンに置き換えて書き直し、まず英語に翻訳してからタガログ語へ。さらにオリジナルのセッティングである関西方言のニュアンスを出すために、舞台設定をセブとして、セブ地方の方言を取り入れて脚本は完成した。十年以上劇団を支えてきた演出家の死をめぐり、彼と二人の女優との三角関係や、団員同士の友情や軋轢が織り交ぜられストーリーは展開し、最後は演出家の死を乗り越えて芝居を続けてゆく決意をする。ゴースト・オペラといっても実はほとんど怖くなく、笑いと涙のヒューマン・ドラマだ。出演しているフィリピン人役者の演技力の高さには演出家も舌を巻くほどで、彼ら、彼女たちの熱演で素敵な芝居に仕上がった。

フィリピンを代表する劇団と共同制作することになった今回、はからずも劇団の内部に入り込んで内情を垣間見ることになり、この国の芸術活動が持つ困難さを改めて実感した。日本でも演劇の世界で生き抜くことは大変なこと。ある程度名の知れた劇団の主役級の俳優でも本業の役者だけでは食べていけないため、アルバイトをするのは常識。ましてやこのフィリピンでどうやってサバイバルしているのかと思ったが、やはり状況は想像以上に厳しいものがある。今回の作品に出演している俳優のギャラを試しに計算してみると、時給百三十円から二百三十円。主役は全部に顔を出すわけではないが、まあせいぜい時給三百円といったところか。この公演のスポンサーは我々国際交流基金なので、実際他人ごとではないのだけれど、舞台人の生活は全く大変だ。フィリピンの文化活動を取り巻く環境は総じて厳しいものがあるが、この国の文化支援の現状はどうなっているのだろうか。

代表的なものは国家文化芸術委員会。大統領直属の機関で、ジャンルや地域別に二十二の小委員会からなるこの国の文化支援の拠点である。傘下にはフィリピン文化センターや国立博物館、国立図書館、国立アーカイブなどを擁し、有形・無形文化遺産の保存やナショナル・アーティストの懸賞制度、そして様々な文化事業にグラントを提供している。しかし年間予算は全部で約一億円。日本の文化庁の予算がだいたい一千億円だから、一国の中核的文化機関としてはあまりにも物足りない。その下部組織であるフィリピン文化センターも、無論財政的に非常に苦しい。いくつかの専属カンパニーの運営以外にも民間の様々なグループに舞台や展覧会場などを提供しているが、常に赤字ベースだ。例えばタンハーラン劇団の場合、劇団員の安い月給と事務所スペースは提供されるが、プロダクションに割ける予算は微々たるもの。今回の『バケレッタ』にいたってはゼロで、チケットの売り上げが全て。なんとも綱渡りの経営だ。

公的機関による支援体制が非常に脆弱である中、稀に美術の世界では、一握りの富裕層による私的コレクションとそれを展示する美術館の活動が目立っている。スペイン系のアヤラ財閥と華人系のロペス財閥は、その勢力を競いあうようにともに美術館と財団の運営をしているほか、二〇〇六年には新興財閥による美術館であるユチェンコ美術館がオープンして話題になった。フィリピン美術はもともと西洋美術の主流と直結するアカデミズムの伝統が強く、この国のハイソサエティーともつながっていて、その庇護を受けやすい立場にあった。作品は投資の対象としてこの国の富裕層に定着していて、街中には商業画廊が数多くあり、民間企業がスポンサーとなっているアート・コンペティションも複数ある。

しかしパフォーミング・アーツはそれほど恵まれた環境にはなく、プロデューサーは時にまるで物乞いのように友人に支援を求め、極めてフィリピン的な〝ウタン・ナ・ロオッブ（恩と義理）〟に支えられて公演を打ち、結局赤字が出れば自分の私財を投入してその穴を埋めるという前近代的なことを繰り返している。タンハーランにしてもそうした厳しい財政事情から、劇団の実質的な代表である芸術監督は常に金策に頭をいためている。

二〇〇五年に新たに就任し、第一章でも紹介した芸術監督のハーバード・ゴーも、就任以来常にそうやって走り続けてきたのだが、ついに疲れ果ててしまったのか、翌年に劇団を退団しアメリカへ移住してしまった。

こうして資金難と頭脳流出に日々直面しながらも、それでも演劇は生産され続けている。『バケレッタ』の出演者と話をしていても、ギャラのことは最初からあきらめてはいる。みなそれぞれの思いはあるものの、好きだから芝居を続けることに大差はない。これは日本の小劇場系の役者も一緒。その意味では日本の演劇界の明日だって、決して明るいものではない。『バケレッタ』のラストシーン。長年の劇団の支えであった演出家を失って一度はあきらめかけた芝居だったが、演出家の遺志に思いを馳せ、もう一度みんなの夢を取り戻す場面がある。ほろっとさせるクライマックスだけれど、これは演技なのか、それとも現実の一部なのか、タンハーラン劇団が、そして俳優たち一人ひとりの人生が重なって見えて、ちょっと嬉しくもあり複雑な気持ちになった。

第11章　同時代性の力——ポップカルチャー交流——

世界の共通言語となった日本のポップカルチャー

二〇〇九年は映画『トランスフォーマー2』旋風がフィリピンでも吹き荒れた。マニラ市内のシネマコンプレックスでは半独占状態。このハリウッド映画の主人公は、日本のタカラ社が二十五以上年前に発売した玩具の変形ロボットが元祖だ。日本発で大衆に愛された素材が、米国で映画のモチーフとなり、逆輸入されるどころか、世界中を席捲している。もはや日本の物であって、日本だけの物ではなくなったポップカルチャーの姿である。

世界が注目している日本のポップカルチャーは、商品としての厳しい生存競争を勝ち抜いたゆえの品質の高さが特徴である。いまや〝カワイイ〟は、新しい日本文化を表象する代表語となった。もともと日本のポップカルチャーは、一九八〇年代後半から香港や台湾、その後はシンガポールやタイなど東アジアや東南アジア諸国で、同地域の経済成長と新興中間層の誕生と機を一にして浸透してきた。しかし今や世界中にあまねく広まっている。そんな日本のポップカルチャーの良質な部分は、戦後半世紀以上続いた日本の平和の賜物だ。先にミンダナオの〝テロリストの島〟で日本のマンガについて話す高校生のことを書いた。紛争や貧困など、苦しい状況にある人たちにも確かに夢や希望を与えている誇るべき日本の文化だと思う。この章ではそうしたポップカルチャーを通した日比交流の事例をいくつか紹介する。

フィリピン発で世界のMANGAに

大衆に影響力のあるポップカルチャーを通した交流は、主にエリート層を対象とした芸術交流とともに、文化交流における車の両輪である。これからの日本の国力の源泉でもあり、新たな産業の創造にもつながるとして、ここ数年日本政府も民間企業と協力してそのPRに努めている。麻生元首相が外相時代に創設した『国際漫画賞』は、日本国籍以外の漫画家を対象とした〝漫画のノーベル賞〟だが、二〇〇九年にはフィリピン人クリエーターのクリス・シソンが『ぼくのニンジャ・ガール！』［図98］という作品で第二回の入選作家となった。彼は『マンガホリックス』というマンガ雑誌の創設メンバーでもある。

図98｜クリス・シソン作『ぼくのニンジャガール』

『マンガホリックス』は日本風のストーリーマンガを集めた雑誌で、二〇〇七年に創刊以来、これまで七回発行。毎回一万部、一部九十九ペソで売られている。フィリピン人が日本風のマンガを発表し始めたのは九十年代初頭。それまではアメリカのコミックが主流だった。クリスも当初はアメリカに強く影響されたが、やがて日本のスタイルを取り入れるようになった。スーパーヒーローが登場する物語がほとんどのアメリカものと異なり、日本の漫画は物語のバリエーションが無限に豊かで、動画のように躍動感があると言う。『ぼくのニンジャ・ガール！』は、マニラから来た高校生の男の子が、北ルソンの山中で日本人移民の子孫であるカワイイ忍者の女の子と出会い、物語が展開してゆくが、その画風は、藤島康介の『おお、女神様！』に大きな影響を受けている。

『マンガホリックス』に毎回収められている五本の作品は、いずれも日本風のマンガだが、吹き出しはタガログ語ではなく英語。欧米での販売も想定して作られた。今後はネット上でも発表してゆくという。日本では毎年数万人もの新たな漫画家志望者が現れて、売り込むのが困難。主なターゲットは初めから英語圏と定めた。もともとアメリカ文化の影響の濃いフィリピンの地で日本の漫画がブレンドされ、MANGAとなって日本を通さずに世界に発信されている。伝統文化が民族や土地に固有のものだとすれば、ポップカルチャーの本質はその無国籍性にあるのかもしれない。それだけに伝播力にすぐれて融通無限に展開する。いま日本のポップカルチャーは、我々日本人の知らない場所で繁殖し、流通を繰り返して進化し続けている。

ポピュラー音楽を通した交流

ポピュラー音楽を通した交流は、マニラに赴任する前にも関わったことがある。アジアにおける日本のポップスは、一九八〇年代にまず近藤真彦や中森明菜といったアイドル系歌手が台湾や香港で受け入れられ始めた。その後ビジュアル系のバンドを中心に人気が高まり、華人のネットワークを通じて中国本土やシンガポールにCDが流通するようになった。特に台湾では、九〇年代末になると哈日族（ハーリー族）といって「日本の若い世代の文化をこよなく愛する台湾の若者達」が出現した。そしてインターネットが普及するようになると、アジアの他の地域でもどんどん日本のポップスファンが増えていった。〝Jポップ〟という言葉は、一九八八年に日本のFMラジオ局のJ-WAVEが使い始めた言葉だが、Jリーグや J〇〇といった〝Jブーム〟の中で、それまでの歌謡曲やポップスとは異なるある種のブランドとしてとらえられるようになり、そのままアジアにも広がっていったのだ。

アジアの国々では急速な経済成長を背景に、社会・文化状況が大きく変動する時代を迎えている。特に工業化、情報化、国際化などの潮流を背景とする都市化現象は、今世紀の動向にもかかわる注目すべき課題だと思う。こうした都市化現象とマスメディアの成長の中では、伝統文化は大きく変容せざるをえない。多くの若者たちは、いまやそのアイデンティティを伝統的なものからよりインターナショナルなもの、より無国籍なものに求めるようになっている。そしてなかでも古今東西、常にその時代の大衆のエネルギーを吸収してきたポピュラー音楽は、こうした都市化現象を象徴するポピュラーカルチャーの筆頭だ。同時代に生きる私たちの身近な文化であるポップスによる交流は、この地域のダイナミックな交流には欠かせないと思う。

そんな高まるJポップ人気を背景に、二〇〇三年、私は「J-ASEAN POPS」という企画をプロデュースした。「東南アジアと日本を舞台にして、昨年の秋、一つの歌を巡る物語が始まった。ASEANは東南アジアの十の国々からなる。域内の人口は五億人。民族や言葉は異なるけれど……そんなASEANの国々と日本の人々が、もし一つの歌を共有することができたら……。〝六億人の歌〟、J-ASEAN POPSのイメージソング作りはそんな夢から生まれた。」（J-ASEAN POPS横浜公演のパンフレットより）

正直言って最初は単なる思いつきに等しかった、日本とASEANをつなぐイメージソング作り。それが「島唄」で知られているBOOMの宮沢和史と、彼をめぐる人々との出会いを通じて実現していった。宮沢が原曲を作り、英語のオリジナル歌詞をシンガポールのディック・リーが書き下ろす。タイトルは「Treasure the World」。それを十一カ国の言葉と、異なるアレンジの曲に作り変え、各国を代表する歌手が歌い継いだ（日本語版タイトル「あなたに会いに行こう」、詩・大貫妙子、歌・有里知花、東芝EMIより発売）。もちろん六億人の歌というのは見果てぬ夢だけど、バラード調からロックバージョン、ラップまで、十一通りの「Treasure the World」が生まれた。それまでタイやインドネシアに駐在して東南アジアの国々に出かけていくことが多かっただけに、私にとってこのJ-ASEAN POPSは、国際文化交流という仕事を続けてきた一つの中間報告、折り返し地点のようなプロジェクトだった。もちろんフィリピンからもジョリーナ・マグダンガルという売れっ子アイドル歌手が参加して、タガログ語版「Treasure the World」である「Awit Ng Ligaya」（訳：幸福の歌）を歌った。

〝非常事態宣言〟下のポップスコンサート

二〇〇六年二月二十四日の昼、フィリピン全土に衝撃が走った。アロヨ大統領がクーデター計画を未然に察知して国軍の幹部を逮捕し、〝国家非常事態宣言〟を発出した。自宅にいた私は、事務所の同僚からの第一報を受け、すぐにテレビのニュースをチェック。街頭を埋め尽くしたデモ隊と当局とがにらみあう様子が生々しく伝えられていた。

フィリピンでは二月二十二から二十五日は「エドサ革命記念日」といって、マルコス政権を倒した「ピープルズ・パワー」を讃える日。それも二〇〇六年は二〇周年という特別な年だ。威圧する戦車を目の前に、民衆の先頭に立って国軍と対峙したシスターが、こともあろうに兵士に向かって一輪の花を手向けたシーンは、今も人々の記憶に残っていることだろう。そんな現代の無血革命を再びと、その日は多くの民衆がエドサ通りの革命記念碑を中心に集まって大統領退陣を要求していた。そんな矢先に非常事態宣言が出たことで、デモ隊の群集に油が注がれて事態は緊迫度を増していた。

一報を受けてまず考えたことは、「これで明日（二月二十五日）のポップスコンサートを中止にしなくてはいけなくなるのではないか」ということ。日本からコア・オブ・ソウル（COS）というグループが来比していて、フィリピンの人気ミュージシャンとライブをする予定だった。コンサートの予定会場は運悪く革命記念碑から一キロと離れていないエドサ通り沿いにあるショッピングモールの野外会場だった。非常事態宣言で集会が禁止となり、いまや反政府勢力のメッカとなっている拠点から至近距離の野外で、しかも夜の公演。フィリピンの人気歌手が出演とあって、かなりの数の観衆が予想される。誰だって躊躇して当然。絶体絶命だった。

しかし結果的にはコンサートを決行したうえに、神様の仕業かどうかわからないが、これ以上人が集まったら会場はパンクぎりぎりという二千人ほどの観衆［図99、100］を集めて大成功。路上に座り込む人たちや何重もの人垣で、実際何人来てくれたのかカウント不可能だった。こちらではほとんど知名度ゼロと思っていたCOSの曲を知っている人たちもいて、Jポップ・ファンの底深さを垣間見た。フィリピン人出演者も今が旬のアーティスト揃いで、ミュージシャンと観客との一体感にあふれた素晴らしいライブとなった。三時間に及ばんとする公演の最後の曲、COSの「パープルスカイ」を聴きながら、私はその時からちょうど一年前にさかのぼる二〇〇五年三月のソウルでの夜のことを思い出していた。

国際交流基金の主催事業としてはおそらく初めてとなる海外でのオールナイトイベント。日本から十組のDJやバンドなど総勢八十名のメンバーが、ソウルのホンデという音楽の街でライブを行った。しかしそのライブを実現するまでに多くの関係者が苦悩した。公演の準備をしていた三月中旬、島根県議会の「竹島の日」条例制定を機に〝竹島問題〟が勃発。韓国メディアは反日一色になり、韓国側メインスポンサーが急遽降板して、共催者の韓国クラブ文化協会には嫌がらせの電話が相次いだ。ほとんど中止にしようと考えていた私を思いとどまらせてくれたのが、そのクラブ文化協会の代表であるチェ・ジョンファンの一言。「竹島問題は国家間の政治問題。

図 99 | コンサートに詰めかけた若者

図 100 | 日比友好ポップス・コンサート

政治と音楽は別。ホンデという街を誰もが音楽を楽しめる街にしたい。今このプロジェクトを中止にしたらホンデに未来はない。私はこの街の若者を信じている。」彼は五十歳を越えたばかりの活動家で、かつては反日運動のリーダーだったという。私はこの一言でコンサートの実施を決心した。そして代表の言葉通り、韓国と日本の若者はその日、思いっきり音楽に酔いしれた。嫌がらせやトラブルは一切無かった。多くの人々でごった返すホンデの路上に出現した巨大テントの中で、ソウル・フラワー・ユニオンという日本のロックバンドが歌った「アリラン」を、私はいつまでも忘れないだろう。

それから約一年が経過して、今度はフィリピンで同じようなぎりぎりの選択を迫られることになった。ただし今回の場合はチェのように全幅の信頼を置ける人はいない。最後は自分で決めなくてはいけない。私はソウルの夜のことを思い出した。あの「アリラン」や、音楽に酔いしれて入り乱れる日韓の若者たち、そして多くの人々との出会いを思い出していた。中止にすることは簡単。でもぎりぎりまで待つ……。

フィリピンでは現在、反政府運動に最早かつてのような広汎な市民の支持はない。国軍や政界に隠然たる力を持っているラモス元大統領が暴力革命を支持しないと明言したことで政治色のないポップスコンサートが混乱を招くことはありえないと判断し、最終的に実施を決断した。本番開演五時間前のこと。でも最終的に私を思いとどまらせたのは、コンサートを待ち望む多くの人たちの見えない力だったのかもしれない。予想通りライブはまったく平穏に、多くの観衆の黄色い声援に包まれた。そんなライブ会場で驚いたのは、観客の中にコスプレのコスチュームでやって来た学生が何人かいたことだ。非常事態宣言とコスプレとの間には計り知れない距離が横たわっているように思えた。どう考えても理解できないミスマッチに私の頭は若干混乱した。

二十年前の同じ日、政権に最後までしがみついていたマルコスを引きずり降ろして世界中から喝采を浴びたフィリピンの「ピープルズ・パワー」（エドサ革命＝エドサ1）。その後二〇〇一年には、汚職疑惑にまみれたエストラーダ政権を崩壊に導いた（エドサ2）。しかし今回、〝エドサ3〟はなかなか成就しない。一向に改善しない社会格差、政権が代わってもなくならない汚職や社会不正、そんな国家の深刻な課題を放棄して政争に明け暮れる政治家や軍人たち。多くの良識ある若者の間には、確実に政治への無関心が広がりつつあるのだろう。「ピープルズ・パワー」が死んでしまったか否か、私にはまだ判断はできないが、このコンサートを通じて見えてきたものは、大多数の無関心層と先鋭化した少数の反政府勢力という、この国の二極分化の姿だ。こんな時にコスプレしている場合なの？ と思う一方で、黄色いスーツを颯爽と着て反大統領デモの先頭に立つコーリー（アキノ元大統領）を眺めながら、千載一遇のチャンスであった農地改革に失敗して社会格差是正の機会を失い、この国の民主主義に喪失感という深い傷を負わせてしまった責任は一体誰にあるのだろうかとも思うのだ。

エドサ革命の際に高らかに歌われて〝第二の国歌〟とも言われた「バヤンコ（我が祖国）」という歌がある。今でも反大統領デモや集会で歌われている。私もかつては覚えていたけれど、今はほとんど歌えない。自分がまだ学生の頃、テレビにかじりついて感動的に見守っていたエドサ革命。ちょうど二十年が経過して、自分はそのエドサで、非常事態宣言を無視して若者たちのきらきらした目に囲まれて、「バヤンコ」ではなく、COSの「パープルスカイ」を歌っている。皮肉にもこれが今のフィリピンの現実だ。その夜のコンサートに集まった彼ら、彼女たちの明日が明るいなどと決して思わないが、非常事態宣言を無視して、思いっきりおしゃれをしてコンサート会場にやって来るその心意気に、この国を別の方向に導くかもしれない新しい世代が生まれつつあることを実感した。

ジャパニーズフード紹介の新たな試み

いまや世界的に身近なものとなった日本料理。各地それぞれの嗜好に合った味付けや文化状況を反映したアレンジで、様々なバリエーションの日本食が試されている。ここフィリピンでも、テンプラ、スシ、テリヤキなどは誰もが知っている日本語。巷には「トーキョートーキョー」といった分かり易いものや、果ては「太つ

図101｜フィリピン全国弁当コンテスト入賞者

た少年テリヤキボーイ」などという怪しいネーミングの日本食ファースト・フード・チェーンから創作懐石料理を出す高級店まで、数え切れないほどの日本料理店があふれている。最早ブームと言うだけでは片付けられないジャパニーズフード。日本政府もあらためてジャパン・ブランドとしての日本食の振興に取り組み始めている。そうしておそらく世界における今後の日本食は、洗練された味やオリジナルな味を追求することで発展する一方で、日本食を味わうユニークなスタイルやコンセプトといったものがますます多様化してゆくことだろう。

二〇〇八年二月、日本文化センターでは日本食を紹介する新たなかたちのイベントとして「フィリピン全国弁当コンテスト」［図101］を実施した。当地でも日本のポピュラーカルチャーは絶大な人気があり、日本食もいわばそんなポピュラーカルチャーの代表選手。日本食を巡る様々な文化的要素の中でも大衆性に着目し、伝統的だけれど極めて日常的な文化である「弁当」に焦点を当て、多くの若い人たちを中心とした一般の人々にアピールするようなイベントを企画した。そして日本の誇る「駅弁」文化や、日本の今の現代感覚を生き生きと反映した「キャラ弁」を紹介するとともに、フィリピン人による独創的な弁当、各地のローカルな食材を使った弁当作りのコンテストを実施した。会場はマニラ首都圏のほぼ中央に位置して、日々大勢の買い物客を集めるシャングリラ・プラザ・モール。ハイエンドなお客さんが対象のちょっとお洒落なショッピングセンターで、二月後半の二日間で関連のイベントとも合わせ推定でのべ一万人以上の観客が来場した。

一説によれば弁当は、その起源を平安時代までさかのぼることができる立派な日本の伝統文化だ。冷たくてもおいしいご飯やおかずを用いて、携帯性に優れ、農作業や旅のお供として発達した。今回もまずはその携帯文化の粋とも言える日本の「駅弁」に焦点を当て、全国各地の三千を超えると推定される駅弁の中から、独創性とデザイン性に優れた五十の駅弁を選び、パッケージや写真を展示して紹介をした。さらに日本から、キャラ弁やとてもカワイイ〝ファンシーお弁当〟の作者で、毎日新作弁当を制作してWEBサイト上に公開している宮澤真理を招待して、デモンストレーションを実施した。楽しく心のこもったお弁当作りに活用できるテクニックや、フィリピンで人気のある世界最小の猿ターシャをモチーフとした新作キャラ弁を紹介。当地のクオリティー・ペーパーであるPhilippines Daily Inquirerでも大きく取り上げられて大反響だった。

メインイベントとなった「フィリピン全国弁当コンテスト」では、全国各地から寄せられた応募の中から予選審査を通過した八組の若きシェフたちが出場して腕を競った。ルソン島北部のビガン市、中部ビコール地方からはナーガ市やパナイ島のイロイロ市、南部ミンダナオ島からはカガヤン・デ・オロ市、そしてマニラ首都圏からは四組と、それぞれ各地を代表する大学や料理学校の学生が中心で、文字通りの全国大会となった。決戦大会となった当日はショッピングセンターの中央吹き抜けのスペースに特設舞台を設け、そこに『料理の鉄人』にならって公開キッチンを設営。一組各四人、一時間ずつ二回に分けて観衆の前で調理が行われた。

優勝したのはマニラにある大学の家政科に通う学生だった。この国の庶民のおやつとして人気のバロット（孵化しかけの鶏のゆで卵）や、小魚を発酵させて作った味噌のようなバゴオンなど、フィリピン独自の伝統的食材や調味料を使った寿司を中心に、日本の弁当のコンセプトをよく理解した携帯性に優れた作品だった。他にも各地の素材のバラエティーが生かされたローカル色豊かなお弁当が並んだ。そして弁当箱もフィリピンらしくバナナや椰子の葉を使ったオリジナリティにあふれた作品だった。まさに〝比魂和才〟。日本の弁当という器にフィリピン各地の味と知恵を盛り付け、日比フュージョンの新しい弁当作品が誕生した。元来フィリピンはハロハロ文化、様々な文化の交じり合った〝メスティーソ〟文化の国。外国のものを吸収して消化する能力はなかなか優れたものを持っている。

日本を目指すフィリピンのファッションデザイナーたち

　マンガ、ポップス、フードとくれば次に思いつくのがファッション。日本のポップカルチャー人気を受けてコスプレが世界中を席捲。外務省でも二〇〇九年にはロリータファッションの青木美紗子、原宿系ファッションリーダーとして木村優、そして制服ファッションの代表として藤岡静香を「カワイイ大使」に任命して、日本の若者ファッションの海外ＰＲに乗り出した。フィリピンも例外ではなく、コスプレ大会ではアニメから飛び出したようなロリータファッションが大人気だ。渋谷や原宿を発信地とするストリート系ファッションもメディアでたびたび紹介されていて、この国の若者文化に大きな影響を与えている〔図102〕。しかしファッションといえばアートの世界に通底していて、当然その中心地は常にヨーロッパ。ハイセンスなアート系ファッションとなるとフィリピン人デザイナーの目はまだまだパリやニューヨークに注がれていて、日本の影響は限定的。日比の交流は驚くほど少なく、日本で紹介されるフィリピン人デザイナーなどこれまでほとんどいなかった。

　それが今、日本のポップな〝カワイイ〟ファッションの人気を受けて、フィリピンのファッションデザイナーたちが日本に熱い視線を注ぎ始めている。一方で、日本のファッション業界でも、フィリピンの若い才能を発見しつつある。二〇一〇年十一月に東京で開催された「第四十八回全国ファッションデザインコンテスト」（財団法人ドレスメーカー服飾教育振興会、学校法人杉野学園主催）で、フィリピン人デザイナーのジェローム・ロリーコがグランプリである文部科学大臣賞を受賞するという快挙を成し遂げた。一九六三年以来続いている伝統のあるコンテストとして日本ではデザイナーの登竜門で、審査員には森英恵など著名人が多い。応募者も多く、その年も日本を中心に世界中から二千五百六十五点の応募があった。半世紀にならんとする歴史の中で、外国人のグランプリ受賞は初めてである。

そのグランプリに至る道のりは意外にも短いものだった。グランプリ受賞からさかのぼること四年前、国際交流基金ではフィリピンを含むアジア五カ国から将来期待されるファッションデザイナーを日本へ招待し、ハイライトとして「アジア5」と題したファッションショーを、若手デザイナー養成でリードする杉野学園ドレスメーカー学院と共催した。フィリピンからは、当時フィリピンファッション協会を率いていたジョジー・リョーレンを派遣。彼の業界での影響力に期待しての選抜だったが、それが的中し、それから彼の後押しで若手デザイナーが毎年続々とその杉野学園が主催するコンテストに挑戦するようになった。

グランプリを受賞したジェロームがまず二〇〇八年に先陣を切った。日本文化センターも制作費を支援したが、その時も見事に審査員賞を受賞している。東南アジアから初参加で初受賞だった。日本のアニメに強く影響を受けたというジェロームの作品は、近未来的なメカニックな要素が基調だが、どこか熱帯的でおおらかな生命力を感じさせる作品である。そして二〇〇九年にはヴィージェー・フロレスカ〔図103〕が、準グランプリに相当する「繊研新聞社賞」を受賞した。その年はフィリピンからヴィージェーを含む三十八人もの若者が挑戦したのだが、デザイン画審査の結果三人（全体で七十人）が最終選考会に進んで東京に乗り込んでいる。「ピノイ・ロボット」とタイトルされたヴィージェーの受賞作品はロボットのようなシルエットだが、パイナップルの繊維であるピーニャなどフィリピン特産の伝統的素材を使用し、これまたフィリピン伝統の技術である刺繍を一面に施したものだ。日比文化のブレンドをコンセプトに、強く主張しながらも細部にこだわった繊細さが評価されたという。

図102｜フィリピンの雑誌『COSPLAY』と『OTAKU』

ジェロームのグランプリ受賞［図104］で、フィリピン人デザイナーのこのコンテストにおける〝戦績〟は三戦三勝の負けなしとなった。創造性が試される最先端の現代アートの分野では、フィリピン人アーティストは日本人と十分互角に戦えるという一つの証だろう。フィリピンのファッション業界はいま急成長していて、経済的バックグランドのない若手たちにもチャンスがあるという。フィリピン国内に現在コンテストがないため、そんな若手デザイナーにとって日本のそれは大きな目標の一つになりつつある。日本で受賞後のジェロームの活躍は目覚しく、フィリピン国内のメジャーなファッションショーでも確実に彼自身のブランド名を浸透させつつある。日本のポップなファッションがフィリピンの若者に影響を与え、そうした時代に育ったデザイナーたちが日本を夢見て、そして努力して日本で認められた結果フィリピンで成功する、そんな素敵なサクセスストーリーが一つでも多くまた生まれることを願っている。

図103｜ヴィージェー・フロレスカの準グランプリ作品（提供：ヴィージェー・フロレスカ）

図104｜ジェローム・ロリーコのグランプリ作品（提供：ジェローム・ロリーコ）

第12章　新たな日比関係を求めて

ジャパゆきを超えて

二〇〇八年二月に実施された第三十五回日本語スピーチコンテストでは、その社会人部門でマニラ在住の会社員マリセル・ボルニリヤー〔図105〕が大賞に輝いた。スピーチのタイトルは「ジャパゆきを超えて」。彼女にとって、日本でエンターテイナーとして働き自分たち家族を支えてくれたお姉さんはヒーローのような存在であり、自分も日本語を一生懸命に勉強して、そんな姉への恩返しを誓うという内容のスピーチだった。

図105｜第35回スピーチコンテストで優勝したボルニリヤー

「私の二番目の姉は、元ジャパゆきです。私がまだ十歳ぐらいのときに、姉は歌手として日本へ行きました。当時のビコールの田舎の人たちは考え方が保守的で、姉について悪口を言っていたそうです。でも、私はまだ子供だったのでよく分からず、お土産のことしか考えていませんでした。（中略）大きくなるにつれて、周りの人たちの悪口の意味が分かるようになり、つらい思いをしました。（中略）私は今でもこの姉にとても感謝しています。父が亡くなってから、母と私たち兄弟の面倒を見てくれ、おかげで私たちは学校を卒業することができました。（中略）私はこれから日本語教師になり、日本で仕事をするフィリピン人、特にＩＴエンジニアやケアギバー（筆者注：介護士）を助けたいと思っています。そうすることが、ジャパゆきとして私を助けてくれた姉への恩返しにもなると思います。」

フィリピン人といえばエンターテイナーというのは現代の日本人が作り出したステレオタイプの一つだと思う。八十年代から急増したフィリピン人エンターテイナーは、言ってみればアングラ版日比交流の象徴だ。その多くは六ヶ月間の「興行ビザ」で、ピーク時には年間八万人（二〇〇三年）のペースで日本へ渡った。七十年代半ばに日本人のフィリピンへの買春ツアーが激しく非難されたため、それなら日本に送り込もうということで始まったといわれているが、より根源的には、両国の経済格差やフィリピンの出稼ぎ労働文化、そして日本の海外労働者受入制度の未整備という現実が作り出した人の流れの一つだと思う。確かに「興行ビザ」（演劇、演奏、スポーツ等の興行や芸能活動のためのビザ）を取って、実際にはカラオケパブで接客業をしているケースがほとんどで、人身売買まがいのことや売春を強要されるケースもあり、汚れたイメージがつきまとう。そしてフィリピン人の間でも「ジャパゆき」に対しては負の印象が強い。しかしボルニリヤーがスピーチで述べたように、その多くが接客業をして真面目に働き、フィリピンにお金を送金して家族の生活を支える大黒柱、フィリピンの言い方で〝ブレッド・ウィナー〟（パンを獲得する一家の稼ぎ頭）なのだ。「ジャパゆき」というだけで非難されるいわれはないし、かといって当の本人たちにとっては〝性の商品化による犠牲者〟と言われることもまた、現実の感覚からは遠いだろう。

ステレオタイプや偏見は、その時代の社会状況が作り出すものだ。今では忘れられかけてはいるが、「ジャパゆき」の元となった「からゆき」という言葉。フィリピン研究者の寺見元恵の調査によれば、在留邦人をデータで確認できる最も早い時期において、一九〇三年当時マニラに在住していた千人の日本人の実に三分の一が「酌婦」や「娼婦」などの水商売に従事する女性だったようだ（フィリピンに学ぶ会編『Filipica』二〇〇七年五十四号、「マニラの初期日本人社会とからゆきさん」）。フィリピン、イコール、ジャパゆきというイメージも無論、未来永劫続くというものではない。いつかは過去の話となるだろう。実際、フィリピン人の興行ビザによる入国者の数は二〇〇六年の外国人入国管理法改正で激減しており、二〇〇七年以降は月に約五百人のペースで、ピーク時の一割以下になっている。ボルニリヤーが元ジャパゆきの姉への恩返しのために日本語を学ぶことを選び、「ジャパゆきを超えて」ゆこうとしているように、ジャパゆき自身の中からもそんな偏見に立ち向かってゆこうとしている人もいる。

国際交流基金では毎年世界中から多くの日本語教師を日本に招待し、日本語や日本語教授法の研修を行っている。ここフィリピンからも多くの若手教師が参加しているが、二〇〇八年五月からの研修に、元エンターテイナーのロドリゲス・ラブリーンが参加した。大学卒業後二十四歳で日本に渡った彼女は、その後六ヶ月間ごと合計七回にわたってエンターテイナーとして日本で働いた。そして二〇〇六年に帰国してからは、日本語をさらに勉強するためマニラの日本語学校に入学。国際交流基金のセミナーなどにも参加するようになり、日本語能力試験の三級にも合格して自ら教壇に立つようになった。そしてこれまでの努力が実って、ついに国際交流基金の研修生として採用されたのだ。

彼女は自分が元エンターテイナーであった経歴を周囲に隠さない。「お店でお客さんと話していた言葉と日本人が普通に話す時の言葉が違うので、基金のセミナーでは最初何を話してよいかわからなかった。これからはもっと正しい日本語を勉強したい。」と、さらりと抱負を語る。将来の夢は、自分で子供たちのための日本語学校を開きたいと言う。生活のために選んだジャパゆき。彼女はその経歴からくる困難や悩みを積極的に語り、自らその壁を破ろうとしている。彼女のような元ジャパゆきが増えていけば、「ジャパゆき」のイメージはきっと変わってゆくに違いない。

日比経済連携協定の行方

日本とフィリピン政府の間で二〇〇六年九月に締結された日比経済連携協定（Japan Philippine Economic Partnership Agreement、以下、JPEPAと表記）は、幾多の紆余曲折を経て二〇〇八年十月にようやくフィリピンの上院で批准され、その後発効した。この協定の中身についてフィリピンでは様々な反対意見が出されていたが、最も激しかったのが、環境保護団体を中心に、同協定が〝不平等条約〟であると指摘されたことだ。特に輸出入品目リストの中に有害廃棄物が含まれており、フィリピンが日本のゴミ捨て場になるのではないかと強く反発したのだ。

同協定にはもう一つの焦点があった。日本政府が初めてフィリピン人看護師・介護士の受入を認めたことである。高齢化が進む日本では二〇三〇年頃には百四十〜五十万人の介護スタッフが必要といわれているが、労働条件の悪さから国内での人材不足が深刻となっており、介護の現場では今後外国人の介護士が増えると予想されている。これまでにも欧米や中東に看護師・介護士を派遣して海外送金で国家経済を支えてきたフィリピンは、締結交渉の過程で日本側により多くのフィリピン人看護師・介護士の受入と、日本人と同等の待遇確保を要求してきた。一方日本側は、外国人労働者の流入による雇用条件の悪化や社会秩序の乱れを懸念して当初は受入に消極的だったが、双方で歩み寄り、最終的に二年間で千人の受入で決着した経緯がある。しかし先に述べたように、フィリピン側の環境保護団体によって有害廃棄物が同国に持ち込まれるとの懸念が表明されたことが発端となり、「日本とフィリピンの政府は、健康（看護師・介護士）と公害（有害廃棄物）を取引した」と主張する者も現れるようになった。

こうした論争を通して見えてきたことは、この問題の根底にはフィリピンと日本の人々の間にいまだに大きな不信感が横たわっているということであった。フィリピンから見れば、百万人が犠牲になった太平洋戦争の記憶や、日本の経済進出に伴う富の流出など、心のどこかに常に被害者意識があるのは確かだろう。「ジャパゆき」はまさに二国間の格差を象徴している日常的現実だ。しかしこのJPEPAによってもたらされるであろう両国交流のさらなる展開は、フィリピンと日本との間に、その人流に大きな変化をもたらす可能性がある。それだけにフィリピン側からの期待が熱い。

上院による協定の批准でフィリピンの世論を二分した〝JPEPA騒動〟に一応の結論が出た後、翌年の五月、第一陣となる看護師九十三人と介護士百九十人が日本へ旅立っていった。日本ではまず海外技術者研修協会などで六か月間の日本語研修を集中的に受けた後、各地の病院や介護施設に配属され、看護師は三年以内、介護士は四年以内にそれぞれの国家試験に合格すれば正式に看護、介護の仕事に就けるというもので、看護師については毎年、介護士については一回のみの受験資格が与えられている。しかし普通の日本人にとっても難解な専門用語のひしめく国家試験は、日本語の学習を始めて間もない外国人にとっては当然のことながら非常に難関。第一陣の看護師が初めて受験したことで注目された二〇一〇年の国家試験では、五十九人のフィリピン人受験者の内、かろうじて一人が合格しただけであった。

図106 ｜『エヴァーさんに続け！』のリハーサル風景

その合格者であるエヴァー・ガメッド・ラリンさんは栃木県の足利赤十字病院に勤めているが、日本語能力ほぼゼロからスタートして見事に難関を突破した。フィリピンで八年、サウジアラビアで五年勤めた経験のある看護のプロだが、これまで日本語には縁がなかった。彼女が何故九か月あまりの短い期間で奇跡のように日本の看護師国家試験に合格したのか、そこにはどんな苦労や悩みがあり、周りの日本人たちはどのように彼女を支えていたのか、その謎に対する答えが知りたくて、第一章でも紹介した演出家の吉田智久に依頼して芝居を制作することにした。脚本は直木賞作家である内田春菊に書き下ろしを依頼して『エヴァーさんに続け！』［図106］という作品となり、「ヴァージン・ラブフェスト」で上演した。内田は実際にこの作品の舞台となった足利赤十字病院での取材を元にこの脚本を書いたのだが、エヴァーさんを目標に奮闘する三人のフィリピン人看護師を主人公に据え、配属された病院で彼女たちに日本語を根気よく指導する日本人医師の存在を際立たせて描いた。朝から晩まで時にホームシックに悩まされながらも、病院での実習の合間にひたすら日本語と国家試験の勉強に励む毎日。そこには病院側のなみなみならぬサポート体制の重要さが示されていた。実際のエヴァーさんのケースでは、病院長のリーダーシップのもと、十人のスタッフが交代で土日を返上して彼女をサポートしたという。内田の原作はこうしたエピソードを核にして、それに吉田演出によって喜劇性とスピード感が与えられた。笑いの中に一片の真実を包んでマニラの会場を沸かせ、祖国を遠く離れて奮闘するフィイリピン人看護師たちにエールが送られた。

その後この枠組みで来日したフィリピン人は、二年目には百二十八人、三年目となった二〇一一年度は百三十一人となった。しかしフィリピン人看護師にとって二度目の挑戦となった二〇一一年の国家試験では百十三人の受験者中、合格したのはやはり一人だけで、あらためて日本語の壁が問題となっている。今後は日本語研修の強化と外国人にとって受けやすくなるような国家試験そのものの改革が課題だ。国際交流基金でも二〇一一年度から現地マニラで来日前の日本語研修を実施することとなり、より多くの参加者が国家試験に合格できるよう支援を開始している。長期間にわたる様々な議論を経て開始されたJPEPAによる人の交流。当初の相互不信を乗り越えて、将来にわたって建設的な相互依存関係を築くために私たちの英知が試されている。

将来の鍵を握る日本語教育

将来の日比関係を考える時、看護・介護の分野以外にも色々な面で日本語教育が大きな役割を担い、貢献できる可能性を秘めている。例えばＩＴ業界。タガログ語とならんで英語が公用語であるフィリピンでは、優秀な人材に対する外国企業からの需要は大きい。コールセンターなど米国系のビジネスプロセス・アウトソーシング業界には、年間二十三万人の大卒者が就職するというデータもある。一方で日本におけるIT技術者は、少子高齢化や日本人学生の理系離れが影響して慢性的な人手不足の傾向にあり、日系IT企業の間では日本語のできるフィリピン人技術者を巡って激しい人材の争奪戦が繰り広げられている。先を見越した企業では、社内の日本語教育に力を入れたり、大学や民間の日本語学校とタイアップして人材育成を進めている。

しかしそもそもフィリピンにおいて日本語教育を積極的に展開してゆくことには、様々な制約や限界があった。近隣の東南アジア諸国に比べても日本語の学習者数はそれほど多くはない。質の高い日本語教師が圧倒的に不足していて、教師を養成する教育機関などのインフラも未整備で、かつて日本語教育界では〝日本語教育不毛の地〟とまでささやかれていた。何故か。第一にフィリピンは長い間スペインとアメリカの植民地であったためダイレクトに欧米文化が伝えられてきたこともあり、日本への関心は低いと言われてきた。さらに多くのフィリピン人は、自分たちの地元で話されている母語以外に、公用語であるタガログ語、そしてより高度な教育を受け、社会的により良いステイタスを獲得してゆくためには英語が必須になっていて、それ以外の日本語などの外国語の習得には多大な負担が伴う。

しかしそんな状況にも変化が訪れている。第一に、一九九〇年代に入ってアジア諸国を席捲した日本のポップカルチャー人気の影響を受けて、日本文化や日本語への関心が高まったことが大きく影響している。国際交流基金が定期的に実施している「海外日本語教育機関調査」によれば、二〇〇三年の日本語学習者は一一、二五九人で、十年前に比べてその時点で一・八倍に増加していたが、ここ数年の増加率はそれをさらに上回り、二〇〇九年の調査では二二、三六二人と、六年間でちょうど二倍と飛躍的に増大したことになる。

さらにフィリピン政府もようやく日本語教育に対して真剣に目を向けるようになってきている。フィリピンの高校で日本語が選択科目として導入される可能性が高まりつつあるのだ。前述の調査では、全世界三百六十五万人の日本語学習者の内、約五十七%が初等中等教育段階の子供たちで、世界的傾向として学習者

図 107 ｜高校日本語キャラバン

の若年化がかなり進んでいることが明らかになっている。語学学習は若いほど習得の速度が速くて効果的とされる。他方でフィリピンの場合は全体の五％程度と、世界の状況とは大きく異なる。小学校から公用語である英語教育に多くの時間を当てており、現行のカリキュラムに外国語学習の時間が入り込む余裕はあまりないと言われてきた。

しかし二〇〇九年の六月より、国内十七の地域から選抜した高校で、まずはスペイン語が選択科目として導入された。二〇〇七年にアロヨ大統領がスペインを公式訪問した際に公約したことが、実現に向けて動き出したのだ。かつて宗主国であった関係で、一九八七年までは高校でもスペイン語が教えられていたが、今はほとんど教える教師がいない。スペイン語授業の復活を目指してマニラのインスティテュート・セルバンテスでは、教師養成の集中コースを開始した。そんな折にジェスリー・ラプス教育大臣（当時）と会談する機会があったが、スペイン語以外に日本語、フランス語、中国語についても高校で教える構想があるという。グローバルな時代のただ中にあって改めて外国語の重要性が見直されているようで、中でも日本語については特に重要だという。ラプス大臣はビジネス界の出身で、特に日本語ができれば若者の職業選択の可能性が広がると希望をふくらませていた。

日本文化センターでもこうした機運にあわせるように、二〇〇七年より日本語教育の種をいくつかの高校に植え、大切にその芽を育ててきた。まずはマニラ首都圏にある高校で、出前式の日本語・日本文化模擬授業である「日本語教育キャラバン」［図107］をスタートさせた。そしてその「キャラバン」実施校に若手の日本語教師を日本から派遣して実際の授業を開始した。どの高校も自由選択科目や課外授業ではあったが、子供たちの日本語に寄せる関心の大きさからとても好評だった。十ヶ月にわたる実験的な授業を実施した結果、多くの高校で継続や拡充が希望された。新たに日本語教師を養成したいと要望もあいついだため、英語や社会科を担当する現役教師のために「日本語・日本文化教師養成講座」を設け、高校生用の日本語の教科書も開発を始めた。二〇一一年現在その講座も三年目を迎え、マニラ首都圏以外にもセブや他県にも広がって四十七人の高校教師が研修に参加し、その教師のもとで約二千五百人の学生が日本語を学んでいる。今後はフィリピン政府の教育予算の問題や教師の確保など課題は山積しているが、日本語に向けられた期待感は当分冷めることはないと思う。ますます交流の深化する二国関係の将来を担う若い世代の人たちがもっと日本を身近に感じ、日本をより良く理解するためには、若いうちから日本語を学ぶことが大切だ。なかなか困難は多いのだけれど、全国津々浦々の高校で日本語が学べるようになったらと、私たちの夢想はふくらむ。いま日本語は、少子高齢化で人材不足にあえぎ将来に不安を抱える日本の人々と、人口過剰や貧富の格差拡大という問題を抱えながらもより良き将来を求めるフィリピンの人々をつなぐ、希望の鍵を握っていると言える。

日本に向けられた優しい眼差し

私のフィリピン滞在最終年となった二〇一〇年の二月に、フィリピン大学国際研究センターの立ち上げたあるプロジェクトに協力した。それは「東南アジアと日本における災害の危険回避」と題した国際セミナーで、自然災害にまつわる様々な事柄を文化人類学、歴史学、地理学、教育学などの面から取り上げ、災害の危険を回避するための知恵を出し合うというものだった。四方を海に囲まれて、モンスーンも台風もやって来る火山列島の国であるフィリピンは、これまで実に様々な大規模自然災害に苦しめられてきた。さらに世界に目を向けると、ハイチ大地震（死者二十三万人以上）や四川大地震（同五万人以上）、そしてインド洋大津波（同二十四万人）など、世界中で大規模災害による犠牲者の数は年々増え続けており、古来より語り継いできた自然災害にまつわる教訓を共有して後世に伝え、被害を最小限に抑える努力がますます重要になってきているとの思いから始まった企画だ。日本からも阪神淡路大地震の経験について紹介するため、兵庫県教育委員会や淡路高校の先生らが参加した。

図108｜アエタの村

セミナーとあわせて、一九九一年に起きたピナツボ火山の大噴火で被災した先住民族であるアエタの人々の現在の暮らしぶりを見るためにピナツボ山とアエタの村［図108］も訪問した。ピナツボ噴火は二十世紀最大の噴火とも言われるほど激烈なものであったが、大量の火山灰や火山泥流が周辺地域を埋め尽くして多くの避難民を出した。中でも深刻な影響を受けたのが、そこに古くから住んでいたアエタ族の人々だった。アエタ族は約二万年前にマレー半島経由でフィリピンにやって来たネグリート系の先住民で、人口は約三万人。狩猟・採集と焼畑が生活の基礎である。避難生活を余儀なくされていた人々も、徐々に以前の村に戻るようになったが、豊かな森林は灰に埋もれてしまい、かつての暮らしは蘇らない。外見や教育の遅れからひどい差別を受けていて、政府から〝再定住地域〟として与えられた町での生活は容易なものではないようだった。そのため、いまだ灰に埋もれた半ば不毛の土地でも、人々は祖先から引き継いだ森に、自分たちの家族の記憶が残る荒廃した村に戻ってくる。いくら〝再定住〟の場所を上から与えられても、自分たちの文化や生活環境と隔絶した所では、人は必ずしも満足に暮らすことはできないということを物語っていた。

その後二〇一一年の二月にも、火山噴火による大規模災害にテーマを絞った続編のセミナーが開催され、アエタの人々との交流は続けられている。

そして二度目のセミナーから約一か月後、今度は日本に本当の大災害が襲いかかった。

二〇一一年三月十一日の出来事は、未来に向けて語り継がれてゆくだろうが、この未曾有の惨事で見えてきた様々なことの中に、世界中の人々から寄せられた日本人への同情というものがあった。震災から数日が経って、同センターのジーナ・ウマリ準教授から、当時既に日本へ帰国していた私宛に一通の写真付きメッセージが届いた。大学で震災犠牲者のための特別追悼ミサが行われ、「コーヒー・フォー・ジャパン」というイベントを行ったという報告だった。五十ペソのコーヒー代を東日本大震災の被災者への募金にあてようという企画で、「がんばれ日本」［図109］というバナーのもとに集まった多くの学生の笑顔が届けられた。

同じようなことは、三・一一後、それこそ世界中で起きていたのだと思う。大規模な自然災害がここ数年は特にアジアを中心に頻繁に起き、そのたびに国際社会から犠牲者に対して多くの支援が寄せられたが、東日本大震災では金品はもとより、これほど多くの情が集まり、日本人への思いやりと世界中の人々とのつながりが確認されたことは、それ自体として私たち日本人の想像の範囲をはるかに超えていたことなのではないかと思う。何故世界中の人々は私たち日本人にそれほどまでの同情を寄せてくれたのか。ジーナとともに国際研究センターで日本研究を牽引するシンシア・ザヤス教授は、八十年代からの日本の国際貢献が世界中から評価されていて、特に若い世代が日本へ寄せる思いは過去のものとは全く異なるものとなっていると分析する。

フィリピンの人々が日本へ向ける眼差しの変化は、私が赴

図109｜フィリピン大学国際センターよる“がんばれニッポン”キャンペーン

図110｜『コンチェルト』
（提供：シネマラヤ財団）

任していた五年の間に常に気になっていたことだ。特に第7章でも触れた戦争の記憶にまつわる眼差しの変容には驚かされることがしばしばあった。二〇〇八年のシネマラヤに『コンチェルト』［図110］という作品が出品されて話題を呼んだが、この作品は日比文化交流史の中で、戦争への眼差しの変容という点で重要な作品として位置付けられると思う。これまで度々映画の中でステレオタイプ化されて描かれてきた日本軍や日本との戦争というテーマに関して、全く異なる視点を提示したのだ。

この映画は、監督であるポール・モラレスの曾祖父の家族の実話を元に製作された。一家は日本軍のダバオ侵攻に伴って森の中に疎開するのだが、疎開先で出会った日本人将校が音楽家だったことをきっかけに交友を深める。そして戦争も末期となり、日本軍の戦況悪化に伴って部隊が駐屯地を手放して明日の命も知れない撤退を行うという最後の晩に、その家族が彼と仲間の兵士たちのために森の中でピアノの演奏会を開き、コンチェルト（協奏曲）を奏でるという美しいストーリーだ。戦争被害の甚大なフィリピンでこのように日本軍人を賛美するともとらえられかねない映画を作ることなど、おそらく数年前までは想像もつかないことであっただろう。

原作はポールの母親が書いた『Diary of the War: WW II Memories of LT. COL. Anastacio Campo（戦争日記：第二次世界大戦とアナスタシオ・カンポ中尉の記憶）』（二〇〇六年、アテネオ・デ・マニラ大学出版）という本。そしてその本は、ポールの曾祖父で戦時中アメリカ極東陸軍のゲリラに合流して抗日戦を闘ったアナスタシオ・カンポ中尉の戦時中の手記に基づいて書かれたものだ。日本軍に発見されないように秘密の場所に保管されていたものが、カンポ家で二〇〇〇年に発見されたという。ただし、この映画の物語の元になった日本軍人との交流については、家族と疎開した日々やゲリラとしての活動、そして日本の憲兵隊から受けた拷問などが克明に描かれている全体の、たった一ページほどに書かれているにすぎない。しかしたった一ページのエピソードの記憶が、カンポ中尉の曾孫にあたるポールの想像の中で変容し、長編映画の中で美しい記憶として蘇ったとも言える。

さらに『イリウ（郷愁）』（二〇〇九年、ボナ・ファハルド監督）という作品では、今度は日本人将校自らが主人公となり、美しい物語のヒーローとして描かれた。驚いたことにこれも実話に基づいた作品とされているのだが、世界遺産で有名なルソン島北部西岸のビガンを舞台に、その美しい街並みが、実はフィリピン人女性と恋におちた日本人将校の英断で破壊から免れていたという物語だ。

ポールもボナも製作当時三十代後半。彼らにとっての戦争の記憶は、圧倒的な悲劇としてフィリピン国民に引き継がれてきた史実としての記憶と、パーソナルな家族の物語の中から、あるいは地元に残る物語の中からすくい取った甘美な記憶との間で揺れている。その揺らぎをもたらしているのは、日本へ、そして日本の私たちへ向けられた優しい眼差しなのではないだろうか。戦後六十五年が経ち、時に〝アニマル〟とまで非難していた日本人に対する想いが、何故かくも劇的に変化したのか。私たちは戦後、世界に向かってどのようなメッセージを送ってきたのか、それに対して世界の人々がどのように私たちを見てきたのか、その眼差しの歩みをもう一度検証してみることが必要だろう。

「災後」の日本・眼差しへの返答

先に紹介したザヤス教授はフィリピン大学の学部学生を対象とした「災害の文化」と題する講座を開講しているが、今後は大学院での教育や災害の文化に関する国際交流にも積極的に取り組みたいと抱負を語っていたが、今回の東日本大震災について一つの懸念があると指摘した。それは日本人が震災直後、フィリピン人を含む多くの外国人ボランティアからの支援の申し出を断っていたことだ。あまりに甚大な災害ゆえ、受け入れる側のマネジメントの許容範囲をはるかに超えていたことや通訳の欠如という言葉の問題など様々な要因があったと考えられるが、ザヤス教授が述べていたのは、日本人には援助してもらうことへのある種の躊躇、もしくは助けてもらった後にはすぐに返礼をしなくてはいけないという不安が根底にあって、それはアジアの伝統的な価値観とは相いれないのではないかということだった。「フィリピンが多くの災害から学んだ知恵を日本人と共有するための交流をもっと深めてゆきたい。そしてこの大震災で傷ついた日本をずっと支援してゆきたい。でも支援したからといって私たちは直接的な見返りを求めるものではない。日本も外からの援助を快く受け入れ、真の相互依存の関係を築いてゆく必要があると思う。」八十年代以来、世界経済のフロントランナーとして国際貢献を積み重ねていったことにより、外からは親近感を伴う眼差しと好感をもって見られ始めている日本人。一方でそうした国際貢献ゆえに、今度はある意味その恩返しとして逆に援助を受ける立場になると、躊躇して国際社会へ開かれた扉を閉じてしまう日本人。ザヤス教授の視線の先には、そうした日本人の揺れ動く今の姿が映し出されている。

日本人とフィリピン人の関係は、太く、深く、そして重層的だ。これまで書いてきた通り、フィリピンには第二次大戦前からの日本人移民の子孫が約二万人いる。特に二世の世代は、戦争の影響をまともに受けたつらい歴史を背負う。そして八〇年代以降になると、ジャパゆきと日本人男性との間に生まれたジャパニーズ・フィリピーノ・チルドレンが推定十万人。一方、日本には約二十一万人のフィリピン人が住んでいて（二〇一〇年度外国人登録者数）、在日外国人の数としては、中国、韓国・朝鮮、ブラジルに次いで四番目である。新たな人流の動向によっては、今後ますます日本で暮らすフィリピン人の数は増える可能性が高い。

経済的な繁栄を成し遂げて、成熟した高齢化社会に向かうはずの私たちが、本当にアジアの隣人に信頼される存在になれるのか。お互いの相互不信を乗り越えて、心を開きより豊かな共生関係を築くことができるのか。

そんな新たな時代を目前にして、私たちこそが試されているのかもしれない。不信感や偏見の克服というテーマは、まさに文化の領域だろう。そして文化交流とは畢竟、他者への眼差しをめぐる実践の現場である。

第9章で紹介した鶴見良行の『アジアからの直言』の書かれた一九七〇年代の前半は、七二年タイで起こった日貨排斥運動や七四年インドネシアの反日暴動などに象徴されるように、東南アジアの国々で日本批判が吹き荒れた時代だ。私が勤めている国際交流基金の設立は七二年だが、無論、その設立に際してはそうしたアジア諸国での日本批判が大きく影響したと言われている。同じ本の中で、タイを代表する思想家であるスラク・シバラクサは、この国際交流基金の設立についても言及していて、「真によい文化関係を築きあげるうえでの意義のある成果をあげられるかどうかについて疑念を持たざるをえない。」と〝みせかけの文化交流〟を批判した。そして日本人の心の中にある「東南アジアの人たちを劣ったものとみる考え方を根本的に変える必要がある」と主張した。

戦後六十五年が経過し、その反日暴動からも既に四十年が過ぎた。その間、私たちが東南アジアを見る目、そしてフィリピンを見る目はどれほど変わったのだろうか？　また逆に、東南アジアの人々が、そしてフィリピンの人々が私たち日本人を見る目に変化はあったのだろうか？　前者の問いに対しては、正直私にはまだ答えがない。しかし後者の問いに対しては、今明確にイエスと答えることができると思う。

日本とフィリピンとの関係はおそらく今後ますます深化するだろう。東日本大震災を契機に、日本の社会システムや、何より人々の考え方も大きな転換を求められてゆくことは間違いない。「災後」の時代を迎えた今こそ、無知、無視、健忘症、偏見、差別、被害者意識などを捨てて、もう一度お互いの関係を見つめなおすときが来ている。優しい眼差しを投げかけられた私たちが、今度は相手にどんな視線を送ることができるのか、これからはそれが試されるのだと思う。

あとがき

次の世代へバトンをつなぐ喜び

国際文化交流という裏方の仕事をしていて最も充実していると感じるのは、おそらく、学者やアーティストなど、社会をかたち作り、支えている人々、または学生のようにそのようなことを将来期待される人々、いわばそうした主役となる人々が、生涯に渡って影響を受けるような経験（ライフタイム・エクスペリエンス）をする後押しをしている、と実感するときだと思う。

マニラに赴任してちょうど二年ほどが経った頃、ミンダナオ島北部の中核都市、カガヤン・デ・オロ市にあるキャピトル大学を訪問する機会があった。国際交流基金の草の根交流助成というプログラムで同大学の学生七人による訪日研修が実現するはこびとなり、その学生との顔合わせに招待されたのだ。

実はこの町を初めて訪れたのは一九七九年、今から三十年以上も前、まだ私が十六歳、高校一年生の時だった。当時ブームだった「南北問題」に関するある大学の懸賞論文に入選し、同級生二人とともにフィリピンにやってきた。このカガヤンに来たのは、私の高校がイエズス会系の高校であり、同じカトリックで姉妹校であるアテネオ・デ・カガヤン高校が受け入れてくれたからだ。短い滞在だったが同じ年頃の友達もたくさんできて、高校の授業にも飛び入り参加した。田舎者の私は皮肉にも、タワーレコードやシェーキーズというアメリカ文化に初めて接したのもこの町だった。タワーレコードで買ったイングランド・ダン＆ジョン・フォード・コーリーのＬＰ、ビニールに包まれた輸入版のあの独特な匂いは、今でも昨日のことのように覚えている。

けれどもたくさんの濃密な経験の中で、その後の私の人生の中で終生忘れえぬものとなったのは、お世話になったフィリピン人家庭の温かさであり、家族で行った教会で見たフィリピン人の敬虔さ、その神秘的ともいえる姿であり、日が沈む頃になると家の前の道路のここかしこに集まっては談笑し、ギターを弾き語る、なんともいえないロマンティックな光景だった。当時から貧富の格差が激しかったフィリピンだから、若い自分には相当ショッキングな貧困の現実というものを目の当たりにしたのだけれど、私の頭の中の最終的な残像は、ほとんど幸福にまつわるものばかりだった。厳しい現実と隣り合わせのなんとも奇妙な幸福感。これが大雑把にいって、私がこの国に抱いた印象だった。一週間足らずの滞在なのに、カガヤンを発つ飛行機の中では何故か涙が止まらなかった。あまりの感情の揺らぎに自分自身も驚き、心の中で「必ず戻ってくるから」と言い聞かせた。

それから二、三年、そこで知り合った友人たちと文通を繰り返した。やがて音信不通になり私は大学に進んだが、このカガヤンでの体験は常に心のどこかにあったのだと思う。厳しい現実と隣り合わせのなんとも奇妙な幸福感。私たち日本の日常とは全く異なる世界、価値、そして匂いがあった。大学に入ってからもバックパッカーとなって随分いろんな国に行ったけれど、今から思えば、どの街へ行ってもあの「奇妙な幸福感」の追体験を求めて、その謎かけに対する答えを探していたのかもしれない。その意味で、カガヤンが全ての出発点、私にとっての〝異界〟への入口だったのだ。

その後カガヤンを取り巻く環境は大きく変わった。第一、ミンダナオはモスレムによる分離独立運動が激しくなった。私がフィリピンから帰国して数ヵ月後、私も訪れたダバオという町で爆弾テロによる犠牲者が出た。いまでは日本人の多くは、ミンダナオ島と聞けばイスラム原理主義やテロリストをイメージするだろう。私も国際交流基金に入って何度かフィリピンを訪れる機会はあったが、カガヤンに来ることはなかった。

フィリピンに赴任したら私にはぜひやってみたいことがあった。それはミンダナオの人々との交流だ。日本から見ればテロリストの巣窟かもしれないミンダナオ。でも当然だけれどそこに住む大多数の人々は、あのカガヤンで出会った友人たちのように、平和を愛するロマンティストであるに違いない。待っていたら事は始まらないので自分からどんどん出かけることにした。そしてダバオから平和運動の活動家を日本に招待したり、マラウィからはモスレム女性リーダーのグループを広島と長崎の原爆の日にあわせて派遣した。幸運にもスールー諸島のスルタンの家系に繋がる舞踊家と出会い、同地に伝わる伝統舞踊をめぐる国際シンポジウムを実施したりした。でもやはり当然のことながら、最も気になっていたのはカガヤン・デ・オロのことだ。

訪日したキャピトル大学の七人の学生は、看護学科、国際学科、商業学科の十八歳から二十歳までの学生で、その内の一人はモスレム自治区からやって来たイスラム教徒の女子学生だった。日本では一週間ちょっとの短い間に、創価大学の特別講義に出席する以外に、彼らによるフィリピン文化紹介や平和問題に関する日本人学生向けのレクチャーも行われた。

三十年前にこの町を訪れることがなかったら、今の私はここにいただろうか。十六歳の時にこの町からもらった大事なもの。ようやくそのいく分かをお返しすることができた。ライフタイム・エクスペリエンスを目前にして、期待に胸をふくらませて満面の笑顔をたたえる学生たちを前にして、あの時私が受け取ったバトンを、今こうやって次の世代の若者に確かに渡すことができたと、そう確信して嬉しくなった。

そして今この時代に、補助線を引き続ける役割

国際交流の原点が人と人との結び付きだとすれば、今わたしたちが生きる時代こそ、その結び付きがこれほど強く意識される時代はないと思う。それは無論、三・一一という私たちの国土を襲った悲劇がある意味で原点となって、世界中の人々を巻き込んで改めて想い馳せるに至ったものだといえる。そうであるならば、この時代に、この時に、人と人との結び付きを新たに生み出し、紡いでゆくことを裏方として支えるこの仕事に従事している幸運を思わずにはいられない。人間は個人である限り、その存在は極めてはかないものだ。しかし

繋がりの中で媒介者として存在できれば、もしかしたら永遠の一端を担うことができるかもしれない。国際交流という触媒（カタリスト）を旨とするこの生業が、無限の繋がりを生み出して何かを胚胎させる働きを、いまこそリアルに感じられる時はない。いつも想像力を働かせさえすれば、無数に張り巡らせた補助線や、そこで生み出される無数の共感が見えてくるはずだ。国際交流基金も設立から四十年近く経過した。私自身もそこで二十年以上文化交流という仕事に携わり、そのなかでも多くの時間を東南アジアと関わってきた。終章で紹介したシバラクサの箴言は、今なお生きている重い課題だと思っている。決して驕らず、そして次の時代に繋がるようなしっかりとした補助線をできるだけ多く引き続けること、それが自分に与えられた役目だと思っている。尊大でもなく、矮小でもなく。

この本に込めたメッセージを、感謝とともに特に次の人たちに贈りたい。国際交流基金で共に働く仲間たち、私の母、妻、そして二人の子供たちへ。

二〇一二年三月

鈴木　勉

参考文献

全般

石井米雄監修、鈴木静夫・早瀬晋三編『フィリピンの事典』同朋舎出版、1992年。

宮本勝・寺田勇文編『暮らしがわかるアジア読本 フィリピン』河出書房新社、1994年。

鈴木静夫著『物語フィリピンの歴史「盗まれた楽園」と抵抗の500年』中央公論社、1997年。

Encyclopedia Philippine Art Volume I-VIII, CCP, 1994.

第1章

ホセ・リサール著、岩崎玄訳『ノリ・メ・タンヘレ わが祖国に捧げる』井村文化事業社、1976年。

Fernandez G., Doreen, *Palabas Essays on Philippine Theater History*, Ateneo de Manila University Press, 1996.

第2章

Gatbonton, Juan T., *Art Philippines*, The Crucible Workshop, 1992.

Guirermo, Alice, *Protest/Revolutionary Art in the Philippines 1970-1990*, University of the Philippines Press, 2001.

Guirermo, Alice, *Image to Meaning –Essays on Philippine Art*–, Ateneo de Manila University Press, 2001.

『アジアのキュビズム　境界なき対話』展覧会カタログ、東京国立近代美術館／国際交流基金、2005年。

『BT／美術手帖』編集部編『アジアの美術　福岡アジア美術館のコレクションとその活動』美術出版社、1999年。2002年改訂増補版刊行。

第3章

石坂健治編集『フィリピン映画祭　東南アジア映画シリーズ3』国際交流基金アセアン文化センター、1991年。

第4章

F・ショニール・ホセ著、山本まつよ訳『F・ショニール・ホセ選集［1］仮面の群れ』めこん、1984年。

F・ショニール・ホセ著、山本まつよ訳『F・ショニール・ホセ選集［2］民衆（上）』『F・ショニール・ホセ選集［3］民衆（下）』めこん、1991年。

Jose, F. Sionil, *Ermita*, Solidaridad Publishing House, 1988.

カルロス・ブロサン著、井田節子訳『我が心のアメリカ　フィリピン人移民の話』井村文化事業社、1984年。

レイナルド・C・イレート他著、永野善子編・監訳『フィリピン歴史研究と植民地言説』めこん、2004年。

第5章

レイナルド・C・イレート著、清水展・永野善子監修・川田牧人・宮脇聡史・高野邦夫訳『キリスト受難詩と革命 1840-1910年のフィリピン民衆運動』法政大学出版局、2005年。

寺田勇文編『東南アジアのキリスト教』めこん、2002年。

Roces, Alejandro R., *Fiesta*, Vera-Reyes, INC., 1980.

Jose, Regaldo Trota/Villegas, Ramon N. Villegas, *Power + Faith + Image Philippine Art Ivory from the 16th to the 19th Century*, Ayala Foundation, INC., 2004.

Tiongson, Nicanor G., *The Women of Malolos*, Ateneo de Manila University Press, 2004.

Garcia, J.Neil/Remoto, Danton, *Ladlad: An Anthology of Philippines Gay Writing*, Anvil Publishing, INC., 1994.

Vergara, Carlo, *Ang Kagila-gilalas Na Pakikipag sapalaran Ni Zsazsa Zaturnnah Collected Edition*, Visual Print Enterprises, 2003.

第6章

Helbling, Jurg/Schult, Volker, *Mangyan Survival Strategies*, New Day Publishers, 2004.

宮本勝著、『ハヌノオ・マンヤン族：フィリピン山

地民の社会・宗教・法』第一書房、1986年。
Postma, Antoon, Mangyan Treasures, Mangyan Heritage Center, 2005. Amilbangsa, Ligaya Fernando, *Pangalay: Traditional Dances and Related Folk Artistic Expressions*, Ayala Museum, 1993.
Mangansakan II, Guiterrez, *Children of the Ever Changing Moon: Essays by Young Moro Writers*, Anvil Publishing, INC., 2007.
Abinales, Patricio N., *Making Mindanao*, Ateneo de Manila University Press, 2000.
早瀬晋三著『海域イスラーム社会の歴史ミンダナオ・エスノヒストリー』岩波書店、2003年。

第7章

大岡昇平著『レイテ戦記』中央公論新社、1974年。
Escoda, Jose Ma. Bonifacio, *Warsaw of Asia: The Rape of Manila*, Giraffe Books, 2000.
池端雪浦編『日本占領下のフィリピン』岩波書店、1996年。
早瀬晋三著『戦争の記憶を歩く東南アジアのいま』岩波書店、2007年。

第8章

Afable, Patricia Okubo, *Japanese Pioneers –In the Northern Philippine Highlands*, The Filipino-Japanese Foundation of Nothern Luzon, Inc., 2004.

大野俊著『ハポン　フィリピン日系人の長い戦後』第三書館、1991年。

ステヴァン・ハヴェリャーナ著、阪谷芳直訳『暁を見ずに』井村文化事業社、1976年。

鶴見良行著『バナナと日本人―フィリピン農園と食卓のあいだ』岩波書店、1982年。

城忠彰、堤かなめ編『はざまに生きる子供たち日比国際児問題の解決にむけて』法律文化社、1999年。

佐竹眞明、メアリー・アンジェリン・ダアノイ著『フィリピン―日本国際結婚　移住と多文化共生』めこん、2006年。

第9章

鶴見良行編『アジアからの直言』講談社、1974年。

Scott, William Henry, *The Discovery of the Igorots*, New Day Publishers, 1974.

Finin, Gerard, *The Making of Igorot: Contours of Cordillera Consciousness*, Ateneo de Manila University Press, 2005.

今泉光司監督、DVD『アボン　小さな家』特定非営利活動法人サルボン、2007年。

第10章

戦後日本国際文化交流研究会著、平野健一郎監修、『戦後日本の国際文化交流』勁草書房、2005年。

鈴木勉（すずき・べん）

1963年生まれ。国際交流基金日本語事業グループJF講座チーム長。86年国際交流基金に入社。バンコク日本文化センター、アジアセンター知的交流課、ジャカルタ日本文化センター、2005年より5年間マニラ日本文化センター所長を経て現職。日本と東南アジアとの文化交流や現地文化財保存プロジェクトなど担当。日刊まにら新聞、朝日新聞などへ小論、エッセイ、コラムなど執筆多数。

フィリピンのアートと
国際文化交流

2012年5月5日　初版第一刷

著　者　鈴木勉
発行者　仙道弘生
発行所　株式会社 水曜社
〒160-0022
東京都新宿区新宿1-14-12
TEL 03-3351-8768
FAX 03-5362-7279
URL www.bookdom.net/suiyosha/
印　刷　モリモト印刷株式会社

ISBN978-4-88065-284-9 C0036